宗喀巴大师经典文丛

胜集密教王五次第教授善显炬论

宗喀巴 著
法尊 译

青海出版传媒集团
青海人民出版社

图书在版编目（CIP）数据

胜集密教王五次第教授善显炬论 /（元）宗喀巴著；（清）法尊译 . -- 西宁 : 青海人民出版社 , 2019.7（2025.5 重印）
ISBN 978-7-225-05789-7

Ⅰ . ①胜… Ⅱ . ①宗… ②法… Ⅲ . ①喇嘛宗—佛经—研究 Ⅳ . ① B946.6

中国版本图书馆 CIP 数据核字 (2019) 第 152048 号

胜集密教王五次第教授善显炬论

（元）宗喀巴　著

（清）法　尊　译

出 版 人　樊原成
出版发行　青海人民出版社有限责任公司
西宁市五四西路 71 号　邮政编码：810023　电话：（0971）6143426（总编室）
发行热线　（0971）6143516/6137730
网　　址　http://www.qhrmcbs.com
印　　刷　青海新华民族印务有限公司
经　　销　新华书店
开　　本　720 mm × 1010 mm　1/16
印　　张　20
字　　数　210 千
版　　次　2019 年 9 月第 1 版　2025 年 5 月第 2 次印刷
书　　号　ISBN978-7-225-05789-7
定　　价　52.00 元

【目次】

胜集密教王五次第教授善显炬论

【科判】

甲一　二续建立分三

　乙一　无上续名称之差别

　乙二　随顺名义二续之差别分二

　　丙一　列诸疑义

　　丙二　别述各宗分二

　　　丁一　他宗

　　　丁二　自宗分二

　　　　戊一　建立方便般若不二续之理分二

　　　　　己一　正义

　　　　　己二　除疑

　　　　戊二　说明方便般若各别续之义分二

　　　　　己一　无垢光等所说

　　　　　己二　金刚幕等所说分二

　　　　　　庚一　破余妄计边分二

　　　　　　　辛一　列他宗

辛二　破彼执

庚二　安立善说品

乙三　别释方便续分二

丙一　方便续分三类

丙二　别释集密分二

丁一　明本续、后续义及释续数量

丁二　明释续如何解释之理分二

戊一　后续与授记密意如何解释

戊二　金刚鬘等三续如何解释

甲二　述集密特胜

甲三　解释彼密意之渐次

甲四　圣派教典之数量分三

乙一　圣父子二如何造论

乙二　余三弟子如何造论

乙三　诸随学者如何造论

甲五　彼教授传入西藏之情形

甲六　正释此宝贵教授分二

乙一　总习二种大乘共道

乙二　别学集密不共道分四

丙一　造成二次第道器

丙二　既成器已，净三昧耶及律仪

丙三　净三昧耶及律仪已，如何修行分三

丁一　二次第之次序决定

丁二　依次修二次第分二

戊一　修生起次第分二

己一　须修几许生起次第

己二　依次修学

戊二　修圆满次第分三

己一　略明圆满次第要旨伊旺二字义

己二　广释伊旺二字义分二

庚一　广释伊旺二字了义分二

辛一　释乐空无别之空与悲义分三

壬一　释空义分三

癸一　明生死根本

癸二　明破彼求无我见相同

癸三　破计不同

壬二　释乐义

壬三　释乐空无别和合义分二

癸一　正义

癸二　断诤

辛二　释二谛无别之空与悲义分二

壬一　正义

壬二　如是宣说之因相分四

癸一　由色身不共因成立

癸二　观察彼等应不应理分三

子一　观察诸释各派应不应理

子二　观察西藏诸说应不应理

辛二　次第决定

辛三　数量决定分二

壬一　正义

壬二　此道摄余道之理

辛四　诸差别义分二

壬一　学三远离三摩地之理分三

癸一　学身远离身金刚三摩地之理分六

子一　观察身远离为二次第何者摄分三

丑一　别列各派

丑二　观察彼等应不应理

丑三　安立自宗

子二　生起次第与殊身远离之次序

子三　身远离之体性分二

丑一　他宗

丑二　自宗

子四　身远离之差别分四

丑一　最胜百部身远离分四

寅一　五蕴

寅二　四界

寅三　释二风共义

丑五　诸风递换之理分二

寅一　鼻孔展转换不换之理

寅二　脉支与曼荼罗递换之理

丑六　诸风所有作用

丑七　依彼了知修持要义

子四　明咒之真实分五

丑一　集咒

丑二　咒名

丑三　咒义

丑四　咒胜义

丑五　咒根本短阿字

子五　明语远离为命力之支分

子六　如何修语远离法分三

丑一　释修三命力之次第分三

寅一　释于心鼻端修咒点之命力分二

卯一　单修咒点法

卯二　总修咒轮法

寅二　释于面鼻端修光点之命力分二

卯一　于何风从何处修金刚念诵

卯二　明风咒和合及金刚念通之差别

寅三　释于密鼻端修物点之命力

卯二　建立正品分二

辰一　从内外缘引生妙智

辰二　释彼乐空和合理等

子五　明不知彼之过患与了知之胜利

壬二　学二谛三摩地之理分二

癸二　谛各别圆满次第分二

子一　世俗幻身圆满次第分二

丑一　正说幻身教授分二

寅一　听者如何请

寅二　说者如何说分二

卯一　幻身前如何说

卯二　正说幻身次第分二

辰一　如何奠定幻身教授之基

辰二　解说依此正修幻身之理分三

巳一　父子论中如何宣说

巳二　明说修法及诸功德

巳三　诸师教授如何解说分二

午一　教授中如何说

午二　依经论释彼义

丑二　说彼所属教授分二

寅一　兼说教授之依据

寅二　正说睡梦等教授分二

寅一　答第二问

寅二　答第三第五问

寅三　答初问

寅四　答第四第六问并余义

子二　释后续所说二支

丁三　增进二次第之方便行分二

戊一　诸行总建立分二

己一　总释诸行差别

己二　别于胜行会违教难分二

庚一　列摄行文解释彼义

庚二　释余妨难

戊二　别释无上行分三

己一　续说诸行差别

己二　三行别相

己三　学行仪轨分二

庚一　修有戏论及无戏论行法分二

辛一　共同仪轨

辛二　各别仪轨分二

壬一　有戏论仪轨

壬二　无戏论行仪轨

庚二　修极无戏论行法

丙四　修习道后证果之理

卷一

敬礼一切善逝主，薄伽梵妙音足莲，
希有相好圆满报，结合恒受乐空味。
无缘大悲离静边，具七支胜我敬礼，
结集集密秘密主，集教王道获胜位。
因扎补底龙空行，毗苏迦巴萨惹哈，
龙猛金刚昔圣天，龙智释亲摩党格。
月称足等传承师，以殷净意我敬礼，
达集密道于诸经，能给无畏胜辩才。
如实开显妙音师，我恒敬礼足下莲，
住持佛法大愿等，无量福聚所策发。
经历多难赴圣域，传宏此道雪山区，
世间眼目宝贤师，罗扎玛巴持密藏。
善无量经大译师，达挈廓我敬礼，
于显密教仅片眼，未达圣教皆教授。
研究深义唯一门，赡部庄严微细理，
未如实知但凭教，得少教授便自足。
虽勤奋勉终莫得，集密妙道我当说，
第二金刚持密诀，善合本续与释续。
从教理路所传来，凡求如是教授者，

因札补底乐依怙，萨惹哈及龙猛等。

龙瑜伽等勇勇母，俱胝所行大密道，

当思入此有善根，心怀喜悦容开展。

面含笑颜除散乱，离器三遇敬听闻。

三地唯一宝炬，天人最胜导师，一切善说根源，佛薄伽梵，尽其所有随顺机宜一切善说，其最胜、最妙、最尊者，厥为胜集密经三界至宝。诸具善根补特伽罗依止彼教趣大菩提之道次第，即是此中所说之法。

【科】今释此教先分六科：

甲一　二续建立

甲二　述集密特胜

甲三　解释彼密意之渐次

甲四　圣派教典之数量

甲五　彼教授传入西藏之情形

甲六　正释此宝贵教授

初又分三

乙一　无上续名称之差别

乙二　随顺名义二续之差别

乙三　别释方便续

今初

无上续中分为二类，立名甚多，如律生云：“诸瑜伽续量，凡有六俱胝，瑜伽母续量，传十六俱胝。”此中说名瑜伽续，瑜伽母续，佛颅经，金刚幂等，亦立彼名。譬如儿子，虽是男儿、女儿二者之总名，然于男儿呼儿子者，乃别立总名。如是此瑜伽续，虽俱通方便智慧，然于方便续，名瑜伽续者，亦是别立总名也。复有多处说瑜伽母续，名空行母续。无垢光等中说，名方便续、般若续。龙智、月称等，亦说母续名般若经也。西藏诸师，因瑜伽母续之名引申，立父续母续之名，与金刚心庄严续所说相符，如云："金刚心严续，空行母及父，一切续根本。"

【科】乙二　随顺名义二续之差别分二

丙一　列诸疑义

丙二　别述各宗

今初

若无上续，分方便般若二续者，则彼二续是否方便般若不二之续。初且非理，立为方便与般若续之名义，是方便般若一分之续。其不二续，乃方便般若和合之续故。次亦非理，名无上瑜伽之瑜伽义，如集密后续云："方便与般若，等转名瑜伽。"此乃方便智慧平等和合之义，非一分义。故无上方便智慧平等和合之续，应即不二续也。如是方便般若二续，与不二续，究竟相违不相违，理当解说。

【科】丙二　别述各宗分二

丁一　他宗

丁二　自宗

今初

藏师有计，无上续中，分方便、智慧，不二之各别三续，其建立方便般若续之能立，谓各诠一分。其诠彼二分者谓不二续。此如欢喜金刚云："方便慧续体。"说欢喜金刚为不二续。虽彼续中，说欢喜金刚为瑜伽母续，亦不相违。以不二续中，必有般若续故。若如彼说，则亦应说不二续为方便续。然彼自宗，分无上续为各别三续。又建立二续，谓各诠一分。说不二续，谓俱诠二分。理应自述，云何不相违也？藏师有说："前宗因见。"黑行论师说：以"如是我闻"而起首者，为父续。以"胜密所欢喜"等起首者，为母续。意谓欢喜金刚续，根本续中如前说，释续幂中如后说；桑补札中俱说二种，故是不二续。此以能诠文之差别，安立三续之区别也。次出过云：胜乐续中，根本续如后说，释续温爵喇嘛མངོན་བརྗོད་བླ་མ等则说如是我闻。温爵中俱说二种。如是胜乐续亦应成不二续。若许尔者，更以何者为母续也？彼自宗云：广大方便与甚深般若，虽一一续མཇོན་མངོད 中俱说二品，然以为主，不为主而区别也。此亦意说，二续与不二续相违；然仍未研究不二续之方便般若，与二续之方便般若，如何区别。西藏有余智者，说无上续，分为方便续、般若续、与不二续，为各别三续者，乃不了义。一切无上续皆是不二续，乃真了义。又许建立方便般若各别续之能立。或说二俱或说俱非者，建立为不二续。如是解说亦不应理，自许无上部方便般若二续，俱是不二续，为真了义。又说三续之能立，有不同三种。更随自心所著之一续，为不二续之所相事，实属相违。若汝自宗，不许父续母续有二续者，则犯自宗相违、自教相违等过失。若许有者，而说彼二，非不二续。则说彼二是不二续，乃真了义，自成相违。若许是者，则说三续之能立，为不同之三种，更属相违，多分意谓，不二续义，较父续母续尤为超胜。故随自心所著之续，则强欲成立为不二续。除彼所余，立为二续。

【科】丁二　自宗分二

戊一　建立方便般若不二续之理

戊二　说明方便般若各别续之义

初又分二

己一　正义

己二　除疑

今初

方便般若不二续所说之方便般若，与方便般若各别续所言之方便般若，因方便般若之名同，故有误为义亦相同。依此便计，依于一种方便般若，谓方便般若平等和合续，与方便般若一分续，二者相违。遂计无上续中，分为各别三续。故应分辨彼二之差别也。其中无上瑜伽母，与无上瑜伽父，二者所言之瑜伽义，非指方便般若任何一分，乃说方便般若平等和合。所言方便，是俱生大乐。所言般若，乃通达无我空性真实义之智慧。此属多处宣说，亦所共知者也。

若依如斯乐空之方便般若二体无别和合而言，则一切无上部续，皆以彼义为胜所诠。故一切无上续，自体性质，皆属不二续。故非依方便般若彼二之义，安立方便般若一分之续。应知不二续，乃分父续母续二者之所依，非所分之差别也。如无垢光论云："自体性者，皆是方便般若体性之瑜伽续。"如是欢喜金刚云："嘿字诠大悲，班哆表般若，慧方便体续，我说仁善听。"故欢喜金刚非属般若续，未言善听般若续故。如是集密续云："方便慧等至，说名为瑜伽，集密善和合，一切佛宣说。"故此亦非属方便续。如是又云："初佛中宣说，便身非瑜伽，唯慧亦非是，方便慧等至，佛说名瑜伽。"金刚心疏中亦如是说。彼说集密非方便续，欢喜金刚非般若续者，是遮彼二，观待乐空之方便般若，为各别续。非说彼二，自宗不许为父续母续也。父母续中，彼二种经乃共所知，故偏说之。非除彼二，不许有余方便般若续也。

【科】己二　除疑

如欢喜金刚等瑜伽母续，多说大乐。集密等父，未如是广说大乐，多由四空宣说。依是便计，大乐为母续不共法。或计父续，不以大乐为道之正行。莫作是执，如黑行大师云："瑜伽诸续中，所言如是等，瑜伽母续说，如火余如草。意金刚说彼，自性无差别。"此说方便续中所言，如是我闻等序品正义，谓乐空无别和合，彼亦即是瑜伽母续之义。故彼二续乐空和合之体性，佛说全无差别也。尤其抉择集密经如是我闻等序品之义，如密成就论云："行者依真实，无禁亦能成，虽修百禁行，真实劣不成。"又云："真实住续中，集密中明显。"又云："造续意金刚，说者，说亦尔，离此更无余；除大乐无说，如是闻句文，及云住在句，是意金刚尊，亲为诸佛说，吉祥大乐尊，说住在妙句，如所说微妙，我今略宣说。一时中略示，谓何时佛说，诸佛续谛义，是大乐体性。”此说有真实则有，无真实则无。其所赞之真实，即是乐空无别和合之义。赞说已非一次也，此论乃大乐阿阇黎，又名莲花金刚所造。摄行论中，亦数引此论为根据，故与圣派相符。数数宣说，乐空和合为道之正行，乃集密之义，故住持圣派诸师，定须知此。如此宣说，一切无上续，皆以乐空之方便般若二体无别和合，为道之正行，都无差别。以是当知，随入二续何道，皆须自身生起，乐空之方便般若，二体无别，不容或少。其乐与空，亦非略解便足，必须深得乐空之不共微细要点也。

【科】戊二　说明方便般若各别续之义分二

己一　无垢光等所说

己二　金刚幂等所说

今初

方便般若不二续之方便般若，既如上说，方便般若各别续之方便般若云何安立彼理？且如无垢光等所说：“若何续中，于世间世俗，以大圆镜智等差别，由蕴界清净，为随钝根有情意乐增上，如来说为方便般若品。”此说由蕴清净安立为方便之男天，与界清净安立为般若之女天，而建立方便般若各别续。如斯之方便般若，观待前述胜义方便般若，则属世俗。是随钝根意乐增上而说也。由天男女门，许为方便般若续之理，如彼论云：“以世俗故，若何续中，诸瑜伽母动，主尊不动，是为瑜母续。若何续中，诸方便动，般若不动，是方便续。”此说，若于三昧耶尊作钩召智尊等事时，诸天女行动，天子不动，是般若续。与上相违，是方便续。金刚心疏亦如是说。

若尔，应许时轮为方便续。倘许尔者，无垢光云：“由三年差别，瑜伽母续决定。”此于以三年中夜数，明瑜伽母续诸尊数量时，说为瑜伽母续，则成相违。由天男女门，安立二续之理，亦约多分说，非决定尔。例如圣派集密，虽是方便续，然钩召智尊等时，亦有不用天子者，如是定量母续，亦有不以天女作钩召等事者。其明二续共同建立之经续，亦有俱明彼二者，皆不相违故，以是应知，如金刚鬘，虽是二续所共之释续，然彼自体，说属方便续。又如时轮，虽俱说二理，然其自体似属瑜伽母续也。于如是理，有说，以彼道理，应安立为不二续。彼虽欲立为不二续，然未了解，如无垢光意趣安立之理。

无垢光中，不二续义，是如前说，由胜义方便般若门安立。其方便般若动不动之方便般若，说随世俗钝根意乐增上而安立故。此说，由所修天男女门，安立为父母续之方便般若，是随钝根意乐增上而立。非说，安立父续母续之一切方便般若，皆如是也。无垢光说："方便续中，由昼夜相齐清净，故诸尊父母，面臂相等。般若续中，由前后时间清净，故诸尊父母，面臂不等。即以此作二续能立。承势进说，主尊父母面臂不等，眷属相等，为不二续。此非善说。彼仅说明，二续所说面臂等不等之因相，非是安立方便般若二续之义故。彼中全无父母或方便般若之义故。又为成立不二续者，意欲成立较余续殊胜。然以彼因相成立为不二续，亦非特殊胜法。即使主尊父母面臂数不等，眷属诸尊数等，二事俱备，仅就彼分亦无甚深义故。对于此理，诸余似能立，亦应了知。

【科】己二　金刚幂等所说分二

庚一　破余妄计边

庚二　安立善说品

初又分二

辛一　列他宗

辛二　破彼执

今初

藏师有说：金刚幂第四品云："此乃一切佛，空行母胜会，为修五空行，说空行母续。”又云：“为摄勤杀生，及诸邪见者，并诸女众故，乐方便不繁，文略义广大，下智易通达，诸咒差别故，今说诸续心，空行母胜续。”此说前四句欲明如来示现空行母身，以女为主尊。或眷属中多分女眷围绕，是为母续。若如来示现五部佛身，眷属中多分男眷围绕，是为父续。意谓彼续，正说前义，兼说后义也。如是后续义，谓为调伏，爱乐杀生，发生邪见，趣向邪道，外道补特伽罗，故说母续。即以此故，为欲调伏，具足正见欲修菩提自教有情，故说父续。即计彼二，为安立二续之差别。又金刚幂第十三品云：“为调士夫故，说诸瑜伽续。为摄女众故，说瑜伽母续。”为彼二义，故说二续，即计彼二，为二续之能立。明秘密真实中云：“由生满起次，明生起瑜伽，及满瑜伽母。”遂计此说，明生起次第真实者为父续，明圆满次第真实者为母续也。

【科】辛二　破彼执

前续之义，是说五部诸佛，为修空行母眷属众会围绕，五部空行曼荼罗故，说空行母金刚鬘续。彼前文所说已极明显，故彼非明母续之义。又五部空行，亦如前文：“说五曼荼罗，有金刚、常住，及金刚威德，莲花舞自在，马王为第五。”彼即五部如来。非说，曼荼罗主尊为天女，故彼解释前续不应正理。所释第二续义，亦非彼义。即彼前文，谓不动等诸佛，试问诸菩萨，于此金刚幂中，如何摄受诸瑜伽母及空行母。弥勒菩萨等答曰：“初金刚持尊，先发菩提愿，我当度一切，卵生等众生，何故弃女众？”为摄勤杀生，乃至胜续。如前说。故为女众故宣说空行母续之心。其续者，于前问时，既问金刚幂，故即幂续。言彼是一切续心者，如前文云：“五亿喜金刚，此尽摄心要。”故彼非是母续之总能立。由说“文略”亦可了知。

若尔，金刚鬘中问答如何摄受女众，其义云何？谓余经中，皆说女身，不能现身成佛。无上续说，以彼身修，能得上品成就，依是故问。答云：初发心时，誓度一切众生，皆证佛地。故诸女众不应弃舍。特明彼身，及杀生所表之重罪者，并现堕邪见者，若依此道修，亦能得上品成就。为摄受彼等故，宣说金刚幂续。此岂是说，安立母续之能立。又言：为摄男女故宣说二续者，总此续中，亦说母续名瑜伽续。又为摄受女众故说金刚幂。故亦说名瑜伽母续。如前引文："诸佛先说喜，金刚瑜伽续，后为摄女故，说瑜伽母续。"此谓先说五亿广续。后为摄受女众故，复摄彼义，说金刚幂瑜伽母续。又金刚幂与观察续，俱说欢喜金刚为母续。故彼所云瑜伽续者，意说瑜伽父与瑜伽母，二续所依之瑜伽续。非瑜伽母续所对立之瑜伽续也。为摄受女众故宣说金刚幂续之理，前已说讫。此后段经义，或亦如彼释。或俱约父续母续而释。谓由无上部，修上品成就之身，主要如宝之补特伽罗，虽男女俱有，然诸经论中，多说行者为士夫，其印有四种女性。

当知尔时，不但士夫，即彼明印亦道行者。如以般若为缘，令方便解脱。亦说宣说，方便为缘，令般若解脱故。此理虽二续俱有，然如母续广说，明印性相，差别，观察方便，依止方法，及由依彼引生智慧之理。诸父续中，则不广说。故由此门，说为调伏彼二性故，宣说二续。然此亦仅宣说二续所为，非是安立父续母续之能立。喻如集密，虽正为如宝补特伽罗而说，然彼非是父续之能立。若不尔者，彼续亦说：为令钝根易通达故说空行母续。则彼亦应是母续之能立也。其解释明秘密真实论义，亦非彼义。即彼论云："两交会等四，集亦现二种，由生满起次，明生起瑜伽，及满瑜伽母。二根住等至，说名为交集。"此说，视、笑、握手、交会等四续中之第四，两根交集续中，说瑜伽与瑜伽母二续。初者，宣说生长现起次第，第二宣说圆满现起次第。未说，宣说生起次第及圆满次第故。即彼论前文："由胜集后道，明二次体性，胜集尤可爱，是诸续中尊。"若谓集密等瑜伽续，不正说圆满次第真实，而正说生起次第真实，自相违故。

又说黑行论师，许如是我闻等为序品者为父续，胜秘密欢喜等为序品者为母续，亦非彼师之意。彼师是说：瑜伽续中，说如是我闻等；有母续中，说胜秘密欢喜等，二者俱以乐空和合为正行，都无差别。非说彼二即二续之能立故。彼文前已引讫，除彼等外，印度诸师及西藏人，安立二续之理，虽尚有多种，然多未明，立为方便般若续之父母，或方便般若之义为何事。有说：正说方便及般若者，亦未能明，方便般若为指何事，及正说不正说之区别。其说为能立者，亦仅见二续之同品中有，故不应理。易了知故，此不繁书。

【科】庚二　安立善说品

若尔，安立父续母续之理云何。此二续中，就生起次第类，虽亦许有各别安立之差别，然主要者，是由圆满次第安立差别。又如前说，观待乐空之方便般若，不安立为方便般若各别续，而安立为不二续。又观待彼，多不多说，亦不能安立，如欢喜金刚等母续中，多说大乐。集密中未说。及应安立欢喜金刚为父续，集密为母续故。以是应知由圆满次第门，说为方便般若各别续之方便般若者，般若谓胜义大乐智，方便谓世俗幻身也。其由初门，安立瑜伽母续者，如金刚幂第十三品云："世尊，云何悟入瑜伽母之名？金刚持告曰：般若度方便，此名瑜伽母，以大印和合，悟入真实性，名瑜伽母续。"此依总母续增上，说明彼能立也。其义谓，若法由与彼二联合，显示以大印和合，悟入胜义真实空性之理，故说金刚幂等，名瑜伽母续。以彼因相成立母续，说名般若，即二之义。若详说彼义，谓若正说，如拘目陀之菩提心，从顶至摩尼，引生上降，次返顶间，引生下固四喜之理。及由大印，俱生乐空无别和合，悟入胜义真实空性之智，辗转增长之次第。而不正说，由大乐智所乘五光明风，修成世俗幻身之理者，名瑜伽母续。以俱生慧度修习法身之方便，既是乐空无别和合之瑜伽，复是正成法身之空品般若分，亦品母故。

由第二门安立瑜伽父续者，如空行海云："诸瑜伽续王，彼彼执差别，光明摩耶法，我为幻世说。"此明了宣说也。彼义谓宣说。于何处说，谓于诸瑜伽续王中说。宣说何事，谓说幻身。为谁宣说，谓为世间，即为彼所化说。由谁宣说，谓由大师我说。如何宣说，谓以并前三空之光明，即以四空次第说修幻身之理。由何能修，谓由善知，彼续所说彼彼仪轨之差别而修也。若详说彼义，谓若正说，于光明现起之心处，由渐摄风息之次第，起顺引四空，次由外放之次第，起逆引四空，引生空智之理，及从光明之五光风息，修成幻身之理者，名瑜伽父续。以彼是空智，与从风所成身，二体无别和合之瑜伽，亦是正修色身之明品方便分，亦名父故。明真实论义，亦是说引生幻身，从四空现起之次第，与悟入本来圆满成就之真实义，辗转现起之次第，是二续所正说。故与前二义同。正说不正说者，谓彼续对彼义，特至力而说与不说，非仅说不说也。彼二差别，若于父续母续，各主要经，有具量者解释之理。则诸余方便般若续经，亦是属彼之支分。其末明说彼理者，亦应引入彼二品而释。故彼能立之理，非不遍于二续一切经也。

【科】乙三　别释方便续分二

丙一　方便续分三类

丙二　别释集密

今初

方便续中，如金刚心庄严续说，有贪瞋痴三方便续。初如彼云："次所应说者，大贪方便续，若能善了知，即生证悉地，集密续王整一千，金刚鬘续整三亿，授记密意四千正，四天女问百七十，邬惹敦达二百八。复有属彼解释续，大三昧耶五十五，集五金刚整一千，普集大续一亿正，平等尊胜二百十，月秘密点千七百，金刚地下百二十，金刚冠续七百五，忿怒月点整五亿，金刚尊胜百九百，平等秘密整五千，金刚密严五千正，金刚密库整七千，摩尼密点有一亿，毗卢幻续千一百，金刚密严一千正，金刚颇盖二百八，实性百千百千七，庄严誓续一千亿，妙德勇续整一亿，摄大密续百五十，大宝树续九百七，时点续有百八十，天女论有五百七，此由意趣别，是我所应说。此以两两抱明诸续差别。”又云：“加是瞋与痴，诸续尽应知。”此说贪方便续，连此列名二十七种，共有五百零七部。西藏智者说，瞋方便续，谓阎曼德迦等续。痴方便续，谓金刚阿啰利等续，律生中所说二续各各之总数，如前引文应知。

【科】丙二　别释集密分二

丁一　明本续、后续义及释续数量

丁二　明释续如何解释之理

今初

金刚鬘经释说：“集密续中有广续二万五千，与略续一千八百，分十八品之二种。”千等数字，是指颂文。以是前说：“集密续一千”者，意说略续之大数耳。此中所说本续、后续、释续之义云何，根本续之差别，有广续与少续或略续之二种。谓先说广续。后时所化，寿命、智慧等，均较前者差降，不易了知。为利彼故，从前略说。彼二仅是续文广略之别。俱是本续。非说前者，是后者之根本续也。言根本续之根本义，有如观待枝叶，说名树根，是观待支分而立者，有如初主，名根本主，是依时间，观待后续而立者，有如根本、注释，是观待释续而立之三义。

其中初者，如灯明论云：“集余续部一切根本。”成为根本之理，后当解说。彼是根本，复是续故，名根本续。然非凡具彼义者，皆名根本续也。第二如前说集密，十七品，观待后说第十八品后续，为根本续。依于此理，拏热巴说：摄真实续，为根本续。集密根本续为彼后续。第十八品，又为彼之后续。后之梵文义，可译谓上，即殊胜义。可译为后。虽有译为胜者，然大译师（宝贤译师）译之为后，极为善哉。释论亦作后义释故。观待集密，说摄真实续名根本续。亦是摄行论之意趣。若尔，观待集密，安立摄真实续为根本续，非仅时间在前。其理云何？曰：集密虽非四续部中之瑜伽续，然多总说名瑜伽续。故此续与摄真实续，皆名瑜伽续，即亦归入瑜伽续之一类续部。其中，摄真实续，如理趣百五十颂释说，以方便般若为父母二品中属于父品。故亦是方便续。如第十六品之灯明论说：“灌顶法类等，有此续说者，如摄真实应知。”意似，由住持前基础故，作如是说，仍须观察。若因后文，解说前义，便立为后续者，集密初品，总说续义，余十六品，皆解释彼。则应初品，待十六品为根本续。后十六品观待初品，立为后续。又每品前后亦皆应如是安立，有大过失。若不如是安立者，则应宣说何为安立后续之界限耶？曰：安立后续，总有多理。然此当说，安立集密后续之理。谓此第十八品，既是集密续，又于集密根本续后说。于根本续十七品之共义，及各品隐密难义，皆明显辨别。说名集密后续。故无根本续之后品，成为前品后续之过失。

集密之释续，圣父子所亲说者，共有五种。五次第论说：“四天女请问，授记密意，金刚鬘续为释续。”摄行论说：“集智金刚亦是释续。”灯明论中解释序品初二字时，明引天王请问续为根据。解释余字时说：“释续中云。”仍是前续。故说天王请问续亦是释续。此未译出。圣父子仅说第十八品为后续，未明说为释续。然塔伽那与胜与论师，许为根本续之注释，亦应许为释续也。虽亦有说：金刚心庄严续与幻网续，亦是释续者，然彼二续，是与集密同类之续，非是释续。四天女请问续，彼释论说：是有一千颂一切秘密经之后续。金刚鬘疏说：金刚鬘续有一万二千颂，与略续二种。集智金刚续亦有广略二种。又前引经说：金刚鬘续有三亿颂。授记密意，仅有解释根本续十二品以前之释续。余者未译。

【科】丁二　明释续如何解释之理分二

戊一　后续与授记密意如何解释

戊二　金刚鬘等三续如何解释

今初

集密余释续，虽是彼之释续，然非集密续。后续则二者俱是。此续解释根本续之理，其解说续之共义者，谓问答胜集密瑜伽续之名义，方便续之差别，及续之总嗢柁南。余者，谓问答，十七品之各别义。续之解释，其解释问者，谓由说何法，能使续一切义联系圆满。拏热大师许彼即是胜字义。其答中，谓从第二品，至第十七品共十六品，每四品文，解释四支近修之一支。拏热大师说：其第一品略标续义。余十六品，解释近修四支。第十八品，宣说彼等一切秘密教授。此等未各别分二次第。通明二次第共同之近修四支。明方便续之差别时，乃说二次第各别近修四支。又诸释续，皆有一种不共特释根本续之理。此后续中，是由根本续第十二品所说近修四支门，能释根本续。解释之义，谓胜字问答中，说以十六品，解释近修四支。故各品之问答，皆彼中摄。方便续之问答，即是名义之问答。总义，亦摄名义之中。故根本续之经文，主要即解说续名之文，实能引发引有之认识。

此中说每四品，解释近修之一支，极难了解。故须善知彼义，及善分别二次第各别四支之界限，尤应善解，圆满次第六支承事，而解释根本续。然圣派中，了知如是解释后续者，实须依凭拏热巴之注释也。授记密意续，与根本续，品目次第相同。诸品多先列本续所说，次乃解释彼品难义。又总结说，此根本续十七品中各说何义。明集密续，不可如言取义，凡不了义所含隐密了义，皆令显出。凡以相违异文，宣说异义之意趣，均善解释。又每品中，多数数显示，根本续中隐秘宣说之金刚念诵。是故此续，即以如是次第，特别解释根本续义。灯明论中所引释续，此续最多。彼多引其了义之说。

【科】戊二　金刚鬘等三续如何解释

金刚鬘略续中，第十九品与第二十品之分界，有三种不同。谓第十九品首，从“次所应宣说，种种刹那体。”至“许为种种相。”仅此九句。释论中说：“第十九品之全文不传，故此不说。”次从“次所应宣说”至“由师传应知”，作为第二十品。释论中共作六十八品寂静光大师所译本，“许为种种相”以上同前。次从“由视、召、言说及闭口作用，应知受喜乐。”至“领受俱生喜，是离相刹那。”以上作第十九品，名分别刹那品。次从“次所应宣说，四欢喜性相。”至“于变化轮中，领受俱生喜。”后从“诸脉大虚空”至“由师传应知”，作第二十品名分别欢喜相品，亦共作六十八品。寂静光所译，盛精进改正本“许为种种相”以上同前。次从“次所应宣说，四欢喜性相。”至“于变化轮中，领受俱生喜。”再次，从“由视召言说”至“领受俱生喜，是离相刹那。”再后，从“诸脉大虚空”至“由师传应知”，总作第十九品，名分别欢喜相品，共作六十七品。虽有如是众多异说，然曼达罗迦啦夏论师之梵本，与苏哆啰那、室利若那、及寂静光所译本之品界乃是彼续之义。以显见文中，有解说顺逆四刹那一类，与解说顺逆四欢喜一类故。“由视召言说”等文，接续“许为种种相”之后，极明显故。

“次所应宣说”句，诸余品中，皆作各品起首句故。今此续中，金刚手菩萨，欲由金刚鬘门，请问集密续中来明显说，仅略指示之二次第。先云：“维愿正说圆满次第。”次从金刚鬘之名义，乃至风息性相，灭坏之理，皆伸请问。彼等答文，多说集密义，温爵绷巴等瑜伽母续之义亦多宣说。彼亦多属抉择集密义之支分也。问答数量，释论说有八十二种。此续归释集密续何文？曰：根本续第三品与第六品所说，于鼻端上修如芥子之宝等，虽亦多所解释，然主要者谓灯明论所说“鄂旺摩耶”等序品四十字，摄尽续中一切义。即此续中“鄂谓最胜慧”等四十颂，每颂解释一字之义。此等正说，身远离、语远离、心远离、幻身。宗处亦多说：光明，双运。故是完全解释圆满次第。又将彼道纲要，摄为五次第，即彼续云：“善修金刚诵，了知风相已，断诸分别风，当得缘心义。自加持次第，能得八悉地。知明等差别，得证大菩提，住双运次第，瑜伽师无疑，摄一切次第，现世当成就。”龙猛菩萨摄圆满次第为五次第，即是随顺此续。

生起次第，作三三摩地，四种瑜伽，三十二尊等，亦是随顺此续。故总略中说，主尊摇者，以金刚鬘挠杆，搅动集密秘奥大海，而得集密修法。勿执唯说生起次第。

又依贪爱法秘外印，与金刚念诵等命力，引生四空与幻身之内外命力。抉择此等之支分中，依于依处脉，行动风，安立菩提心，宣说内身成坏之次第后，广说由彼二种方便，现起现观次第等无量法门。又说：成办道器之灌顶总纲，摄为二十仪轨，及摄生起次第之总纲，与二次第之次序决定等，众多法门。其尤要者，谓由命力金刚念诵，开启心间脉结之要诀，如第六品；及开解心间脉结，为开解一切轮中脉结最胜之理，如第二十二品，集三字了义咒时所说。然见甚少善了知者。此续特释集密之理，谓由解说序品字义，开显集密隐藏诸义。于抉择彼义之支分中，引诸余释续。作为二次第之总纲，必须如是了知解说。此续，释跋中云："诸释续中，昔未译有较此善者。"至今尚然。

四天女请问续，正释命力诸关要。集智金刚续，宣说集密为首解释无上瑜伽续之究竟教授，七种庄严。其说明三空及从彼修幻身，较余释续，此为最显。以上二续广释集密之理，二续大疏中，已广说讫。此不繁述。如是若能熟习至尊父子教授要典，以善达奥义关要之钥，于以六边及四理趣封锁之根本续义，善巧配合诸释续，而开启根本续门者，乃是于此续教授获得无畏之具教授者。如是知已，则于余续，亦能配合彼理，方能精通一切续部。

【科】甲二　述集密特胜

根本续中说名义时，谓一切如来身语意密皆集此续中。是明此中总集金刚乘一切密要也。后续亦云："希有极难得，修菩提方便，是乃后后续，名曰集密续。此说最极难得，义利极大。若谁于此，能修四座瑜伽，或听闻、书写、读诵、供养，皆当视同菩提金刚大金刚持，恭敬礼拜。又非仅此，即修彼续者，若谁见、闻、念、触、引发净信，乃至受持彼续少分，亦当视同大金刚持，恭敬礼拜。

如后续云:“若有能修习，四座金刚者，隐身等种种，胜劣皆成就。依上师恩德，达此无谬道，当视同菩提金刚常敬礼，若人得听闻，此极密集续，勤披读、讽诵，或能善思惟，勤修供养事，自写教他写，当视同菩提金刚常敬礼。”又云：“若有能见触，勤修主尊者，或能善忆念，或闻彼名号，能生净信心，受持一少分，当视同菩提金刚常敬礼。”

曼殊室利亲教论赞云:“诸佛集密续，大密密最密，无上大教王。”又说:“圣教心藏住不住世，即随此续有无而定。”如云：“若耳闻此义，乃至何时住，诸佛圣教宝,亦说为安住。若此传承断,则诸佛圣教,当知亦隐没。”非但此类续中,如是称赞,即余续中,亦同赞叹,如红黑二续中云:“续究竟谓集，未出、后不出。”密成就论云:“无胜集密者,三世间大宝,心中最上心,诸续上中上,若有教与说,满瑜伽次第。若不知集密,云何得成就？能断一切疑,能除无明翳,诸佛大宝箧。若舍离集密,唯分别增益,愚欲求成就,如拳击虚空,如饮阳焰水。”灯明论云:“乃至耶惹拉哈边，迦喀迦边、那哆边，达答边及摩字边，彼彼根本为三字。能仁说法蕴，八万四千量，集密为彼器，故是诸续顶。”此说是余一切续部之根本，及一切经藏之宝箧，故是一切续部之顶。集智金刚续说：迦等一一字边之续，皆摄一千续部。此是总约四续部而说。福缘名称与鸠摩罗论师说，此说是父音字边续部根本者，仅是一例。故亦显示，是母韵字边续部根本。

言根本三字之三字者,拏热巴说:即三种子字。藏中先觉,说是萨摩哆三字。前者后续中说即集密所集之身语意三密。故是从所集,而明集密。若不作集密解,而解为一切续义，摄于三金刚三字义者，则失时位之义。此是宣说集密续为一切续部之根本故，根本义者，谓如一树，虽有无量枝叶，然彼集处，即是根本。如是续部虽有无量异义，然彼一切究竟关要，皆悉摄于集密道中。经藏之器义亦如是。此即显示，若能圆满解说此道，则更无余较此胜者。黑行论师赞集密道于二次第俱为增胜，及是一切续部之主。如前已说。无上诸续，虽不似下三续部，即由续部次第，亦有胜劣。然观待少分特胜，非都无胜劣。譬如同一续部，宣说二次第，其文内部虽有胜劣，然彼二文，由续部次第，则无胜劣也。

卷二

【科】甲三　解释波容意之渐次

因陀罗补底，龙瑜伽母，与毗苏迦拉跋王，所著论典，此间未见。大乐论师，抉择集密义，著密成就论。此正抉择集密经序品之文。其明修道渐次，则谓初安立诸字修生起次第。第二，依止业印，表显自我体性，真实义。第三，为令彼坚固故，依止智印修习。第四，修习大印现证菩提。说此四修并诸密行。有说此明集密曼荼罗中，仅十七尊者，似因彼论云:“以十七菩萨次第，决定圆满。”说以十七尊圆满而说。若果尔者，灯明论云："此中由几尊，能圆满天轮，为明尔许尊故。"此于序品眷属时说。彼亦应不许三十二尊曼荼罗也。故应知彼义，是说由几佛、佛母及菩萨、父母、眷属，能圆满曼荼罗诸尊，即于序品说尔许尊。

前论之义，谓除五佛，凡序品所说眷属，总名菩萨，由彼圆满，正说之菩萨眷属也。此密成就论，是共称为“成就心要”诸论中，余六成就部之根本，亦是心要类大婆罗门朵哈之根本。以于了知乐空和合俱生智，为一切无上续部之心要，最重要故。萨惹哈论师，未见有专解集密经之论典。次有龙猛菩萨，解释集密续义。此派如何解释，后当广说。喜金刚论师，虽略解说此续序品，未见别释二次第之道规。喜金刚之弟子智足大论师，有妙音菩萨解说集密义之次第，共称为智足派。彼道二次第中之生起次第者，谓如以曼殊金刚为主尊之十九尊曼荼罗普贤修法。及四百五十颂论所说。圆满次第者，如至尊所说之亲教论，及论师所著之解脱点论中所说也。亲教中说：修圆满次第，先于心间，修不坏空点，次于摩尼修秘密空点。引生名遮止支之命力支。及由修彼，名为取支之能取支。次修十六随念之随念支。次修名变化点之金刚念诵。次仍修心间不坏空点，专为引发俱生智而修也。此论未说，后续所说加行六支中收摄静虑二支。仅说“后四支以此解说”，意似安立收摄静虑二支，为生起次第。智足派六加行论中，亦皆说收摄静虑二支为生起次第。后续所说：共同亲近，有四金刚，最上亲近有六支之义。此论不许，最上亲近与生起次第二者相违也。此圆满次第时，似以后续为基本，亦集有四天女请问续与金刚心庄严续之义也。

诸随学此派，解释根本续者，虽多解说后续，然以余释续，解说根本续之理，则多未说。特依亲教与解脱点二论之教授，明根本续文，多宣说圆满次第之理及顺亲教与解脱点二论，解说后续加行六支中后四支，似可善说。然未见如是说者。庆喜藏论师解说之理，有说荼惹所译集密大疏，为此师造者，是未观察彼疏而妄说。不应道理。有说大译师（宝贤）所译注解，为庆喜藏论师造者，净密论师疏中，亦引彼第五品释文，故是真本。此释凡经所说，依止羯摩印者，一切皆为引摄，学毗纽经不能远离五欲，多贪者而说。凡说依止大香小香等食三昧耶者，一切皆为引摄，学非人经者而说。非为上根所化宣说彼等。又修内身脉风点等瑜伽。余论释为圆满次第者，此皆未说。依此等义，故藏师说：庆喜论师解释集密为瑜伽部。此实与印度诸余论师，概不相同，解释无上续之规也。寂静论师说：根本续初品，明方便所生果续。余十六品，明能得彼之方便续有四。谓三成就四品，明亲近。二成就四品，明近修。满成就四品，明修行。欢喜四品，明大修行。后续，即显示彼等。此说初次第中，修不动为主之十九尊。生起次第坚固之后，修圆满次第，六支之理。与智足派、圣者派、明轮派，皆不相同。依于后续，解说十七品之义也。除上诸师，诸余释家，多系随学智足派而说，虽有一二家随学彼派，不甚明显，然不重要，故此不书。如是应知，解释集密续之大车轨，如共所知，有圣者派与智足派二大派也。

【科】甲四　圣派教典之数量分三

乙一　圣父子二如何造论

乙二　余三弟子如何造论

乙三　诸随学者如何造论

今初

于集密类，圣者如何造论之理，灯明论说：有总略、总合、吽迦惹修法、五次第、续释等。现在所有集密续释，传为圣者造者，藏中智者说是一印度论师来藏地所造，内中引有诗镜论、释理论、俱舍论等。其末有云："由修诸胜者，善逝故醒觉，安住我心处，智足依估等。"其解释续义，亦多与父子之论不符。故是依托龙猛者也。以是宣说生起次第者，造有总略与总合二论。曼荼罗仪轨二十论，藏中古师说是龙猛造。似因灯明论说，圣者造有曼荼罗仪规。故多意为即此论。藏中后期智者，说彼论与印度众多智者，作为定量，龙智之仪轨二十论，多不相符。即与菩萨自论亦皆不合，故许为依托。此说应理。

宣说圆满次第者，金刚念诵次第等。属共所知。其解释根本续第二品中，毗卢佛所说菩提心文。造菩提心释。此有弥底之疏。阿毗耶等众多论师，皆引为根据金刚念诵次第等五次第诸论。罗勤所译五次第论，是于一论分为五品，又说第二次第，是释迦亲造。腊弥之疏，与摩尼鬘疏，亦如是说。卡译师则译为各别五论。但本论中，谓自加持次第第三，现证菩提次第第四。双运之后，总造五次第之回向。故决定有圣者自造之五次第论。阿毗耶与三昧耶金刚之疏说，第二次第，是圣者弟子释迦亲所造。如彼等说，则以总略为一次第，共许为五次第。能仁贤论师亦如是许。腊弥疏说，论师得成就时，号曰龙猛，出家之讳，曰释迦亲。故彼自宗，许第二次第，是论师自造。谓他派说：论师自造后，安立弟子释迦亲名，令欢喜故。摩尼鬘疏云："或如前说，或如后说。"是随多分说。此中，余三次第，各有礼敬与立誓文，然无回向。最后次第之后，造共回向。总略论后另有回向故。又金刚念诵次第略标时，有五次第总标。依此而言，似有圣者所造宣说圆满次第之五品论也。若尔，说第二次第，是释迦亲造，其理云何？曰：“此论之末，另有回向。”又云：“以圣金刚之恩，得闻众多续部。”诸余所释，皆不应理。若谓第二次第全文，皆是圣者所造，则光明位与双运位，所说多义，此中宣说必不应理。故非此全文皆圣者造。若谓此全文，皆圣者弟子释迦亲造，则圣者集圆满次第为五次第，亦不应理。又两次引云：“圣天所造，无上意趣。”尤不应理。似是圣者自造前半，余令释迦亲补造者。深细慧者希更研究。

若许如是，则五次第一论中，连第二次第前半，共为五品。第二次第有二名称，曰无上意趣，乃圣者所立之名。若不尔者，则五次第应非一论，以总略论乃别论故，第二次第造者，亦余人故。又若尔者，论中云：“金刚念诵次第第一。”亦不应仍旧也。总之，圣者于圆满次第中，以缘心为第二次第，摄为五次第。由金刚念诵次第即可了知。亦是建立次第论之意趣也。又有传为圣者所造抉择四灌顶义论。藏中智者，许是伪造。传为圣者造之四即次第论。教授穗论与筏喻疏，俱破除之。但弥达勒大师与诸随学，则皆许是圣者所造。

圣天所造论中，五次第义释摄行炬论，世所共知。目加持次第论阿毗耶论师引为根据。净心障论，是宣说心远离者。虽是正说心之密宗论，然非集密部之别论。阿毗耶论师，亦引此论为据。现证菩提次第论，传为此论师造。藏中智者，说有疑处。与摄行论极不相符，故是依托。又传为此师所造之耶惹拉嚩等字四理释，与烧尸仪轨，藏中智者亦说俱是可观察处。其中初论，解释灯明论中“乃至耶惹拉哈字”等，二颂之义。引证摄行论。又说金刚顶经、金刚鬘经、授记密意经为根本续。是将鸠拉答惹论师，所造灯明论疏中，以四理解释耶惹拉嚩等字摘出者，决无圣天所造之理。后论亦属伪托。

【科】乙二　余三弟子如何造论

龙智或名龙菩提所造论中，正说生起次第兼说圆满次第之建立次第论，是所共知。曼荼罗仪轨二十论，罗睺罗亲、阿毗耶迦惹、大悲足、能仁贤等众多论师，引为根据。抉择四空之辨业论，灯明论中引为根据。现在译本，略标中说有一百六十自性。广说中未满八十自性。总结中仅说五十四种自性。或是藏本错落，或是从错落梵本适译之过失也。

依托此论师者多故，有传为此师所造之五次第疏摩尼鬘论、明显义论、摄次第论等三论。此之初论，藏诸先觉，多依为据。后诸智者，则说彼论与显义论二俱伪造。其中初者，解说集密义，多与圣者父子不合。又列有狮子贤论师弟子佛智足论，引证月称论。谓是月称所引龙菩提论。又第二次第，究为龙猛或弟子释迦亲，二人谁造，亦未能决断。故是依托龙菩提者。传说明显义疏是此师造，亦属依托。摄次第论，藏中智者，许是龙菩提造。卡译师说是与龙菩提同名者造，此说，如现观庄严论说：六波罗密多，一一各摄六种。如是从生起次第，乃至双运，六次第中，亦各摄六种。次说：彼等摄时，则应彼时一一次第，修道之中，皆摄五种。然不决定。譬如心远离时，说从月轮金刚现起天身之生起次第，许为心远离之生起次第等。是未能分别，彼次第时所说，与修彼次第之修持中摄二者差别。故实是依托龙菩提者。然此与摩尼鬘论，皆是印度人造。

释迦亲论师所造论中，第二次第论之情形，前已说讫。摄行论疏，传为释迦亲造者，若谓与此师同名者造则可。若谓是圣者弟子释迦亲造，则定非尔。月称论师所造论中，灯明论是所共知。此师所造之加行六支论，乃从第十二品灯明论中摘出者也。金刚萨埵修法，有如来护与利拉班哆二师注释。摩羯陀国能仁贤等论师，亦许为月称之论。集密现观庄严论、本颂、自释，传为月称造者，藏诸智者说是可观察处。此二造者，谓与此师同名则可。若谓是灯明论造者，则纯属依托也。

此中圣天、龙智、释迦亲三师，共知是圣者弟子。摩党笈者，集密玛派诸师，许为圣者弟子。月称论师，廓译师等诸先觉，皆说是圣者弟子。藏地中观家，因显句论末云："圣者众论与诸弟子，隐灭已久，现今宗义不明。"故说月称，未见圣者。然彼因不定。如跋曹译师传中，记载金刚座论师说：月称论师得持明位久住于世。故彼晚年，见龙猛之弟子与论典，皆久隐灭，与亲见龙猛，不相违故。以是藏中智者，谓如阿底峡尊者说："龙猛弟子月称，实是圣者弟子。"灯明论亦云："诸佛二次第印定，彼义吾从龙猛得，敬礼遍主金刚心，月称于此渐次说。"此说集密教义亲从龙猛获得。福缘名称亦说："言从龙猛得者，即显示是龙猛菩萨亲传弟子，非展转得。"又云："罗睺罗贤萨惹哈婆罗门，传授龙猛。彼传月称，并赞功德。灯善明论云：公迦那城中，吉祥山顶上，众生远离处，先安住于彼，等同天人主，宣说最上法，罗睺罗大师，于此地尊胜。由承事彼师，得大乘瑜伽，登地勤利他，龙猛愿尊胜。从彼获珍宝，名扬三世间，到集密海岸，月称愿尊胜。又拉庆迦惹弟子鸠摩罗论师亦说：此等显示，以是龙猛弟子故具足教授。"以是当知，如拏热巴、阿毗耶迦惹、大悲足、迦湿弥罗腊弥、能仁贤、福缘名称、鸠摩罗、鸠拉答惹、如来护、利拉班啰等，随顺圣者父子，解释集密义者，皆视月称足等同圣者，为所信处。

【科】乙三　诸随学者如何造论

随学圣者父子，集密法类，印度余师所造论中，后续释，名密灯者，有本谓拏热巴造，有本谓名称贤造。弥底译本，末云："普贤、虚空藏、名称贤、拏热巴、智成就等，是诸异名。"弥底论师是拏热巴与智藏二师之弟子。有一广本名集密教授五次第论，与一略本，名五次第略明论，传是拏热巴造玛巴逸译。其中初者，说如梯级渐次引导，是中下根道。许于利根有顿超道等。有违背五次第论与摄行论之粗显错误。故是藏人，伪托拏热巴者。五次第略明论，玛派之集密教授，由促师传，共有两派，俱依为根据。玛巴译师之教授，多有一，梵本略论根据。五次第教授，别无略论，似即以此为据。且此总集圣派诸大论典之义。故应许为玛派五次第教授之根本论典也。其末颂云："吉祥集密续，圣父子所说，拏热得彼意。注释家不知。但释续略论，不共加持道。"此文讥刺灯明论。是欲赞扬拏热巴，而不知如何赞者所加。拏热巴所造后续疏云："此明后续义，是随灯明学，说龙猛教授。"又云："龙猛圣提婆、龙智、释迦亲、月称等教授，依彼我造论。"作如是说故。即由此故，促师弟子，康巴味等金刚等，执但解续派为最殊胜者，说但解续文，与灯明论不符者，为拏热巴最胜规。当知亦破。

阿朗迦提婆论师，或名阿朗迦迦拉峡，所造金刚鬘释续四十三品半以前之注解，是随学圣父子派。总略论释名宝鬘论，传为寂静论师造，藏中智者说是依托。倘非同名，便属伪托也。毗补底造总略论释难。连总略为五次第之疏有阿毗耶所造月光沦，黑三昧耶金刚所造释难论，跋贝笈底所造释难论，共有三论。除第二次第外，总略与四次第之疏，名瑜伽师悦意论，能仁贤造。五次第论释难，精进贤造。迦湿弥罗腊弥论师造五次第论疏。及前所述，诸依托者，皆是圣派论典。摄行论疏与金刚萨埵修法二种疏，如前已说。灯明论疏善明灯，灯明论略说心镜。灯明论疏大悲足造。灯明论合解鸠罗答惹造。灯明论集难疏，传为清辨造者，系与造般若灯论之清辨同名。灯明论疏传为圣天造者，亦系与圣天同名，非真提婆菩萨。此疏与依托龙智之显义疏，似是藏人所造也。授记密意续所说金刚念诵疏，与七庄严释，清净论师造。十一音所造，金刚持道次第论。罗睺罗亲所造曼荼罗仪轨。三昧耶金刚所造曼荼罗仪轨，与金刚萨埵供养仪轨等，亦均属圣派也。中间颂曰：

此地正荷持，百千智者宝，
力励从彼前，领受诸妙说。
时迁临灭度，彼等心真味，
书成众论典，谨依师教授。

善习而受取，智者知同波，

以此如实分，真似道差别。

【科】甲五　波教授传入西藏之情形

阿底峡尊者，曾于俄日讲灯明论。有从彼传来之五次第教授。宝贤译师适译根本续，与授记密意等续，及圣父子五人之论典多种。但彼讲说规，未能久传。传说玛巴译师讲说集密规共有七派，似与迦湿弥罗阿迦惹悉地，同依拏热巴，学灯明论。然未宏传讲灯明论。五次第教授，宏传甚广。廓译师赴印度十二次，共亲近七十位大论师，二位空行母，尤为研习圣派集密，亲近跋伽拉之神通论师、萨货之具妃论师、公迦那之云力论师、迦湿弥罗准陀哈日论师、文殊加持者，若那迦惹、尼帕尔之罗哆都、尼帕尔城中那伽俱胝、萨惹哈巴论师、金刚座黑三昧耶金刚论师、毗迦玛拉然灯智论师等。后二论师，系来藏后从学。

依彼诸师，学习圣者师徒五人之论典讲说，抉择灌顶教授法类。尤以神通论师、具妃论师、黑论师三人，为最胜师长。讲论与教授亦皆以彼三派为主也。此师已获集密事业，早年中年晚年，各有四大智者等，住持讲规之无量弟子。讲说法流至今未断。又有若那迦惹传授拏错译师之五次第教授。又跋曹译师亦学圣派集密，迻译多论。又译前述，灯明论疏等之译师，初亦各曾讲说，但未久传。又有虚补译师、卡译师，先在藏中，学习廓师之讲规。次依印度论师，学习圣振之讲规也。如是由印度传来西藏之圣派集密。讲续之规则虽多，总以廓译师之讲规，为最殊胜也。

【科】甲六　正释此宝贵教授分二

乙一　总习二种大乘共道

乙二　别学集密不共道

今初

初入金刚乘之所依者，如金刚鬘续云：“弟子具何德，成瑜伽续器？”答曰：

"净信敬师长，常住于善业，离诸恶分别，多闻圣教法，远离诸杀害，救拔有情心，正具大精进，具此等功德，是大信弟子。"若对不具法器德相者说，则使弟子现后受害。师长身中本能速生道等,得诸成就,反令迟缓。即前续云:"犹如狮子乳，不应注瓦器，如是瑜伽续，勿授非器者。弟子刹那死，现后俱受害，非器宣教授，师长失成就。"

弟子身所依之德相，虽不须新修，但意乐所依之功德，如深信正法，恭敬师长，常住十善业道，多闻圣教正法，以欲救拔众生之猛利意乐，恒常精进，修诸行等德相。非初发业者所能自生，必须修习新发。此是初成法器之相，非入密咒后方始发起。故彼法器诸法，是由修二种大乘共道所引发者。金刚手灌顶续亦云："诸大菩萨，陀罗尼大曼荼罗，广大、甚深、难测，秘密最秘密。对诸恶有情不可宣说。金刚手，汝说最极希有。若未闻者，当为何等有情宣说耶？"金刚手曰："曼殊室利，诸有已修菩提心者，若时彼等菩提心成就，曼殊室利，尔时可令修菩萨行，行密咒门，彼诸菩萨，入大智灌顶陀罗尼曼荼罗。若菩提心未修圆满，勿令彼入，亦莫令彼看曼荼罗，亦勿示彼手印密咒。"此说菩提心未修圆满，犹不可灌顶。

事师五十颂云："净意乐弟子，先皈依三宝，此随事师法，授予令熟诵。次传授咒等，令成正法器。"此说意乐清净修菩提心，具足不共皈依。由事师五十颂门，以意乐加行亲近密咒师长，乃成灌顶之器。摄行论云:"彼次第如是，先学佛乘意乐。若时已学佛乘意乐，次学新乘一念三摩地。"此先成立入集密道者，须渐次学，非可顿学。后说渐学之理，谓应先学佛乘，即大乘意乐发菩提心。圆满修学愿行菩提心之理，谓如大觉窝教授所出，先于具足德相大乘善知识，意乐加行如法依止。彼师为说，暇身义大难得之理，令修其心，则于暇身，发起取诸坚实之欲乐。取最上坚实，即是趣入大乘。入彼之门，即发菩提心。以自相续真有彼心，则大乘人亦非虚伪。倘若彼心仅属虚言，则大乘人亦徒有虚名故。以是诸聪慧者，必当断除彼心障品，令发行相圆满之心也。

又若未先遣除现世之心，则俱障大小乘道。故当念死，现世不能久住。及思死后，沉沦恶趣之理，遣现世之心。次应深思一切生死过患，遮止爱著后世圆满之心，令意趣向解脱。后为遣除自趣寂灭之心，则于慈悲，及以彼为根本之菩提心，长时修习，令发无伪大菩提心。次应了知诸菩萨行，发欲学心。若能荷负菩萨行担，当受菩萨律仪，学彼学处也。次若能持金刚乘三昧耶律仪，则应听闻事师五十颂，善修依止师法，趣入密咒。意谓应如是学，故集密圣派罗睺罗亲亦云："此中次第者，选善星宿时，弟子合掌礼，悔除一切罪，受持三皈依，善修菩提心，受近事律仪，及菩萨律仪，次复受长净。此随顺次第，善依金刚师，此有多教证，恐繁故不录。如是亲近已，请师授灌顶。"此说灌顶之前，须受别解脱戒及发菩提心受菩萨戒，乃请师传灌顶也。言受近事戒与彼长净近住者，是约居家众说。其学密咒之出家众，则须清净沙弥等戒也。金刚顶经亦云："当远离杀、盗、淫、妄与诸酒。安住居家律，次修大明王。若是出家者，当住三种律，别解脱菩萨，及持明胜律。"

若于前说大乘共道次第，未善修学。由未断除现世贪心，修法必不坚固。由未发起诚实净信，则必不能专心皈依。由于业果未获定解，任何律仪，均不善护，性成粗野。由未真实厌离生死，故求解脱，仅属知解。由未发起慈悲为本，无伪愿心，则言大乘亦唯虚名。由于菩萨诸行，未起猛利修学志愿，必不能生真实行心律仪。由于止观总相，未得清净理解，则于微细三摩地，必生谬误，于无我见，难获定解。如欲不犯彼过，必当修学二种大乘共道。此是弥勒菩萨传授无著，文殊菩萨传授龙猛与寂静天，三大法流合集之教授。大觉窝说，波罗密多乘与金刚乘，任入何门，皆须修学者也。若尔，藏地集密派诸师，亦许此耶？曰：廓师亦说，生起圆满二次第前，先求通达空性正见，及修慈悲为本之菩提心，是前引摄行论义。玛巴派五次第教授四义论说：修道之身，当皈依三宝，深信业果异熟，修习十善。以共皈依为先受别解脱戒，以不共皈依为先,发愿行二菩提心。受圆满灌顶之瑜伽师,须如是学。由彼等门详细引导之理，立道次第之名。故往昔学习集密道之藏地诸师，非无彼规也。若于圆满道体能得善了解而修，则所修道基自易圆满，与余不同。学习共道之理，余处已广说。

【科】乙二　别学集密不共道分四

丙一　造成二次第道器

丙二　既成器已，净三昧耶及律仪

丙三　净三昧耶及律仪已，如何修行

丙四　善修习后如何证果

今初

以续部所说，定量所释之灌顶仪轨，由具德相阿阇黎，为法器弟子灌顶者开启咒法之门。于相续中引发诸道，修成圣果之一切缘起，皆能无倒凑成。故成为入密咒第一法器之后，当以清净灌顶，造成听闻咒道等二法器。此理余处广说。

【科】丙二　既成器已，净三昧耶及律仪

受灌顶时，恭请师长，诸佛菩萨为证盟，亲对其前发誓防护之三昧耶及律仪。了知守护法已，切实防护。是修道前，不容或少之事。此理，如事师五十颂，受律仪、说律仪、根本罪、粗恶罪，诸释论中，广说应知。若能了解清净灌顶，与三昧耶等修持，是于二次第引导之前行，则兼能知师长瑜伽、百字明、坛供等，为彼前行。若仅知后者，则于前者尚多不解。故于前者尤应力励。

【科】丙三　净三昧耶及律仪已，如何修行分三

丁一　二次第之次序决定

丁二　依次修二次第

丁三　增进二次第之方便行

今初

求上成就之补特伽罗，亦非不修生起次第。修行之次序，亦须善习生起次第，后乃转入圆满次第。五次第论云："善住生次第，求满次第者，佛说此方便，犹如诸梯级。"此说次序决定。为广释彼密意故，五次第义释摄行论云："吾等异生，耽著种种外物。由有、无、一、异、二、不二、非有非无、常、断等自性习气之因，耽著分别。若欲学圆满次第三摩地者，为当依次修学耶，抑唯依师教一刹那顷各别顿证耶？"金刚阿阇黎曰："唯应渐学，非可顿证。"此说无始时来由四边耽著习气之力，耽著境者，若学圆满次第，为当从初发业地渐次修耶，抑不必尔只以师长甚深教授，可顿学耶？答彼问曰，除渐学外，别无顿悟之门。为证彼义，引楞伽经与健行经，二经成立。以是应知，即入此道，最上如宝所化，若无初发业位者，则有不待修道，初即解脱之过失。故必须许初发业位。

此如摄行论云："初发业有情，欲悟入胜义，佛说此方便，犹如诸梯级。"若谓有于胜昔多生，已修下道，具足势力，不须引修下道，直可引修上道，意说彼名顿悟者。此如观察发生见道，须否资粮加行二道为先。答说不须资粮加行为先之理由，谓已得见道，不须前行者相同，实属可笑。以是应知，如到彼岸，虽当弃舍船筏。但乃至未到，则须依止。如是若已得真实圆满次第，虽当弃舍生起次第。然为得彼故，则须修习生起次第。故于初发业者，尤赞生起次第，至为切要。如金刚空行续云："为证真瑜伽，先当作假修，及以假念诵。若证真瑜伽，假瑜伽属外，故证真瑜伽，不应复修假。譬如依凭筏，能度于彼岸，到岸则应舍，假修亦如是。曼荼罗等业，凡由假心作，能显诸外业，对初业应赞，成就皆住此，非证诸佛性。"解脱点论、与春点论，亦如是说。彼诸论说："勤修假事，不得解脱，唯属苦恼者。"是说：若全不修圆满次第，唯勤彼道，则当如是。非说求菩提者不修彼等。即以筏喻，亦可了知。故不可以到彼岸后舍筏之教，证在此岸即当舍筏也。

若尔，二次第之次序决定，理应以续教成立，云何引经教成立耶？曰：欲使了知经咒二法，虽有迟迷之别，然要从初发业地，断次升进，则同也。二次第之次序，续宣说者，如金刚鬘续云："先以六瑜伽，行者修上果，次应广念诵，无韵之哈字。"六瑜伽者，谓初加行中，有瑜伽、随瑜伽等四，加胜曼荼罗与胜羯摩为六。念诵无韵字，即金刚念诵也。秘密成就论亦云："集密中所显，众生怙所说，上品上品道，所修有四事，先安立诸字，住于生次第，行者所应修，第二自体性。第三当修习，智印妙天质。第四当修习，胜上谓大印。"如朵哈等论，依于修道渐进，正有俱生智可修时，遮止修生起次第等诸戏论法。有误解此义，谓大婆罗门派属顿证，龙猛派属渐证。以是有说：初入此道之次第，中钝根者，有渐修道，极利根者，有顿修道。如斯建立亦与一切续论相违。此等建立，广如大金刚持道次第中说。

【科】丁二　依次修二次第分二

戊一　修生起次第

戊二　修圆满次第

今初

若已先作二次第之前行，次须先修生起次第者，应于几许生起次第，如何次序修学耶？此中分二。

【科】己一　须修几许生起次第

己二　依次修学

今初

根本续第十二品，说生起次第，有承事四支之义。灯明论说：始从修智地，乃至胜羯摩也。又彼品云："或以四金刚，坚禁而承事。"灯明论说，此中所说生起次第，乃生起次第略法。即后续中："初空性菩提，第二种子摄，第三身圆满，第四布诸字。”所说之义。拏热巴说彼义谓始从智地，乃至胜曼荼罗者，意谓以四金刚广生也。论说略法者，谓始从修智地，乃至安布金刚莲花之字耳。此唯约正宣说者。其后修细分与念诵等，亦当例知。第十一品之灯明论中，说从修智地，乃至三重萨埵，为六部一念已。次说：于彼四座修学，成熟相续。与此略法义同。除于修法，分广略二种外，圣父子论中皆未宣说。故此派中，先于如金刚持等一尊引导，俟其明显稳固。次进引导所余修法。除有此传授外，若仅修学父母一双，不能成熟完满引发圆满次第智德之善根也。以是玛巴派有说：修曼荼罗轮，乃广修羯摩资粮者所需。

圆满次第之前行，只从空中顿起父母智身即可。论云：“善住生次第。”亦指彼许耳。此说与圣派诸清净论皆不相符。又违自宗，以五次第略明论云：“生次第天身，诸佛妙坛轮，诸能现证者，善学故究竟。”作是说故。言修圆满次第之前行，生起智身者。与摄行论说：从生起次第，乃至心远离，皆无天身。故从幻身，乃生智身，亦不相合。尤其生起次第中，分咒身与智身二种，非住此派之规也。总应了知，随修几许生起次第，即是成熟相续，完满引生圆满次第智德之理。生起次第最低以上，必须修习，极为切要。第十三品根释中，亦说为护初发业者散乱心故，须修四次护轮也。

【科】已二　依次修学

学习生起次第之次序，如摄行论云：“已学佛乘意乐时，当学一念三摩地。已学彼时，当学分别瑜伽。已学彼时，当住初发业三摩地。”即说此义。此中摄行论疏说：若于生起次第，一刹那能学，名为一念。多刹那能学，名分别瑜伽。不应道理。灯明论说：从毗卢遮那等五种证菩提所生，名一念故。又有因第十一品灯明论中，毗卢遮那等，一一尊生，皆说一念。故谓：先学一尊名为一念。待学彼后，进学完全修法，名学分别瑜伽，亦不应理。说毗卢等名一念者，彼中亦修增上胜解曼荼罗故。以是应知，言一念者，非说仅念一次，或但念一尊。是说专念本尊，或念自与本尊为一也。彼虽司通，修粗细二分。但此处是说，能依所依粗分天瑜伽。此如摄行论说：学习此道，如同学射，先射大的，后射细的。故学生起生次第者，先当引生粗分明显三摩地，即胜曼荼罗以上。俟学彼后，次于细点之内，修曼荼罗等，学分别瑜伽，分别或假立瑜伽，虽是生起次第之通名，然此处特诠细分瑜伽。如第六品灯明论中，说修细分瑜伽，名学分别瑜伽。初发业三摩地者，即初次第瑜伽。言住彼者，即彼坚固或到究竟也。生起次第中，各有随顺引生圆满次第智德之甚深缘起，能得诸佛菩萨加持相续。一切生中皆蒙本尊摄受，不离念佛、修供赞等，容易圆满广大资粮。诸魔碍神不能为害，现生能修息灾等无量悉地。有如是等功德资粮，故于能依所依粗细曼荼罗，乃至未能随想皆现不想不现。随心所欲长时专住以来，应勤修学最为切要。此未说者，余处已说，故不广述。

卷三

【科】戊二　修圆满次第分三

己一　略明圆满次第要旨伊旺二字义

己二　广释伊旺二字义

己三　别说此续之圆满次第

今初

总无上续一切要义，皆悉摄入伊旺等四十字之序品义中。彼义主旨，复皆摄入最初二字义。金刚鬘续云：“续中始宣说，如是我闻等，如是等初语，义广说云何。”初二句问，集密等续，最初所说序品之义，云何摄入伊旺二字义中。后二句问，伊旺等一一字义，广释云何。为答后问，每颂解释一字。为答初问，宣说三种伊旺字义，谓所得果之伊旺，能得道之伊旺，能引相之伊旺。初伊字义，谓表大师说法住处。有续说名秘密，有名空界。如是有名薄伽、法生、莲花、狮座等。旺字之义，谓表大师，有名有金刚、或金刚萨埵、或金刚能怖、或金刚自在、或黑茹迦、或时轮、或初佛等名号，诸续各别宣说。如云：“伊字密、空界，薄伽、法生、莲，瑜伽住狮座，宣说胜妙法。旺字有金刚，及金刚萨埵，金刚怖、自在，黑茹迦、时轮，初佛等名号。”又彼秘密等之了义，谓空性。金刚萨锤等之了义，谓大悲。此表空悲无别。如云：“伊旺如来印，表示无二义，空悲五分别，即此所宣说。彼即如来印，表示无二智，说诸续序品。”

第二伊字义，谓般若空性。嚩字义，谓方便大悲。空点之义，表示方便般若，和合无别。及是普遍八万四千法蕴，总略要义，法王正印。金刚鬘续云：“伊字谓空性，如是嚩大悲，空点和合生，和合最希有。遍八万四千，法蕴略法印，法王正印性，诸续首宣说。”如是无二智，若何续中宣说，彼中即有最胜实性，未说则无。如云：“诸续总略义，谓空悲无别，若续说彼义，彼即如来印。谓伊旺二字，若经无彼二，彼即无真实。”密成就论云：“诸续首安立，心中最心要，此即大乐依，所说密真实。诸佛诸菩萨，众生安乐源，秘密大教王，集密中所有。伊旺清净字，三界普敬礼。”又云：“现见虚空界，犹如胡麻荚，尽恒河沙数，如来悉充满。彼字真实义，由修习方便，能证得无上，诸佛菩萨位。”此赞二字义，即成佛道之心要。是故彼论云：“此中二字义，续首不许缺。”此说一切无上续序品时，必须有彼二字。意谓即无伊旺二字，亦必有彼之了义也。

第三伊字义，谓所依佛母薄伽。嚩字义，谓能依金刚。安住能依金刚之空点，表示能现种种变化金刚萨埵大乐等一切安乐之依处。如云：“伊字薄伽相，应知所依莲，能依名金刚。能依金刚持，上有空点形，现种种变化，一切乐依处，金刚心大乐。”此显由父母相伊旺和合，引生道伊旺之方便。桑补札续亦说：由专住内身要点，引生道伊旺之方便自身要穴相伊旺义，如云：顶上脐中轮，安住伊字形，心间喉中住，许如旺字形。”此说顶上与脐中脉轮之形，如伊字三角形。心间与喉中脉轮之形，如旺字圆形，是伊旺义。此中言相者，谓形状之相也。

如是善知果位伊旺，欲求得者，当善了知得彼方便，如二续所说，道位伊旺和合之理。能引彼之方便，谓外相伊旺，与印和合。内相伊旺，专住脉轮之理，先善巧已，于引彼道之方便，俱摄二续一切要义。故若善知二字深义及彼支分俱摄一切续部之理，则诸续中，称赞二字义，为最要义，皆可了知也。

【科】己二　广释伊旺二字义分二

庚一　广释伊旺二字了义

庚二　明欲生彼须由相伊旺专住身要

今初

一切续中最主要义，即伊旺义。若彼了义即空悲者，当说二义云何。

【科】此中分二

辛一　释乐空无别之空与悲义

辛二　释二谛无别之空与悲义

今初

伊字与法生之形，均有三角，故表无我真如。尔时三角，亦表三解脱门。诸法自相、因相、果相，皆自性空之空、无相、无愿，即伊字所表义。故若无决断之空见，则伊字义不全。若仅有彼，而无专住内外身所生大乐，则嚩字义不全。若有彼二，而不了知，起真空见为溶乐体，及空性境与大乐智，以此无倒决定彼境。乐空和合之理者，仍不具足空点之义。故欲了知乐空无别伊旺义者，须知彼等。

【科】此又分三

壬一　释空义

壬二　释乐义

壬三　释乐空无别和合义

初又分三

癸一　明生死根本

癸二　明破彼求无我见相同

癸三　破计不同

今初

摄行论云：“如是有情，由离善知识故，不能遍知自心实性，执我、我所，计虚伪法，增益善不善等，自从无始生死以来，受诸苦恼。”此说，由谛实执，不知心真实性。愚蒙增上，执补特伽罗我及我所，流转生死。引证八千颂及业障清净经等成立。谓龙猛菩萨亦显说彼义云："若谓此皆空，是无生自性，苦乐等生死，云何由业转。由执我无间，即起贪等垢，随他增益转，故一切唯心。如幻相出现，次由善恶业，当生善恶趣。"大乐论师之弟子，无支金刚亦云："即由此等故，增长生死等，心著不实法，流转受诸苦。故诸劣慧者，乃至有实执，永住三有狱。"此说由执不实法为谛实之实执增上，流转生死。乃至实执示断，不能解脱生死。此与宝鬘论说："若时有蕴执，尔时有我执，有我执造业，由业故受生。"谓乃至未断于蕴实执，即不能断，由惑业力受生相同。

【科】癸二 明破彼求无我见相同

是故非仅尽断生死根本实执习气，须通达蕴无自性：之空慧。即欲断除由惑业力流转生死之系缚，通达无自性慧，亦不容少。故断除生死系缚之声闻、独觉，亦必先修彼义。此如余处广说。以是释菩提心论云："若不知空性，不能依解脱，故愚者流转，六道三有狱。"无支金刚亦云："是故诸知识，欲庆乐三趣，及除自错乱，当断除实执。"非但相乘如是，即入金刚乘者，断除实执生死根本，亦须先求通达无我空性正见，进修彼义、如是亦如金刚心庄严续云："善知一瑜伽，往静处勤修，净罪现成佛。善修法无我，当得一切智，"此说，善知一种瑜伽，往静处勤修，现生即能成佛。

其瑜伽者，即修法无我。如斯甚多。如是断除实执，及通达无我，必须破除实执所执之境，了知其无。非仅于实执境，摄心不散，便为完足。如正理自在云："未破除此境，不能断彼执。"圣天亦云："若见境无我，当灭三有种。"入中论亦云："慧见烦恼诸过患，皆从萨迦耶见生，了知我即是彼境，故瑜伽师先破我。"先引生无我见决定认识之理。密咒与中观论所说无别。如释菩提心论云："诸修密咒行菩萨，如是先发愿自性世俗菩提心已，次以修习力，发胜义菩提心，故当说彼自性。"其后广破外道所计补特伽罗我，内道声闻部所计能取所取异体实有，瑜伽师所计能取所取异体性空，内心实有之法我。抉择无我。说密咒师以修习力发胜义菩提心，先求无我见之理，如中观论所说故。声闻部说有外境二宗，计能取所取实有，声闻独觉一切圣者，不许如是。入彼道之异生，则有二种应知。

【科】癸三　破计不同

此中有说，自所许见，如略标云："观诸蕴空性，无实如芭蕉，具众相殊胜，空性则不尔。"故说以观察慧，观察抉择我执境空，修彼空性，非密咒规也。汝谓以正教理抉择无我义，定解修习，为无坚实之修者，诚可谓有观慧者也。彼教之义，如第五品无垢光大疏云："观察极微合集性法为空，当远离彼断空。"是说未善了解，中观正因所破界限，仅以正理观察蕴等，误以生灭等全无所有，为无自性义。乃遮此断空。非遮观慧之一切观察也。若不尔者，第二品无垢光大疏云："谓识胜义有，智者亦不许，离一异性故，犹如虚空花。"此说以离一异因，如空花喻，观察识蕴无自性。又云："此是中观师所了。"又云："成立无我等，此是略标中说，广如大论应知。"此说彼教略说无我，广如中观等余论应知。皆成相违。

又大疏云："金刚谓不可坏、不可断。此即是乘，故名金刚乘。咒理与波罗密多理，果因体性和合为一。"此说因乘波罗蜜多空性见，与果乘咒乘大乐，合成一体故。故有说特轮规，不同波罗密多乘抉择之见。另有抉择之理者，极不应理也。如是抉择空性见根本续中虽多处宣说，然第二品，毗卢遮那说菩提心云："离一切实事，蕴界及诸处，能所取皆离，法无我平等，自心本不生，即空性体性。"释菩提心论谓抉择空分也。其中初句，破外道所计我。次二句，破小乘两部所计实有异体能所取。余句，破唯识宗所计实有内心。其后又云："言事即分别，无分别即空，若处有分别，彼中宁有空，所别能别心，如来皆不见，若有能所别，彼岂有菩提。"此所说之分别，即如彼续云："佛说菩提心，我蕴等及识，分别不能覆，恒为空性相。"是说计补特伽罗我等三种分别，非说一切分别也。

根本续第十五品，说一切法如梦。释论解为加持我之次第。以观察慧思择之理，根本续第九品之释续授记密意中，虽说于因不妄计果。然是说观察时，以都无所住之理而观察也。金刚鬘第十六品，说于三世，各分为三渐次观察。同品方便续，金刚心庄严续亦说：于诸色法，以微尘方分观察。于诸心法，分刹那三分观察，抉择空性。故求正见之理，皆如波罗密多乘而说也。密成就论亦云："以一异性善观察，三世诸法皆无性。"又云："究竟至有顶，三界一切性，以道善观察，诸蕴非实有。由谁能观察，此中何所观，力励求实性，随几时观察，尔时皆光明。"此非仅说初求正见时，是说后修习时也。然此中第四喜俱生喜，与第四空光明现起，乐空和合时，则不以观察慧数数观察。唯起定后得位中，乃如是观察。波罗密多乘，说胜解行位，定中修毗钵舍那，须以观慧，数数观察而修，则与此不同也。

总之，诸大论所说空见品，有高下四级。谓如经部所抉择之补特伽罗无我，除应成派中观外，一切大乘宗派所许相同。瑜伽师许，能所取异体空，及增益诸法自性差别自相实有遍计执空之空性。自续派中观师，不破名言自相成就，破谛实有，许为空性。应成派师，于二谤中俱破自相成就，为无自性，故有四见。其中若依无上咒乘如宝所化补特伽罗增上，说乐空和合之空见，是第四种。依余所化说乐空和合之空见，以所化增上空有唯识自续二见。观待无我见，彼四为下品、中品、上品、上上品。密宗诸论，虽有依唯识见增上，说乐空和合之规。然未有依如上说补特伽罗无我见增上，说彼和合者也。以是当知，乐空和合之空，最低亦须于唯识宗异体二取空之空性，获得定解。此等建立，余处广说。

【科】壬二　释乐义

若尔，乐空和合之乐云何？此中若唯修心一境性三摩地，引心轻安。由彼力故，身内风大得妙堪能，起顺益相内身轻安。即依此故，引生身心广大乐喜。

如瑜伽师地论所说者，此是内外二道，大小二乘，显密二教，皆所共有。凡能令心不分别住，久久修习，皆可生起。彼理及教证，于菩提道次第中，已广宣说。是故彼乐，非此中乐。又如相乘所说修出入息，及事续后静虑经，行续毗卢遮那成佛经所说，停止出息，于内摄持修天瑜伽，名曰命力。依修彼故，亦能引生妙三摩地，起身心大乐。然彼非是专住内身脉轮要穴风息瑜伽。故彼安乐，亦非无上乘所说，乐空和合之乐。与金刚念诵，及瓶相风之命力亦不相同。佛密论师，于瑜伽续，亦说停止外息，内持修天。除此等外，有于心经疏中，说修瓶相风，及于下续部，说上部专住身要等，是未善知显密教，及上下续部诸道差别者之所杜撰，不可凭信。总之，瑜伽续以下三续部，及相乘中，虽多宣说，无倒修习空义，出世间无漏乐。然皆未说，专住内身脉轮要穴，由风入中脉之力，燃猛利火，溶菩提心之乐。故彼皆无乐空和合所说之乐也。

教授穗论亦云："若尔，诸得初静虑者，如转轮王尚有妙乐，况善通达二无我性。如是由得增上欢喜故，说初地名极喜地。答曰:实尔。然此非俱生乐，故非大乐。初发业位亦非方便。如说针孔，是虚空孔，非此便与虚空平等。"此谓，若全未通达无我，得初静虑者，尚能引生广大安乐，何况波罗密多乘人，无倒通达二无我义久时修习，引生修空之大乐。初地名极喜者，亦因彼地乐极增盛，故立彼名。故无上乘，非由安乐，超胜波罗密多乘也。答此难云：彼虽实有修空大乐，然彼非俱生乐，故非是无上部所说大乐。波罗密多乘亦未曾说初发业位引发俱生乐之方便，故非由大乐门不能超胜也。又彼论云："若尔，般若波罗密多中，亦说无上正等菩提大乐。答曰：虽亦说此，然未说彼方便。其方便说是俱生大乐故。故彼唯此次第乃能通达。"此说波罗密多乘，未说菩提果乐之方便，因道俱生大乐。故虽果位大乐二乘之差别极大也。

密成就论亦云："真实住续中，集密续所显。广说诸戏论，余经秘未说。事行诸差别，及经藏等中，唯一胜欢喜，非一相而住。五蕴宝器中，有情意乐别，善隐秘彼性，诸佛所安立。”此说俱生欢喜真实性，下三续部及经藏中皆隐秘未说。故言唯一胜欢喜性，于彼等中，非一相而住者，意谓欲渐次引导于胜欢喜实性。说为非一相，非说彼等中，宣说彼实性。若不尔者，彼等之中，亦须宣说上诸灌顶。以未传秘密灌顶等，不准宣说大乐实性故。如是所说俱生乐，乃不共余乘及余续部之最上胜法。无上续部及一切定量释论，虽皆宣说，然恐文繁不录。

如是无倒定解空性而修之无漏安乐，然有无量非俱生乐，凡学习此理，而粗知波罗密多乘者，皆能了知。又即彼乐，纵与坚固天瑜伽随转，亦非无上圆满次第之义。凡其粗知下三续部者，亦能了知。然值慧力极弱之时，故有众多，竟将前说第一种乐，执为无上乐空和合之大乐者也。以是应知，所言乐空和合之乐，是俱生乐。彼初起时，是由左右二风，行入中脉之力，燃猛利火溶化菩提心而引生。是故彼乐，与前说诸乐，乐名虽同，义差别殊大，故当辩别莫令错乱也。又此乘中亦说彼名无缘大悲。如教授穗论云：“方便谓无缘大悲，饶益众生俱生大乐为性。”如此说者甚多。

【科】壬三　释乐空无别和合义分二

癸一　正义

癸二　断诤

今初

若尔，无缘大悲之乐与空，无别和合之理云何。此如桑补札续云：“无戏论自性，共名为般若，如如意摩尼，利有情名悲。无缘处般若，无缘大悲性，与觉同一体，如虚空合空。”抉择方便般若成就论，亦说彼义云：“智于所知显，加行遍观察，诸法无自性，说名为般若，无余度苦海，及度众苦因，悲爱诸有情，故说名贪爱。”此说，分别观察色心，决定无自性者，名慧。由何方便能利众生，其大贪俱生乐，名悲。又云：“如水乳交融，以无二加行，所有二和合，名般若方便。”此说当如水乳交融而和合也。

若谓彼乐与彼法性体无别者，任何法生，即与自空性体无差别而生，此不须瑜伽成无差别。如是亦非余智通达空性，以乐印证。及生乐之后以余空见印证。以彼譬如以无我见摄持施等，非即施等，成为彼见体性。如是彼乐与通达空性慧，非是互为一体故。

若尔，云何。谓能知智，生为俱生乐体性。以彼无倒通达空性境义。即此境智和合，乃名乐空无别。此于胜义俱生时，境智一味如水乳合，微细二相悉皆清净。未生胜义俱生以前，由未亲证真实义故，仅能以胜解作意，悟入真实义。故于一味，唯能胜解。由与空性境和合无二之理，如是，故通达空性慧与乐体性，和合无二之理，即彼二心，生为共同安危之一体也。决定空性见解之轨，较中论所说更无过上。故此乘与波罗密多乘，于空性见，实无胜劣。所定解之义虽同，然能定解之心，如俱生乐定解空性之力，余心定解，则无彼力。故空性虽无差别，然乐方便，则大有差殊也。若未定解无我空性，则必不能解脱生死。其能解心若未发起俱生大乐，则无咒道最胜要义。故一分不足，必须双俱。如萨惹哈云：“若离悲心修空性，彼不能获最胜道。若人但修于悲心，沦落生死不解脱。若人能修二和合，不住生死不涅槃。”朵哈中说，俱生智为道之心要。故此所言悲心，即是俱生大乐也。若生如前所说俱生乐者，诸粗分别自息，内心自然安住不动。倘唯修乐心于任何境不流散不分别，即是修空义者，则说唯修乐不能解脱生死，不应道理，故必须善抉择无我义，修习定智也。

【科】癸二　断诤

若修以俱生乐定解无我义之定智，即修空性者，桑补札云：“不应修习空，不应修不空，瑜伽不离空，亦不离不空，执空及不空，生不少分别，欲离广分别，故遍断彼二。”此说，随执空不空俱不应修，则成相违。彼经之义，教授穗论作如是释：“由色等胜义有空，远离常边，由世俗有不空，远离断边。故执世俗有空，与胜义有不空，而修，俱被遮遣。色等胜义无自性，即世俗色等之体性。故远离胜义空，与世俗不空之体，不应道理。”以是应知，若执胜义不空，及执名言无之空，俱生边执分别。若离胜义空，则生堕常边之分别。若离名言不空，则生断执业果之分别。是彼经义，非如汝等所说。即彼经前文亦云：“法界平等性，应执如芭蕉。”此说执无坚实故。又彼经云：“欲尽一切苦，欲得佛胜乐，坚心勤观察，彼自性无事。”此说，力励观察定解无自性，是尽一切苦，及得最胜乐之因故。复次，执事谛实即执不空。诸事虽不实，若执实事所空之空性，为谛实者，即执空义。如方便般若成就论云：“欲除诸错乱，知识断事执，虽名有殊异，分别无异故，智者舍事执，亦不计无事，如灯然可息，息则难再灭，执事则可为，执无事不尔。”此说执事实有，略名事执。如彼须断，彼与执实事空之空性为实有。名虽不同，义为实执分别，则无差别，故亦须断也。灯等之义，与中论所说执事实有者，修彼无实，易遣实执。其能遣执事实有之实事空，若执此实有者，则如治饮食不消之药，入腹不消，成为不可救治之见，其义相同。

由此应知，释菩提心论云：“无生及空性，并名为无我，下智所修空，非真能修彼。”亦是遣除，妄执无生无我为实有而修者。如出世赞云：“为除诸分别，故说空甘露，若又执著空，是佛所极呵。”诸经论中，于如斯理，固多宣说。亦多宣说，观修空性，无我、无生等。其不相违之理，如是应知。对于引发断除生死根本之无我定解，勿作留难。如斯定解，于异生时，虽非全离微细分别之五分别智，然与无分别智极相随顺。故说修此，能生无分别智。集密疏握花论、教授穗论、入修我方便论，均明了说。余处之说，且恐文繁，故此不录。

总之，生死涅槃于任何法，均应定解，无微尘许，执实相执所缘之事，并于彼义，观知一切因果缘起能作所作，皆极应理。于此离二边义，以正量力获得定解，通达空性，下至略起如理犹预，亦能破坏三有等无边胜利，诸经论中数数宣说。无上金刚乘，说于彼义，若以殊胜智，俱生欢喜，善决定已。由大乐门，即生能得上悉地等，现时，究竟无量胜利。故诸智者，当求决断无我义之定见，及引生不共大乐之方便，善学教授。于寻求乐空无别和合之俱生智，尤应奋勉。

集密后续，问根本续所说菩提心义时，谓空悲无别为菩提心。根本续第二品所说菩提心，灯明疏说，有光明与双运究竟二菩提心。前者即胜义俱生智，故乐空无别之空悲菩提心。集密派中非不宣说，五次第论亦云："能仁所宣说，八万四千法，现证菩提相，说为心中心。"说胜义光明证菩提为心中心者，亦是指胜义俱生乐空无别之菩提心也。无上续部与诸定量论，有者显说乐品，未如是显说通达空性之理。有者显说通达空性之理，未如是显说乐品。当知皆说乐空二和合义，切勿误为一分也。

乐空无别之语，虽如风通行，然能知诸乐中特殊之大乐，与众空中特殊之究竟空性，和合之理者，极为希有。故萨惹哈云："虽然家家说彼语，然无遍知大乐处。"是故不应略学便足，应为通达秘密之中，最秘密义，长时勤学。

【科】辛二　释二谛无别之空与悲义分二

壬一　正义

壬二　如是宣说之因相

今初

若乐空无别少空悲，即是伊旺字义；如上所说。二谛无别之空悲菩提心，云何释为伊旺字义耶？曰：前说之乐空无别，作瑜伽母续注释者，亦多说名乐空双运，二谛双运。圣派之双运义，虽亦有如是说者，然圣龙猛派实不许，唯前所说胜义俱生乐空无别，便为双运也。如集密后续云："无前后寂灭，事无事无尽，空悲不可坏，是名菩提心。"所言菩提心，有如前说之二种。此中当说双运菩提心，其言无事即表示空，言事即表示悲也。亦说此二，名方便般若。

即彼续云:“无事即般若,方便谓事相。”此是说方便般若等至为瑜伽义时所说也。六加行支中第六支时，说方便般若等至之义，如灯明论说，方便即世俗谛，般若即胜义谛。彼二和合乃名双运。总之，方便般若虽有多种，此中是说双运之方便般若也。其真胜义谛，乃诸法法性，虽是无为。此中是说彼与大乐一味而转之光明智，名胜义谛，不各别分能缘所缘。如斯之胜义俱生智，有二种，谓但胜义光明位，与双运位之光明。初即五次第中第四次第所说成菩提次第，或光明次第。第二种即第五次第双运次第之一分。故余书所说乐空无别之胜义俱生,仅是四理中二种究竟说之光明究竟。其上更有双运究竟,故尚未至彼位也。

若双运一分之胜义品如是者，其余一分世俗谛品云何？曰：余书所说之世俗谛，与此不同。此中是如数数宣说以空智同体转彼智所乘五光智风为因所生相好庄严清净幻身，名世俗谛。心远离第三空后，由五光风所生幻世俗身，是五次第中第三次第名我加持次第之幻身。此等下当广说。以是前说，如斯胜义光明，与清净幻身者，是所和合无别之伊嚩字义。和合之理，前意与后身，同体和合，是空点义，即第二伊旺义双运究竟。此如集密释续天王请问经云:“伊旺二字幻，遍智住其中，是故说法初，先说伊旺字。”此所言幻，即双运道。故是明第二种伊旺义。此有学无学二种双运，圣者亦说此名般若大悲，如第五次第云：“若了知慧悲，同一体而转，说名为双运，此次第佛境。”第三次第我加持时，亦有幻身与空智和合之伊旺义。彼是秘义伊旺，如此派中所说四空。瑜伽母续与彼论中，说为四喜。然如此中，说第三与第四空之间，由风心修成幻身。瑜伽母续等，第三与第四欢喜之间，未如是说。又如此中，说胜义光明之后，唯由风心修成幻身。余经论中俱生欢喜之后，末如是说。故明了宣说：果位色身之亲因，有学双运身，与彼亲因，第三次第幻身，由风修成之理，实是此派之无上别法也。

【科】壬二　如是宣说之因相

若无上瑜伽续，必须宣说修成如是幻身者，固然如是。然决定须说修成如是幻身，由何证知耶？曰：有智者善听。此最难通达处，吾当以正理抉择之。

【科】此中分四

癸一　由色身不共因成立

癸二　由所净不共要义成立

癸三　依起天之要义成立

癸四　依方便般若体性无别之要义成立

今初

现观庄严论云：“发心为利他，欲正等菩提。”譬如渴所逼迫，正所求者虽属饮料，然能饮之方便亦求器皿。如是诸大乘人，见诸有情众苦煎迫，缺乏安乐，起难忍大悲，发动内心，其正所求，虽是利他，然未成佛，以余方便均不能圆满彼事。故彼方便须求成佛。此是密咒与波罗密多二种大乘所同者，以发菩提心无差别故。如是亲现有情前，饶益有情者，是二身中之色身，非佛法身。故正所求是佛色身。故修成色身之方便，其殊胜同类因，为余乘、余续部，第一次第所无，唯圆满次第所有之无上别法也。

其中若无通达空性之般若，必不能得解脱生死之解脱，如斯般若，即诸小乘亦皆共有，然无色身因之圆满方便。任其如何修习空性，仅能得解脱三有之解脱，必不能得一切种智。以是应知，色身因之方便中，虽不容少通达空性智，然空性智乃至胜进至法身位，亦必须修圆满方便。是为二种大乘共规。波罗密多大乘中，虽有随须法身之道可修，然无随顺色身，修天身法。故色身之方便，有胜劣差别。又随顺二身之道，须不须修，其理相同，及四续部道皆应许彼等，金刚持道次第论中已广说，此不繁述。

又下三续部之天瑜伽，是色身之远因。无上部初次第之天瑜伽，亦仅能成熟发生圆满次第智德之善根。故较彼最胜之圆满次第天瑜伽，总须能作色身之因，特须为有学道圆满次第后，果位色身之近因，相好之同类因也，此中波罗密多乘说色身因，谓总修集无量福德资粮，特于多生，修集迎送师长等相好别因。登地之后，始得随顺果位相好之身。此复地地渐进，至最后有时，始得彼道，有学道究竟相好。次成佛时，即彼身相好前念同类，为果位相好之同类因。非初未得相好之身，顿时转依也。如是以无上部道，即生成佛者，未说彼初生时，即须得相好庄严之身。若有学道中不得相好庄严身者，由无同类因故，顿时转依，亦非所许。故须圆满次第有学道位，获得相好庄严之身。又非即此粗异熟身，由修天瑜伽力，生为相好庄严之身。如生起次第位，唯由观慧修为天身,亦不完足。故除彼外,应更有余,能得相好庄严身之殊胜天瑜伽。又彼亲因，除风息外，余不应理。是故必须由风修成幻身之理也。又依释续金刚鬘续，与授记密意续，说因位有情身，有暂时之粗身，与唯由风心所生之原身二种，后当成立。尔时，如许智法身之亲因，是原有俱生心。如是亦应许，唯由风心所化之原身，为修色身之亲因，一切相等，如后广说。

【科】癸二　由所净不共要义成立

无上续中，宣说所依器宫殿，与能依身诸尊，初构成之次第。其构成器界之次第，须随顺因位器世间，坏成之次第。既是所许，亦是续义。以此要义，则生起能依诸尊之次第，亦须随顺因位有情，生死中有之次第也。非仅生起次第如是，圆满次第亦须如是修也。尔时如死时次第，现证光明之后，如离粗蕴旧身之外，唯由风心另起中有。如是光明之后，亦须唯由风心修起幻身。此于龙菩提之建立次第沦疏中已广释讫，此不繁说。圆满次第之建立，与彼等相同，金刚鬘续所说者，后当广说。

【科】癸三　依起天之要义成立

自事续起，凡修天起之仪轨，必于入空之后，现起天身。最后圆满次第位，非仅如是胜解，是须入空之后，彼瑜伽师自起天身。若知修幻身者，可如是起。

其不知者则不能起。以此要义，亦知如死次第入光明后，须修如中有生，唯由风心所成之天身也。此即摄行论中，问：自生起次第，乃至身远离、语远离、意远离，皆无天身，其智身如何生起耶？答说：幻身由风修成之义。彼虽从生起次第开始，即说入空之后，生起天身。然非唯由胜解作意修起天身，真修天身之理，则非彼等位所能有。故次问答修天身时，说修幻身也。

【科】癸四　依方便般若体性无别之要义成立

究竟生起次第，善学圆满次第，至应修行位，正行行时，如有戏论行所说，须以手问手答，等了解所作，及后得位，除观察诸法无自性等外，凡波罗密多乘及下三续部所说后得位修事，如造塔佛、读诵经典、献曼荼罗等修集福德资粮，皆悉遮止。如密成就论云："不应礼木石，泥塑诸尊像，唯供养自身，应敬礼师长。不礼土石塔，莫读经典等，梦中亦不作，坛轮等手印，对学三乘者，不应礼供等。"诸余续中亦多如是说。尤其修极无戏论行时，说除饮食、大小便利之外，余一切戏论皆须弃舍，唯依入光明次第，修光明性。十地经说，八地菩萨，断尽烦恼及彼种子，住真实性义，专修胜义忍时，劝起定后，如我之身智佛土等，汝皆未有，应勤修集。亦莫弃舍此忍门。劝彼定中，专修无分别智。后得位中，当勤修集色身因福德资粮。具观慧者，观此二弹，则可了知，无上部所说，修俱生喜与第四空光明之上，明有二身同类不共因。如波罗密多乘所说，即第八地根本无分别智中，虽有色身之俱有缘，然不具足彼亲因缘也。前者具足之理，谓俱生喜或光明智，其为智法身之亲因，易于了解。其为色身之亲因者，谓由空智同体转五光风所成之幻身，极为明显。以如是故二身亲因之方便般若，可成体无差别。若作余解，极难成立。

此亦是如前说，先以共道净治相续，次受灌顶与三昧耶，究竟生起次第，修增进圆满次第之行时乃尔，非说余时如是。若全未了解彼等建立，仅说有速疾道，便障碍修集广大资粮行者，实是俱害自他。大婆罗门之朵哈等，亦是显示得如前说，高上道时，当弃舍诸余戏论，专修俱生智为心要。有误为说，初入道时诸利根者，便可如是顿修之规。故于成就心要诸论，尤当细心观察也。依前所说诸要义，则知余书所说乐空无别之方便般若，乃圣父子派二谛无别双运之一分。若能解说此双运义即伊旺义，于圆满了知余续部规，尤为重要。集一切如来秘密之义，以四理解说中，其秘说之心要，谓弟三次第之幻身。究竟说之心要，谓双运身。但此秘密、极密、最极秘密之处，除此派外，余处皆未明说。即久习此派者，亦难如实获得此义之总相。故诸具慧者，尤应长时承事善巧师长，励求通达也。

卷四

【科】庚二　明欲生波须由相伊旺专住身要分二

辛一　引生乐空无别之俱生须专住身要

辛二　引生二谛无别之双运须专住身要

初又分二

壬一　总说二种方便

壬二　别释

今初

如前所说，寻求究竟了解无我真实义之理，即密咒中亦无胜过波罗密多乘者。以未以正理彻底遮遣实执所著境，破坏实执所缘，仅内摄其心。此与实执行相无违，则于实执全无害故。由遮何事能得无我义，其所破事，若较应成中观所说略粗，而求无我者，内不能遮实执之微细所缘，则于实执犹有余剩故。若较彼更细而破者，则于彼义，不能以正量力，引生缘起定解。堕断空故。以是应知，抉择空义之理，实无差别。然修彼义时，由左右风融入中脉之力，然起猛利，以溶化菩提心之大乐，定解修习空义。如此俱生智，速能净治二障习气之力。余任何心皆未能有。故必须引生彼大乐智。又若不能专住身要，彼必不生。故说专住身要二种方便，谓依止明印，与内修脉风空点等之方便也。其中初者，下三部中，况真实羯摩印，即缘彼之视笑等，亦未说以贪心而作。除与自等至外，说缘所修印，笑视执手，故彼诸续，名笑等续。无上瑜伽部中，说与羯摩印智印，等至之方便。故说彼续，名和合续。若何续中，未说与羯摩印和合引生大乐之方便，则彼续中亦必不说，与智印和合。亦更不说，修内身脉风空点溶化菩提心，引生大乐之方便。若何续中宣说前事，则彼续中，亦必说后二事。若何续中，宣说专住内身要穴之方便，则彼亦说，与二印和合。彼等方便，一切均是由左右风融入中脉之力引生大乐。故彼等之所为，皆是为令定解空性之殊胜俱生喜。未生者生，生者安住增长。

【科】壬二　别释分二

癸一　明印方便

癸二　修内脉风等方便

今初

若专住身要之方便，是令左右风趣入中脉之方便者，修内身脉风空点等方便，虽然可尔与二印和合，未能如是故说一切方便皆如是者，不应道理。曰：依羯磨印能如是者，身境俱须具足续中所说一切德相。此极稀有，故非说余补特伽罗也。具足德相者，如教授穗论云：“具足般若之方便，由等至力，左右诸风趣入中脉，猛利炽然。焚烧蕴等，溶化月分。”此说由与羯摩印和合，令左右风趣入中脉，然猛利火，溶菩提心。如来金刚说：“尔时二鼻孔风停止行动。”是说二风融入中脉，此方便即是外命力。无上续部，未有不说此命力道者虽皆宣说，然多难通达。以此方便，将风收入中脉之要理，但能粗知，亦于了解续义，极为有益。如依业印所生影像，其依明了坚固智印者亦多能生起。故依智印，亦有令左右风趣入中脉之阶段。此要了知后续所说三种命力中下门命力之教授也。

【科】癸二　修内脉风等方便

修内脉风空点等之方便者，谓中脉外，有左右脉环锁之脉轮，于身何处有彼脉轮，即彼中央，有左右风入中脉之门。令入之法，谓金刚念诵，与瓶相等风瑜伽，集密两派。及铃论师论中，所说多种空点瑜伽。种毗黑菇迦，与黑行论师论中，所说修猛利等。总有多门。此复时轮等中，说于脐轮处修瓶相风瑜伽，令二种风趣入中脉。种毗黑茹迦与黑行论师，说于脐处修猛利所缘。此是说先专住脐轮也。智足派说，先住心间，次住密处，后仍专住心间。圣派则说，先专住密轮处，次专住心轮处。此中有说：瑜伽母续规，必须于脐处。不应道理，铃论师说，先于心间修空点。姑姑日巴，依大幻续，说先于心间修命力金刚念诵。海生论师欢喜金刚修法中，说于心间收诸戏论入光明故。如诸定量论师所说各别诸门，即诸续中亦有宣说，当知彼等各有一种不同胜法也。彼诸论中虽有明说，彼是左右风趣入中脉之方便者，然有多论均未明说。

又修习时，明观三派者亦甚少。以此关系，由说于何脉轮中，安布修习空点字等，令左右风趣入中脉之义亦难了解。故当依诸明了说者，及总合经续与可信之论典，详细研寻，乃可了知也。如是二风趣入中脉之门虽有多种，然以彼等方便，然猛利火溶菩提心，引发四喜或四空智，认明俱生喜或光明智，修彼相续，则是二续所同。由彼等因有多种差别，故其俱生及光明果，亦有多种差别。若能了知，于身脉轮中央，或中脉下端等，内身诸重要处，观想诸字及空点等不共修法，而修习持心者，由心风同转之关系，虽未正式修风，亦成为二风趣入中脉之方便。若善了知此理，则于多种圆满次第论之要义，皆能了知，故于彼等能得定解。

如是若于二风趣入中脉各别诸门，不共功能，善了知者，则知彼诸论义虽非同一。然彼等行迹，二风趣入中脉之果，现起四喜，及四空智，得定解已，修习俱生与光明，乐空和合之相续是为道之心要。由于教授总纲，得无谬决定，则于诸续了义，获大无畏。依此密意萨惹哈云："饮啖两会生欢喜，数数充满诸坛轮，以如是法修他世，脚踏愚世顶上行。若处风心不行动，日月亦皆无动转，无知于彼心安慰，射箭已示诸教授。"此说由专住内外身要之方便，令日月风融入中脉，燃猛利火，溶菩提心，充满内身乐空和合，断诸愚痴，总摄一切教授要义。若不了知前所说义，有见引发俱生各别诸门，其义不同，遂计相违。又有赞赏自知教授，实非一切皆同一义，于一教授强使相同。有余深著某一教授，便轻余者也。

【科】辛二　引生二谛无别之双运须专住身要分二

壬一　圆满次第诸道须依生死中有次第引生

壬二　依此宣说专住身要之理

今初

一切无上瑜伽续之意趣，初次第中生起所依能依曼荼罗时，要顺器情世间生灭之次第，下三续部则无此事。如是修者，是为顺彼次第引生诸道。此复生起次第，仅是随顺圆满次第行相而修，成熟引生圆满次第之善根。故主要者，是为随顺有情生死次第，引生圆满次第诸道也。集密诸续明说此理，如金刚鬘续云："如火烧物灭，无因则火息，后仍现命风，种种业风起，彼与俱起识，仍安住三世，从此有业生，从生贪等习，从此复死生，回环如轮转。金刚诵等次，如前成差别。"此是问答死时风灭之理。谓如猛火焚烧，柴物皆灭。如是，死时诸风，乃至持命风，渐灭而死。复从死有光明，现起业风。彼与识同时，受生安住三世。又从业风，起贪等分别，由此造集善恶二业，再死再生，如轮流转。

前说金刚念诵等五次第，即以因位生死次第，而成差别。转成之理，谓出入风相续不断，即是因位金刚念诵。即前续云："三界诸有情，依于命及力，实诵密咒王，无知舍定诵。"如是昼夜恒作风诵之后，至临终时，内外风息，四大渐灭，现起明增得三相，即是心远离次第。近得之后，现起死有光明，即光明次第，亦名因位法身。死有光明之后，唯从旧蕴中之风心，离旧身外，另起中有身者，即幻身次第，亦名因位受用身。因位虽无净不净二种幻身次第，然此能表，道位之二种幻身，后当广说。因位中有受用身，非通常肉眼所见之境，若受生生有，即成彼境，是为因位化身。此理，如五次第论云："世俗谛幻性，圆满受用身，即寻香有情，亦即金刚身。"此说第三次第之幻身，亦是中有寻香有情。是故应知，道位之幻身，亦假名中有。因位之中有，亦假名幻身。如是说之理由，谓无方便善巧教授者，当起中有之风心，其具善权方便教授者，即成现起幻身圆满受用身之因。如摄行论云："如是凡夫异生，所谓中有者，是生死因。其由师承获得一切如来之教授者，即名自我加持。犹如壁画，影现镜中，如是金刚身自性，化为自我。身具一切种殊胜，观者无厌。三十二大丈夫相等庄严其身。"由圣父子，于中有生，如是说故。则死有生有，无教授者，成为通常生死，转生死轮。其有教授者，能将死有转为法身，通常受生，转为化身，故因位可名二身。道位二身，亦可名因位二法也。

建立次第论亦说，安住金刚念诵，了知第二缘心次第。以二静虑，如死渐次现证光明。此亦明说，圆满次第诸道，须如死时次第，渐次生起也。廓派诸师于二次第所净治事。虽依三有生灭次第宣说，然未说因位，三身与五次第之建立。玛派诸师，如五次第略论云："生有及昼夜，并配一座说。"依此所说，故于生死中有，立三身名。及立因位金刚念诵等，五次第名，极为善哉。以如是说者是为令诸道，如因位生死次第，于相续生起故。若仅立如是名，未知彼所为，而说死有法身等教授，唯于死时，及中有时所修。及因位五次第名，别作余解，均非善说。一昼夜中安立五次第之义，玛派有说：一日之出入风，即金刚念诵。本性分别融入心间，即缘心次第。睡眠即光明，起梦即幻身，醒觉即双运。总之，将睡梦教授，作为圣振教授者，除依据摄行论解说而外，圣派余论，均未明说。灯明论中，虽曾引摄行论彼文，亦唯引之而已。若如彼论意趣，应说金刚念诵如前。始从睡眠，乃至未起梦境，现四空中之前三空，乃是缘心。第四光明，亦名睡眠法身。非仅现梦，要起特殊梦身，乃是幻身次第，此亦名梦受用身，此亦能表第三与第五次第之幻身。次醒觉即化身，此亦非仅醒觉，是有特殊醒规也。如前所说随五父子行印度余师，虽皆未说，三有生死之五次第，与因位三身，及一日夜之五次第。然拏热巴教授中说，亦是前述诸论之密意，故定须尔。若善了知，因位五次第奠基之理，则于合杂教授之要义，亦能得极大定解。故此略说。

【科】壬二　依此宣说专住身要之理

如是唯从风心修二幻身，既须如中有而修。则彼前之四空，亦须如死有四空而修。如金刚鬘续云：“若谁能证知，诸风极息灭，知死刹那相，互相正收融，犹如生次第。”谓如生时顺生次第，则死时逆次而融摄也。又彼续云：“染意即命风，恒常游行转，最初转生时，犹如鱼行相。”谓初转生时，先成持命风，从此渐次成下除等九风。言：“命风住心间”者，谓持命风，安住心中。故诸风死时，皆收入心间。此与无著菩萨说，父母精血中，识最初入处，即成心脏，次渐成上下身。最后死时，识即由心脏脱出相同也。桑补札等中，说临终时，识从眼耳等九门脱出，亦不相违。以心之主要所依，即是心脏。乃至未从心脏不坏处脱出，识必不从余门出故。彼诸续中所说之往生教授，教授穗论亦说学习识从心脏脱出之瑜伽故。以是应如因位五次第而修，谓于心间修不坏息。次缘心间，风出入住三，修金刚念诵。其后由风停止出入，渐次融入心间，现起四空之后，唯由粗身内之风心，修成极微细之幻身。此复有胜义光明后之双运身，与譬喻光明后之幻身。此受用身，非通常眼目所能见。若彼受取粗蕴色身，亦成肉眼之境，此即化身。以是圣派，专住身要之要穴，厥为心间脉轮之中心。当知此是最重要义。

其将因位生死中有三鬘回环之轮转，变为死有法身，中有振身，生有化身之究竟善权方便。及彼方便教令认识有情本具之出入息。此命力王，乃龙猛大金刚持指示三身之教授。如一日夜修五次第，专住身要之理，后当广说。

【科】己三　别说此续之圆满次第分三

庚一　解说究竟抉择教授之理

庚二　诸先师教授亦须与彼符合

庚三　正说圆满次第之道次第

今初

五次第教授之究竟出处，谓集密根本续。故彼续乃此教授之究竟圣教。然彼续中，将五次第之圆满次第，禁制隐密，为解彼制显其密义说诸释续。如是若不从，配合本释，圆满解说续义之具相师长口授，即如珍宝之补特伽罗，亦不能圆满了知续义。故当依待师长教授。若尔云何五次第论云："胜集密续中，此等皆禁制，要随学释续，师口授应知。"以是所说根本续中禁制隐密之义，要从师长口授了知者，当如是知。不可执为续中不忍明书，要由师长语言相传也。若如是妄执，则于本释诸续，引生无上恭敬成大障碍。现生不能获知续义，余生亦恒等流随转故。此言隐密者，谓所隐密之续中，虽已宣说，然不明显，故成隐密。

如金刚鬘续云："咒真实极显，彼性最秘密，余处均未说，由无福因缘，续中所隐密，今说当善听。"谓下三续部中，均隐密未说金刚念诵，此是彼续中未说而密。于如斯密中，不能获得，彼法教授，须于余处寻求。总说二种隐密之理，当知其差别。如是金刚鬘续云："如诸无知人，欲游行大地至四海边际。然不访问路，随自任意行。如是有行者，离难行教授，终无果利故，善巧亦起瞋。起瞋刹那顷，无果堕号狱。故当遍策励，信师长传承，学习诸教授。"说善巧本释诸续，离师长教授之过患。故说本释诸续，即教授之究竟圣教，不应道理。曰：彼所言善巧者，乃说善巧诸余明处，而无师长教授，非说善巧本释诸续。若无彼教授，说善巧二续，成相违故。

如前说已，金刚手问，彼教授云何。续中答时，明说其教授故。又须配合本释善说之师长教授，与本释诸续即最胜教授，全不相违故。彼诸续说：从初发业地，乃至佛地，随其趣彼诸道，若不先求了解，后乃修习教授。而自混乱修道者，则与欲往大海边际，不先于识者访问路径，冒然而行者相同。故当知彼是，于修教授之前，须先善求了解之根据。由见如前所说师长，能配合本释而解说者，于末世中极为难得。若将彼师配合本释所得教授，书之于书，则能长时久住。故圣父子，著述五次第论，摄行论等，二次第教授之多种论典。当知彼等，即是获得续义须从师长口授之究竟教授要义也，彼等事实虽是究竟教授，而后世补特伽罗不能了解者，是因后世慧力，较昔时渐次退减之故。非是教授究竟要义，于彼中不显了也。彼诸论中，非仅不似根本续，令义隐密不显，且将密义，显了宣说。然以时势由补特伽罗觉慧不明之因缘，致使诸论，亦不明显。有为通达彼等之方便，于彼文义，作极显了之注释。或虽不尔，然为通达彼义之方便别作教授诸文也。

【科】庚二　诸先师教授亦须与彼符合

如是若善拣择，西藏诸师对此教授所作之引导次第者，须善了知本释诸续配合之理，及久学习五父子论并诸支论，亦须学习别行教授等。廓大译师广释此二次第教授，著千段大论。现在拏热巴之教授，由玛巴译师传来之规，以宏较盛。此中，有依托玛巴大师造名曰师语光明之五次第讲义，以无二尊胜伪经为定量，与诸单释续者相合，与玛派可依诸论不符，可知非彼师所造也。从粗敦、传格巴瓦者现有两派，色顶巴所造之讲义，与余派五次第略明诸说，大体相同。其中，玛派此教授之纲领，即如前说，五次第略明论，故色顶巴亦是依止彼论也。色顶巴所造集密教授类中，亦说瑜伽母续所出转舍、往生、猛利等者，是因五次第略明论中，各有彼等之根据，依彼而造。于彼论中宣说彼等之理，至下当说。

余集密教授，虽有广略多种，其主要者，总有四论：谓五次第五义论、四义论、五次第一座圆满论、轮相论。此等是为此派，圆满解说五次第义之讲义。

故非过去诸师，不将完全讲义书诸文字，唯语传授也。其中五义论之前四义，别有教授文字，故于此中仅列科名而未广说。第五义中，仅说于一座上修五次第，及道相征之教授。故彼亦是于一座上修五次第之教授也。四义论者，谓说行者、住处、同伴、正教授之四事。正教授之大体，与前相同。五次第一座圆满论，称为父部之心中心，如彼论云："教授谓六义，生圆一座修，转还断无明，取安乐为道，猛利与往生，并转入余舍。"此说六义。此于玛派集密教授之各类法义，虽具宣说，然主要者，是说于一座上修五次第也。轮相论者，虽亦宣说五次第，是由心间修习咒轮，故立彼名。亦说此是于一座上，五次第轮转圆满之教授。然于心间修习咒轮，四教授中，皆有彼义。故彼似说，唯就彼分名轧相论。又五次第于一座上轮转圆满修习，名五次第一座圆满论，则彼四论，皆是五次第一座圆满之教授也。四义论中，记载格巴瓦对贾康巴，起誓传授教授之数量时，未述前四，而名五次第一座圆满之赤导，亦即彼等也。如是立名之因相，如五次第略论云："多乘到彼岸，三有生住等，以时分差别，合于一座修。"说五次第于一座修，依此而立也。

拏热巴传授玛巴时，依于四种殊胜续，传授四种殊胜教授。其中依止集密续，传授于一座上圆满修习五次第之教授，当知即前所说者也。西藏晚近智者，谓将玛派集密教授中所传，编列成书者，其中除一、二种外，似住持此派教授诸师，将散传集密教授，与拏热六法所出诸义，编集而成。如斯编集，以前书中虽未集中一处，然非全无所书。玛派讲义等，亦非于彼以前，未著成书也。前述四种一座圆满之教授，虽同一作者，或系师承各别，或是前后说规不同，或因作者前后觉慧差别关系，诸多乖违，写误甚多，传来亦久也。以是当将彼等所说，五次第略论义。依据拏热巴弟子智生传授拏错之教授，与玛巴传授余师之教授，总合观察。是否五次第略论之义。总考彼等，是否本释诸续与五父子诸论中所说。倘彼未说，其清净者，义中应有之理。其由传承久远，未合原本教授意趣者，则当指出错误之理由。若作是说，乃能圆满显出，玛派集密教授之功力。故当如是解说。

【科】庚三　正说圆满次第之道次第分四

辛一　圆满次第之差别

辛二　次第决定

辛三　数量决定

辛四　诸差别义

初又分二

壬一　正说差别

壬二　五次第摄六支之理

今初

圆满次第中，有几次第？曰跋曹所译根本续第六品云："审察咒以身，以语策发意，应修胜悉地，意喜及安乐。"释论说彼义谓，审察咒即语远离。言以身者，谓能修金刚念诵之化身，即身远离。以此所修之语远离策发意者，即缘心间金刚萨埵为境，故瑜伽师身中，应修胜上等四法也。其中胜上，谓由金刚念诵所成之心远离。悉地，谓我加持。意喜，谓能清净幻身之胜义谛光明。安乐，谓双运大金刚持身。故此处是说身远离等六种次第。此段本续与释论之翻译，均以新译为善。摄行论，于一种姓之身远离时，引此颂文。说彼义为成身金刚后，由上颚舌唇和合，转入语金刚，意金刚乃策发彼者。由是三法和合，当修意欢喜安乐之悉地，亦不相违。以一金刚句，可有多种异义转故，喻如第七品说，弑如来众得上悉地。龙猛菩萨释为将胜解诸为收入光明，提婆菩萨释彼义为转入圆满次第之光明也。

第一品之灯明论说，生起次第为一次第，圆满次第为缘心等四次第。即彼论云："总摄诸续义。"谓于续中所诠一分，不作五次第而摄一切主要义也。福缘称论师等以论云:“善修密咒身。”谓亦说金刚念诵。西藏智者则谓，身远离、语远离，皆摄入缘心。此说较善。以与金刚鬘续，解本续序品密说，于心密时，说初二远离，极相顺故。五次第论略标中，圣者以金刚念诵为第一次第，分圆满次第为五次第，是随顺金刚鬘释续末品所说而作。摄行论云：“五实性”者，与彼相同。其广释中，则将自远离，单作一品，亦说六次第。建五次第论亦云：金刚念诵次第，以此为一次第。说缘心为第二次第，与五次第论略标相同。故亦许为五种次第。圣者，除于第三次第中，云身远离，略说其名外，未明显说身远离义，摄行论中乃广宣说。如摄行论，说彼于语远离之前，圣者何以不说耶？

此中迦湿弥罗拉弥与福缘称二师，谓“善住生次第”一句，俱说三种三摩地之生起次第与身远离。是许圣者亦于语远离前，说身远离也。身远离句，宣说身远离者，月光疏等说身远离为生起次第者，亦须许尔。五义论云：“圣者许幻身中具足生起次第，故不别说。”四义论云：“于幻身中摄生起次第，以为前行。”意许，身远离起天身与幻身起金刚持，二理相同。且许彼二，俱是生起次第。故虽言“幻身摄生起次第”。实是说身远离幻身，皆生起次第摄。即是离生起次第外，不别说身远离之义也。此说与圣派诸清净教皆不相顺，亦未通达五次第略明论义而妄说也。

自宗则许，身远离中，有二次第之二分。其第二次第之身远离，圣者未于语远离前说者，意谓金刚念诵次第中摄。以是当知，或将初二远离收入缘心，圆满次第，作四次第。或分出金刚念诵次第，将身远离收入彼中，作五次第。或亦将身远离分出，作六次第。仅是开合，都不相违。

又集密后续云：“承事分六支，当修上成就，若作余修者，不得上悉地。别摄与静虑，命力及执持，随念三摩地，名加行六支。”此说圆满次第胜承事中，有别摄支等加行六支也。其初四句说，若不以六支修上成就，则不能得上品成就。故无上续，一切修上品成就者，皆须具足六支。然非各派所释六加行之理，完全相同。若不尔者，应一切圆满次第，皆成一义。若尔，一切生起次第，理亦应同。是则为利无量所化，说无边续，应成无用，以说一续即完足故。如生起次第修法，以初加行等三三摩地所摄，虽多相同，然为彼三义，须修几许事，则有多种差别。如是圆满次第，须六支建立虽皆相同，然义有多差别。故别摄等名同，义不必同。一名多义，一义多名，显密教中，其例无边故。

【科】壬二　五次第摄六支之理分二

癸一　列诸异派

癸二　观察彼等应不应理

初又分二

子一　列诸释派

子二　列藏师派

今初

此中能摄，谓连身远离之六次第。所摄，谓加行六支。此中复有三菩萨释派，曼殊室利亲教及随行派，握花论派，教授穗论派，如来金刚，依卢伊巴胜乐所说六加行等，名同义殊之多派。此中非说彼等相摄之理，是说灯明论解后续义所说六支相摄之理也。月光疏云：总略次第、生起次第、摄别摄与静虑二支。其别摄者，谓修诸尊。以世俗胜义理，观察诸尊，即寻伺支。次由趣问真实义故，即喜乐支心专住空性，即心一境性。是为静虑五支也。说于不坏收摄诸风，为命力支。虽未说明五次第中归何所摄，然是金刚念诵所摄。说幻性金刚持身光明为体，是执持支。故执持支，即为幻身光明中摄。于光明后，刹那圆成金刚持身，是随念支。修彼即以双运为体，是三摩地。说后二支，双运中摄。此乃总摄随行灯明论，心要之说。”

善明灯论说：别摄静虑二支，心远离摄。命力，金刚念诵摄。执持，光明摄。随念与三摩地，双运中摄；心镜论中亦如是说。彼二俱是五次第摄灯明论所说六加行之理。十一音论师说："十根"等一颂所明别摄支，是身远离基础。次"五欲"等四颂所明静虑支，即身远离。此所依经中，似无"密续"等二句。次"五智"等两颂所明命力支即语远离。次"自在"等二句，所明执持支，即心远离。"别显从彼生"句，即明幻身。如是说者，是为折伏智者慢故，于第五支后，隐密安立。现证光明之方便中其一合执，谓由"方便慧等至"句，说于父母金刚莲花瑜伽中，方便般若等至显示。其随灭者，由"总说一切法，由团理所摄"二句显示。尔时引生五相之理，由"心成灭金刚"等二颂半宣说也。光明即大密，故于第五、第六二支中，混乱宣说。彼意谓"心成灭金刚"等为第五支。"方便慧"等三句，为第六支之文也。"坚固"等五句，明双运。彼计，幻身、光明、双运三法，皆从随念支中分出。"中央色"等三句所明三摩地支，为任运道。宣说第六支之三句，即说光明，已如前说。故第六支，亦须许为光明之一分也。此中虽未亲引证灯明论文，然亦是依据灯明论所释后续义，说明六支。故亦是摄彼之理。

【科】予二　列藏师派

往昔廓派智者论说：六支为真实三摩地与彼随顺行，二事所摄。别摄支、摄幻身位诸行，余五支明三摩地。其静虑支之寻伺，摄身远离。喜，摄身远离之胜利。命力，摄语远离。乐，摄彼胜利。心一境性，摄心远离。言"诸佛"句，明静虑之胜利，摄幻身。执持支摄光明，随念与三摩地，明双运，此亦是摄灯明论所说六支之理。玛派有说：别摄身远离摄，静虑心远离摄，命力金刚念诵摄，执持心远离摄，随念幻身摄。次言光明与双运，三摩地摄。实应说，后者为前二所摄也。此是许摄时轮所说六加行之理。

西藏后期智者有云：无畏师说，别摄静虑为生起次第，不应道理。以与后续中说，生起次第之四金刚承事，修共悉地，又说若离六支作余修者不能得上悉地。谓六支，是修上品成就之不共承事，生起次第非修上品之法，成相违故。

论师说，别摄明行，静虑明身远离，尤不应理，以修上悉地之前，先得诸行，次第相违故，身远离中，未有灭尽能知所知之胜利故。以是应如无垢光云“我加持乃于空中，三界所能共见相。”金刚手上疏云“此言自加持者，谓别摄所见，烟等世俗谛。”故别摄静虑二支，为幻身摄。命力为金刚念诵，执持为光明。随念，与前别摄位所见相同，就所见清净影像分，为幻身。就尔时领受溶乐道分，为心远离。心远离者，是明增得道，以彼是三喜之异门故。三摩地即双运也、此是说五次第摄时轮中六加行之理。

【科】癸二　观察彼等应不应理分二

子一　观察诸释各派应不应理

子二　观察西藏诸说应不应理

今初

破月光疏说，别摄与静虑，为生起次第摄。引证后续说，生起次第，修共悉地，六支修上悉地。都无违害。若有害者，则以一道修二悉地，应成相违。是则圆满次第道应不能修共悉地也。续言，离六支作余修者，不能得上悉地者，是说若不以六支修，则不能得上悉地。非说除六支外，余道皆非修上悉地之道也。单修生起次第，虽不能得上品悉地，然许生起次第是上品悉地之因，有何相违。若相违者，圆满次第亦应想同。圆满次第六支，一一不能修得悉地，则应彼等亦非修上悉地之道也。若生起次第，决不能修上品悉地，则经说承事，有共同殊胜二种承事中，汝自释共义谓共因，乃二种悉地之因，岂不相违？不动世尊与胜乐轮等修法中所说之义，亦不决定。修彼等之胜利时，说为成佛之方便，一切皆成相违。

若二种道，俱是二种悉地之方便者，云何别说彼二，为修共不共之法耶？曰：即不观待圆满次第。生起次第亦能修成诸共悉地，故说彼是共悉地修法。又生起次第，是能成熟引生圆满次第智之善根。其修上品悉地之主要道，厥为圆满次第，故说彼是上品悉地修法。二种修法，实不相违。别摄与静虑，余定量师，皆就圆满次第解说。亲教论之意趣，亦须说通生起次第。故总言别摄与静虑整体，不应定说生起次第或圆满次第，应许俱通二分。别如各经说为二次第何分，即应许为彼分。以是如圣者派，似说为圆满次第分，较为善哉。说执持支明幻身义，未见应理，此如后说。善明灯论所说摄规，应不应理者，于后文明六支时解释，较为易知也。十一音论师说，别摄为身远离之基础者，意谓是灯明论所说别摄为所净治，静虑为能净治之义。其言“自在”等二句所明执持为心远离，“别显”句明幻身。宣说最后支之三句，明二种静虑。离三摩地支外，别说双运。最后三句，离双运外，别明任运道等，皆非善说。此等于下文解释六支时解说，较为易解也。

【科】子二　观察西藏诸说应不应理

藏师有破论师所说别摄明诸行时，谓修上悉地之前，先得诸行，次第相违，汝自宗亦然。说别摄与静虑二义明幻身，亦不应理。以修上悉地之前先得幻身，尤相违故。若谓先说者不必先得，则行亦应然。若说次第相违之过失，六加行与五次第相同。于命力金刚念诵之前，先引生别摄静虚之幻身。于执持光明之后，乃引生随念之心远离，与第三次第之幻身，极为相违。又五次第中，命力之道与心远离，幻身即然中定前后渐次引生。则时轮派，命力之金刚念诵，与随念之心远离，亦应于别摄静虑幻身之前行。随念之一分，应于执持之前生。以许彼等，义相同故。此等过失，是于不可说为同一者，强说为同一之过失。如是汝自许，幻身为十一地，光明为十二地，又说彼是，自解胜行地所数之第十三地，则十二地乃是圣地。是则圣十一地之幻身，应于修上悉地之初，别摄时即获得等。与时轮之三摩地支，从异生地即已证得。复说彼是双运道等，皆成相违。

其言静虑支明身远离，不应道理之因相，谓身远离中，未有灭尽能知所知之胜利故者。然敌者许，灭尽能知所知之心一境性，乃心远离，故无彼过失。

以是当知，圣父子所说，与时轮派所说，我加持与世俗谛。二名虽同，义实不同。譬如铃师五次第中，说于心间修习空点，为我加持，斯类甚多。西藏余师，说时轮六加行，摄入六次第之理，亦是计为其义相同。即以前所说，可知其非理也。是故后续六加行之文，拏热巴续疏中，亦如灯明论而释。略明灌顶疏中，则如时轮而释也。如是虽不可说其义相同，然若研究，何者能相代替，极为善哉。以如是作则于各续教授能得决断故，今略宣说。

时轮派之别摄与静虑，是乃二风趣入中脉命力之前行，净治中派法。余虽不必如彼所说而修。然二风入中脉之前行，其能净治中脉者，即代替彼者也。如是，时轮之命力，是能令风入中脉者。其已入者，于诸轮脐中任持不动者，即是执持。故虽不修如彼所说之命力与执持，然有能成办彼事之方便，即代替彼二。如是，依前方便，由修习力，然猛利火溶菩提心，降至密端，受欢喜者，是为随念。持菩提心不外流散，受不变乐，即三摩地。故虽不必如彼所说而修，然有能办彼事之道，即能代替彼二也。以是若就能办彼事，观察五次第余道，明诸道互摄之理，虽不说彼等其义相同，然能办彼义。故于各续之要道，能得无畏，即以彼理于诸余道亦当了知。应知此是诸大慧者不共观察之理也。论师以别摄配诸行者，相虽略同，然说后续，离六支外别说诸行，则不应理。故除彼外，于圆满次第之六次第，配合六支。其别摄静虑二支，配身远离，如十一音论师说极为善哉。灯明论说，于三鼻端修三种命力。故虽有非语远离与金刚念诵之命力，然彼二法，就主要命力立名，即彼二摄。心远离者，除与静虑支之心一境性，及入光明前之三空，由相相同，略可解外，实无明文。灯明论说，执持与光明义同。故说彼支，明心远离与幻身，均不应理。随念是光明后逆起诸相，三摩地是双运，灯明论中所说极显，故作余解皆非续义。详如后说。第三次第之幻身，除与双运幻身，由相相同略可解外，释论解说六支续时，未有明文。说“诸佛”句，明幻身亦非续义，后当广说。若广释彼义，则幻身与心远离，亦均完具，敢六支道中，亦无摄不尽圆满次第修上悉地重要道之过失也。

卷五

【科】辛二　次第决定

五次第论，说二次第如梯级者，圆满次第之五次第亦尔。彼说要安住金刚念诵，乃得缘心。要以实际光明，净治幻身。从彼定起，乃得不二双运。以是亦可知，要安住缘心，乃得幻身故。此亦即说，要依前前乃生后后之次第。五次第论未详说者，摄行论广说，谓佛乘意乐二种发心。粗分，一念天瑜伽；细分，分别瑜伽。从身远离乃至双运，学前前已乃学后后，是顺次第。又说，从身远离，若无前者，后者不生，是逆次第。是故当许次第决定。除如是略说外，本释诸续与五父子论中，皆未明说次第如是决定之因相也。

迦湿弥罗拉弥论师说：先须清净凡常身故，从初加行，乃至百部身远离，说生起次第。次为清净语故，说语远离。次为清净凡常心故，说心远离。次为满足夙愿果利，及为远离如大自在教之断边，又为经劫利益众生，并为远离如声闻菩提之灭谛，故说幻身。若爱著彼即有所缘，为净治彼故说光明。为远离光明断边，故说双运。西藏先贤，说如琵琶，若未善治其身，必不能发妙音。如是乃至未以身金刚三摩地，远离凡常身，必不能生语远离，异此则生。乃至未调心所乘风如野马者，必不能调如人之心。以语远离调治风已，乃生心远离。若未了知心远离位，一切粗法，唯自心者，则必不知细法如幻。或心远离位，若无自证乐三摩地者，必不能生幻身。以幻身，唯从彼成故。譬如心未了知瓶者，则必不知彼法无常。如是若有法幻身未到究竟，必不能证以二静虑灭彼之光明。若先未得无相光明，必不能证显空无别之双运。如心了知镜中影像显空无别，必先了知影像无本质性。玛派有云：前二与拉弥相同。为显身语，归心摄故，说心远离。为离彼实执，故说幻身。为离执唯幻，故说光明。为离断边，故说双运。

其中初派意说：三种远离，能净三业罪垢，此复从粗渐离，故彼三次第决定。心远离中容有断边，为离彼故当修幻身。于此复有常执所缘，为离此故宣说光明。其中复有断边，为离彼故宣说双运。此未说明三远离中，由前者引生后者之不共规。为离断边所说诸道引生常见，断彼诸道复生断见，如象沐喻，故非正道。摄行论云："由离世俗谛智故，不能证得真胜义谛。"此说证光明者，须先证得幻身。故当就证光明者，先须引生幻身之品，说明其因相。岂是为离幻执须入光明而说明其因相耶？其心远离幻身、光明、双运等次第之因相，亦应如是说。若作余说，未见心要。又言，为了知身语归心摄故，说心远离者，是未细察心远离所缘行相如何生起之过失。摄行论说："如实了知心真实义，当修幻身。"故非有心远离位未能断除之实执犹预，要待幻身方断除者。以说修生起次第时，亦须善解空性义故。

中派宣说，要由语远离风自在之力，乃引心远离。要以心远离，作为修幻身之基本。须将幻身以二静虑入光明已，乃证光明。修双运之一分，须先证光明。此诸因相，极为善说。前二远离次第之因相，说琵琶喻者，法喻相同之理，尚须成立，故犹嫌不足。自宗次第决定之理，后成立数量决定时当说。

【科】辛三　数量决定分二

壬一　正义

壬二　此道摄余道之理

今初

摄行论中，如前说渐次学道之理已，说得双运以后，更无新学之道次第。五次第论亦云："安住双运定，后都无所学。"谓彼诸道次第中无所不摄，及须学彼等。由不须学彼所不摄之余道，故遮数多。若无彼等，即不能成，亦遣数少，故许数量决定。虽然如是，但二种续与圣父子，皆未明说数量决定之理也。此中拉弥师说，由三远离，能远离清净身语意三业。由光明，能远离清净世俗胜义谛。由双运，能得二谛一味金刚持。此后别无所学，故不须六次第。唯以前所说，乃能成办所欲求义，故亦非四次第，故五次第数量决定。福缘称说：初三如前。清净三业，为利有情，故自加持。以光明故，离彼耽著。以双运故，离彼断边。此后更无可学，故无六次第。若无彼二，则不能修自他二利，故亦非可少。西藏先贤云:“约暂伏诸障现行，及永坏种子根本，有六次第数量决定。谓为暂伏烦恼与分别之现行，立三远离。乐空所依奢摩他中，立身远离。由风自在不起分别，立语远离。此二是缘。心远离乃正行，谓此乐空要依明印，乃能生故。由幻身力，通达空性，故离执所取有自性之所取分别种子。以光明力，通达心之空性，故离执能取心之能取分别种子。以双运力，远离执二谛异体之种子。除彼等外无所断故。”

前二家所说，仅文辞稍异，义实无别。彼是否应理，如前已说。如第三家说，虽亦须说，观待所断，唯此许道即足。然若说暂伏道乐空合者，当如波罗蜜多所说，虽同缘空性，然修止观之理不同。未如是许，故不能各别安立止观之道。后三种道，亦不决定是三种分别之各别对治，故非善说。若尔观待何事成立数量决定耶？曰：应观待究竟所修。谓修彼果即需此等，此不摄者非所需故。当以此理成立。此中智法身与彼所依之不共色身，和合双运之果，如前已说，后亦当说。修成如斯双运者，必需引生有学道位，以大乐智现证真实义之胜义光明，与从彼智所乘五光风为因所成就之清净世俗幻身，二事和合之有学双运。其得二谛双运，先须各别修彼二分。

摄行论云:“先未通达胜义谛者，不能现证双运次第。”若未先得世俗幻身，亦说不能证光明故。是故悟入光明之所依,先须引生幻身。此中因相后当广说。

第三次第之幻身，与第四次第之光明，于双运时二俱非有，虽非双运时之二分。然总言世俗幻身与胜义光明，可成双运之一分。意谓前二亦是此二，故作是说。如是幻身所从修之风与心者，谓以地入水等门，诸风渐次摄入心中，由八十种自性分别动摇之风等融入次第，引生心远离三智之心，与彼所乘之风。故修幻身，须以心远离为先。由是方便修摄入心间之殊胜次第者，须外修与羯摩或智印和合之命力，内修风点等之命力二法。故心远离之前，须先修语远离金刚念诵次第。言：语远离及金刚念诵者，是以命力一分立名，此次第之总名，后续说六支之第三，名命力。此中于下鼻端修物点，于心鼻端修不坏咒点，于面鼻端修光点，有三种命力。方便般若二下鼻端中，由于后者修物点故，显示与二印和合。修与二印和合之命力者，谓于金刚念诵究竟之前与究竟之后，共有二位。

修幻身所依，须要总摄诸风融入心间中脉所起风心之主要因相，如前已说。其详细因相，与二印亦成于心间摄风之方便，后当广说。其修如是摄风入心间殊胜融摄次第之命力道者，先须缘身诸余要穴而修。总须修，令二种风融入中脉引生俱生乐，与观一切所见皆彼变化，并修观彼为天行相之身远离。如斯之身余要穴，不定有脉轮差别，此中皆归修下门空点所摄。其成熟如是圆满次第于相续中完全生起之善根，须先四座修习，由取生死中三有，为三身、门，净治相续之第一次第粗分一念瑜伽。与细分曼荼罗分别瑜伽，其作成堪修二次第之法器，必须获得清净圆满灌顶，与善守护所受之三昧耶及诸律仪。其圆满能受灌顶与守护三昧耶法器之德相，须先学二种菩提心及诸支分之共同道次第，如前已说。其能增进之诸行，即以外命力而表诠。此等即是，一切道之数量决定，与二次第之数量决定，及二次第中诸次第之数量决定也。由此亦知次第决定。任何一补特伽罗成佛皆需此等，故拉弥与福缘称等说，虽一补特伽罗亦须具修五种次第。非彼一一，依一一异体，补特伽罗而说，极为善哉。

月光疏说：上根补特伽罗，修后二次第，中根修第三与第四次第，下根修生起次第与金刚念诵，下下根者即修前二与语念诵三法。次说，上中下三根，约一相续智慧渐次展转增长而安立者，为他宗义。约异相续，为自宗义。此既有违圣父子宣说次第之论，亦与瑜伽圆满鬘论相违，故非善说。又此数量决定，若配余续部，则后三次第之渐次，如前所说。如胜乐五次第，与姑姑日巴之大幻教授，明说有摄入心间之次第者。趣向彼义，较易通达。其未说者，凡说专注脐等要穴之道，当知最后亦是趣向、摄入心间。余续虽无身远离之名，若有彼义亦即相同。义亦无者，其不相违之理，当知此中所说，是最易摄入心间之次第。生起次第，亦应例知。诸余共道，一切皆同。

【科】壬二　此道摄余道之理

灯明论云："此最胜修支，摄一切续义。"此言并初次第之五次第中，总摄一切续义者，非仅说一切集密续，是总说一切续。即彼论说，集密是一切续部之根本，及一切经部之器故。以是彼论云："此次第差别，分出多次第，若知摄彼等，即了知续义。"亦非仅说集密续，是总说一切续部也。若尔，此说余续部之道次第，皆是从此分出之次第。及说了知此中总摄彼等，即是了知续义。其义云何？曰：此如前说，非由义同故相摄，是由作用相同故相摄。此复从心远离，乃至双运，是共需者，如前所说。引生心远离之主要方便，是心间收摄次第。其未明说，心间收摄次第，而说于脐等余处收摄者，亦当了知最后趣向心间之理。因恐文繁，此不广书。其生起次第，虽不全与此同，若知成熟圆满引生圆满次第之善根者，其义相同。若善了知如是摄道之理，则于一切续义能得无畏。

此中有说，五次第略明论中，如前引"于一座应修"之后，继云："正通达此故，胜道五次第，波罗密、诸乘，有生、一昼夜，一座上应说。"其中初义，谓般若经说，大师端身正坐，即显生起次第。从身放俱胝光明，即显金刚念诵。十八空性，即显缘心。言色如幻等，即显幻身。言色无自性等，即显光明。言无二不二等，即显双运。配合诸乘之义，则谓生起次第摄声闻乘。以声闻人所计，由极微尘合成粗色，与生起次第分别瑜伽，法相同故。金刚念诵摄独觉乘，以十二转风之金刚念诵，与独觉十二缘起，法相同故。缘心次第摄唯识乘，以彼二俱重心故。中观如幻派，幻身中摄，以彼二俱许一切法如幻故。中观无住派，光明中摄，以彼二俱许一切法空故。一切密咒乘皆双运摄，一切密咒见俱是二谛一味双运故。此是五义论所说，轮相论与父续心论亦尔。然彼论言，五次第，当与般若波罗密多及种种乘，配合解说，其配合之义，非如前说。于生死有次第及一昼夜中，配合因位五次第而配合也。

若尔云何？曰：总大小种种乘诸经，别如甚深般若波罗密多经之要义，皆集密续所摄。故显彼道五次第中，亦尽摄彼等要义，是说当与彼配合解说。即彼论云："五次第诸道，菩提分法经，三秘究竟俱，诸言所表诠。"谓明菩提分法之诸经，及明三种秘密、二种究竟之诸续部、诸字之义，五次第中表示宣说故。相摄之理，谓诸余经所说之道，此虽未说，然彼诸道要义，是修出离生死之解脱与一切种智。此中所说之道，总摄彼义而有余，且彼诸道，最后亦皆归趣于此，故说此是彼等之根本。余派所说，此道摄余道之因相，皆是不定与不成也。

【科】辛四　诸差别义分二

壬一　学三远离三摩地之理

壬二　学二谛三摩地之理

初中分三

癸一　学身远离身金刚三摩地之理

癸二　学语远离语金刚三摩地之理

癸三　学心远离意金刚三摩地之理

初又分六

子一　观察身远离为二次第何者摄

子二　生起次第与殊胜身远离之次序

子三　身远离之体性

子四　身远离之差别

子五　此成别摄与静虑支之理

子六　如何修身远离之理

初又分三

丑一　别列各派

丑二　观察彼等应不应理

丑三　安立自宗

今初

安立身远离于二次第中为何次第，有多异说。谓无畏、能仁德、拉弥、福缘称等，多说身远离为生起次第。廓译师千章论说，具妃师与神通师，许为圆满次第。黑三昧耶金刚，则许百部、五部、三部之身远离为生起次第。一部之身远离，为圆满次第。玛派有说：拏热巴亦许为生起次第。然此非实，以五次第略明论中，彼二各别说故。如是成异说者，因摄行论云："善学一念及分别瑜伽，当安住初发业三摩地。安住彼后，学身远离。"又云："从生起次第，乃至身远离究竟。"由将彼二各别宣说，依此故安立为圆满次第。初发业者，此派许为从初修生起次第，至彼究竟，如五次第论云："以初业加行，当得第八地。"

摄行论云："于此金刚乘，善学生起次第已，当得第八地。"又摄行论云："蕴界处等无间所说，乃身远离。于彼安布诸尊乃一切所共，是粗瑜伽故。"其后则说："语远离，非生起次第者之境界，极微细故。"由此可知，言一切所共者，乃明二次第所共，依此故说通二次第。其安立为生起次第者，意谓修蕴等为诸尊，与生起次第者，修诸尊各别清净，同一义也。若尔，诸计身远离为生起次第者，许于何位宣说身远离耶？曰：无畏师说，生起次第者，增上胜解所修金刚持身时，即说身远离。故是增上胜解主尊，余尊虽未明说，然于身中安布增上胜解余尊，皆须胜解与蕴等无别，似许彼等为身远离。然说唯由增上胜解而生，则从种子所生之身曼荼罗，似不许为身远离也。能仁德师仅说：总略论所说之生起次第，明身远离。然未明说，如何宣说身远离之理也。后二论师，说学总略论三三摩地之后，学身远离。故虽许彼是生起次第，然不许是总略论所说之生起次第。西藏廓派，多许身远离为圆满次第。论师则说：若于蕴等未分五五之粗分身远离，是为寻求。若从百部乃至一部，详细伺察之身远离，是为伺察。前者是共生起次第之身远离，以说生起次第者，于善瑜伽位亦如是修故。后者，许为圆满次第不共之身远离也。

【科】丑二　观察彼等应不应理

如是诸异派中当取何说？曰：若计一切身远离，皆是总略论所说之生起次第，则与摄行论说："学初发业三摩地后，当学身远离"相违，无可避免。若谓总略论所说之三三摩地所不摄，是余生起次第，尤不应理。以总略论之三三摩地，除修羯摩时少数生起次第外，凡属圆满次第前行之一切生起次第，皆宣说故。总略论之粗细二种生起次第究竟之后，前未曾证，更须修学身远离生起次第，诸尊行相之理，无可安立故。除修诸尊身相之外，彼中无余修身远离之理故。若计一切身远离皆是圆满次第，亦不应理。以说身远离为一切所共，特说语远离非生起次第者之境界故。由成立是否所共，说为粗细，亦可知故。以是亦不可说，论言：于彼安立诸尊。是显于蕴等安立诸尊，为二次第所共，非显身远离为彼所共。故身远离，当分有二次第之二种身远离也。虽尔，然非如三昧耶金刚所说。以摄行论说，从百部乃至三部之身远离，皆一部身远离中摄。其所摄为生起次第，摄彼等为圆满次第，不应理故。

又身远离修蕴等为诸尊，若是修习现为诸尊行相者，则说生起次第，于芥子量中，观能依所依圆满曼荼罗，明显坚固之后，次乃修此。然前未证者，此更无可修。故学彼已，别说学此之道次第，不应道理也。五蕴等中别分五五，此第一次第位，虽未明说，然粗细生起次第皆究竟后，则随所见，用意观察，皆能无间现起诸尊明显坚固。不能说彼，详细分别则不能生。故论师于身远离，分判二次第之理，亦不应理。有说：生起次第者，是新起为诸尊。身远离修蕴等为诸尊者，乃观诸尊本来成就，是为圆满次第修诸尊规。此说是未善分辨，二次第中，有修咒身与智身诸尊二法。如圆满次第位，虽亦由心观想空点字等，实无而观。然彼不须经历余异类所缘，即能引生无造圆满次第，故是圆满次第所摄。其想蕴等本来是诸尊者，未能如是。彼修诸尊之规，由心造作观想，较生起次第尤重。故如是二种观诸尊规，不能分辨二次第之差别也。如是若谓由通达空性慧相分，现为诸尊者。彼亦不能简别，生起次第。以生起次第位，亦能生起彼故。生起诸尊之前，说诵“虚内达”等，净修空性。彼义，亦非，未得空见，仅收现象故。

【科】丑三　安立自宗

若尔，身远离，分二次第，其理云何？曰：修蕴等为诸尊之身远离中，通达空性慧之相分，有现不现起诸尊之二种修法。其现起中复有是否以不共乐通达空性之二类。以乐通达空性中，复有是否左右二风融入中脉所生妙乐之二类也。其生起次第中，有初二中之后者，及非以溶乐通达空性而通达空性，并由后二中之第二门，修蕴等为诸尊之身远离。由后二中之初门，修蕴等为诸尊之身远离，即安立为圆满次第。其修蕴等为诸尊之生起次第身远离。是增上胜解，身曼荼罗，收曼荼罗时，及观一切境为金刚持时所宣说。此亦表说，生起次第者，观五境为男女诸尊之方便般若清净。故学如是身远离者，乃学生起次第时所说。其说，学初发业之三摩地后所学身远离，乃圆满次第之身远离也。

若尔，何处宣说？由大乐门、修蕴等为诸尊之身远离耶？曰：摄行论中，说修五部身远离时，引虚空平等续云：“众生皆是五佛体，犹如舞人及画图，若处唯一大乐性，一性、多态而舞蹈。”此文宣说也。此说如独一舞人，戴著各种面具服饰，而作舞蹈。又如青等一色，现为多种色相。如是唯一大乐以多种姿态而作舞蹈者，非说唯佛金刚持乃如是作，是通约道果时一切大乐而说也。如是身远离位，亦是修唯一大乐性，现为五部等多种游戏。又此亦非自身，无彼大乐，仅缘他身大乐而修。故要自身生起彼乐，乃如是修。以是摄行论尔时，引证摩耶胜乐续云：“非从绘铸等，能起诸瑜伽，勤修菩提心，乃成天瑜伽。我即一切佛，一切勇识体，故修自为天，当善修自体。”此说非缘外天像，要勤修菩提心，修自身为诸尊也。所言菩提心，亦即乐空无别之菩提心。

欢喜金刚续云：“一切法清净，定说为真如，后一一差别，说为诸尊净。”又云：“唯自证体净，非余净能脱，为境事净故，自证最胜乐。”此说抉择内外一切法自性空，之真如清净，乃总清净。修色蕴等一一法，为一一尊，乃各尊清净。诸瑜伽师各别内证大乐，乃自证清净。共说三种，其中第二，即前续云：“生次第品中，此净治诸蕴。”此说，不以大乐修习诸尊，而修诸尊各别清净乃生起次第。故修大乐，即圆满次第清净。其真如清净，乃彼二所共也。若不了知如前所说，圆满次第修身远离诸尊之理。此位既无引生智身诸尊之理，则虽安立为圆满次第，然较引生咒身诸尊之理，别无殊胜，非能了达此中要义。若不安立此大乐为生起次第，则生起次第究竟，乃至未到身远离前，未有引生此乐方便。身远离位，亦无引生此乐之理，则此位中大乐云何生起耶？曰：此乃此中极难解处，故难了知。下次序时，再当广说。

【科】子二　生起次第与殊胜身远离之次序

生起次第，与圆满次第之身远离。次序决定，其理云何？曰：总修完全粗细生起次第，是为成熟引生圆满次第之善根，故亦为成熟引生圆满次第之身远离。特于摩尼内修微细标帜或明点者，是将左右风收入中脉之方便。依彼引生如前所说之大乐，即修身远离之正行。故与微细生起次第，如是联系也。云何得知修下门细相，是将左右风收入中脉之方便耶？曰：事行续中虽说命力，然彼不能将左右风收入中脉，前已说讫。若修无上续所说之命力，其命谓左右二风。力谓遮止彼二，于左右脉转，令入中脉。时轮法中多次宣说。灯明论等，命与力义，虽不如是说，然修命力，能作彼事，则皆相同。故后续说，于秘密鼻端，修微细相，为命力之义。亲教论释云："空点心力理，降至心莲花，安住自金刚，摩尼之中央，五大胜色相，五智为自性，五光明炽然，想本尊细相。"摄彼义云："止息为空支。"谓遮止于鼻孔中息风出入，说为空支。此明命力支，与止息支，二义相同也。

如来金刚亦云："五大体性之命风，向下降行量如芥子，以菩提心点降注之理，降至金刚鼻端。当以前说之别摄，与五支之静虑次第，而思惟之。此中空点加行，是为遮止诸命向外流散。以此因缘，故集密后续说名命力。此仅一例，其于脐间，修微细音韵之加行，与于心等处修空点等加行，凡彼静虑，皆为遮止诸命流散，说名命力。特由如此静虑之力，遮止左右脉中游动，令命风力行入中脉。此亦说名命力也。"由修下门微细相，遮止左右风于鼻孔出入，令入中脉，故后续说彼名命力。彼亦仅是一例，即缘脐心等处，修空点字等，亦显然说为能作彼事之命力。由此凡说：于脉轮处安布字等修圆满次第者，亦皆当了知也。

言以别摄与静虑修习者，由许彼二为生起次第，义谓具足生起次第而修，智足派六加行之梵本中亦如此宣说。教授穗论说：摩尼内之脉轮，有八支脉。略灌顶云："摩尼水生。"意亦指此。故于彼中，修微细相，实能将风，收入中脉。鬘论云："观住摩尼中。"说于母邑，改为莲花，此中亦同，故于彼身亦当了知。圣派则说，先于摩尼中，修细相坚固，次放入佛母莲花中，修曼荼罗。故除容易收风之种姓外，虽坚固修生起次第微细曼荼罗，亦难将二风融入中脉。故多系微细曼荼罗坚固之后，转入身远离时，于摩尼中修微细点或细标帜。待二风趣入中脉之后，乃修身远离正行之乐空和合等。后续所说：于心间及下门，修空点之命力，亲教论说，是遮止息支。二梵论中，均明说彼义。特说于脉轮处修字及空点等，一切皆是收风入中脉之方便。此扩大命力范围，实是最希有之善说。若不解此，则觉命力狭小。

既不能知无上部多种圆满次第，皆须配合六支中之命力，亦不能知，观想脉轮安布字等之要义。则集密两派，与铃师五次第等，未明说脉轮，仅说于彼处安布空点，及字等之要义，更不能知，故于究竟教授不能发生广大定解。若知此理，则于彼等一切教授要义，均能引生希有定解。其未如实知此派修圆满次第身远离之理，亦系未知修微细点，即收二风之命力，及由彼能引大乐之过失也。粗细生起次第究竟之后，依仗智印亦能将菩提心，从顶降至秘密下端。此复由于所缘稳固，以泮字力，而能止住。虽依彼缘亦能引生四喜，然彼非由将二风融入中脉而生，故不能立为圆满次第之大乐。由如是乐空和合门，修蕴等为诸尊，亦不许是圆满次第之身远离也。

【科】子三　身远离之体性分二

丑一　他宗

丑二　自宗

今初

藏师多说，有四身远离，如摄行论云："如此身体，积聚而住，谓于肉抟。"乃至"眼肢等合集，名为积聚。"此说三十六种不净物合集，名为身字积聚之义。即明诸色身远离。谓远离外道等妄计清净、安乐之身，是共声闻所知。又云："五蕴、四界、六处、五境、五智，如米麦等，多谷堆积，说名积聚。如是内身支节合集，说名积聚。"此明本性身远离，谓蕴界处等多法合集。远离妄计唯一之我，是共波罗密多乘所知。又云："诸界和合故，般若、见、意、无明、习气、爱、烦恼相续，说名积聚。诸识合集或积聚，都不可得，无处所故。"此明诸识身远离。谓识不可得故，远离能取所取，是共唯识所知。又云："蕴界处等，从无始来，住凡常慢。谓显一切如来微尘，所成自性。”此明三摩地身远离。谓二我所空之身，以百部等差别，起一切如来微尘所成慢，是密咒师不共所知。

【科】丑二　自宗

如是说前三种为身远离，已译圣派梵论，皆无此说，亦非摄行论意。若尔，摄行论意云何？曰：先明所远离之身，次立彼身远离。谓身字义，是合集、堆积、积聚之义。此有三种，初明此凡常内色身积聚之理，谓肉抟等合集，此是金刚鬘续所说。次说五蕴等二十五法积聚之理，谓如米麦等多谷，说名积聚。如是于身支节等合集，说名积聚。二十五法中，亦有心心所法，彼等积聚之理，与米等色法占据方位、积聚之理不同。为简别彼故，说“诸界和合故”等。谓眼等根与色等境诸界和合故，生意六心聚及慧等心所法。彼等合集堆聚之理，乃时分前后不断相续，多分合集，非同一时各占方位多法合集。言“于相续说名积聚”，特简明相续而说故。言“诸识积聚，都不可得，无处所故”者，明识非身法，不住东西等方位之因相，是明非能占方位之多法合集，非破能取所取异体也。如是所远离之身为从何事远离耶？言“从无始来住凡常慢”，此句显示。修何对治者，言“谓显一切如来微尘所成自性”，此句显示。故前说远离之理，及诸余说，皆非论义也。

【科】子四　身远离之差别分四

丑一　最胜百部身远离

丑二　本性五部身远离

丑三　秘密三部身远离

丑四　大密一部身远离

初又分四

寅一　五蕴

寅二　四界

寅三　六根

寅四　五境之身远离差别

今初

根本续云："总说五蕴等，即是五佛陀。"此说五蕴身远离之远离所依身，谓色等五蕴。修五蕴为五佛，即五蕴之身远离。其中色蕴毗卢佛，差别有五，谓内外二俱之长短等形色，自他二俱等行相色，内外之青等显色，内外之日月等明色，及无表色。如其次第，即毗卢之毗卢、宝生、弥陀、不空、不动等五部种性。受蕴宝生佛差别亦五，谓平等舍受、痰风所生受、乐受、苦受，和合及胆所生受，即宝生之毗卢等五部种性。想蕴弥陀佛差别亦五，谓不动不变想、四足想、无足想、多足想、二足想，即弥陀之毗卢等五部种性。行蕴不空佛差别亦五，谓身行、三界行、语行、解脱行、意行，即不空之毗卢等五部种性。识蕴不动佛差别亦五，谓眼乃至身识，即不动之毗卢等五部种性。

【科】寅二　四界

根本续云："地界名佛眼，水界末摩鸡，火是白衣母，风界名度母。"此说界身远离之远离所依身，谓地等四界。修四界为四天女，即界身远离。其中地界佛眼，差别有内外二类。内又分五，谓发、骨、大便、肝、心，毛、爪、脓、心，齿、皮、肉、心，筋、肉、肋、心，垢、肠、胆、心。此处说五心之依据，如摄行论引云："安住于五心，出生于五续，具足五种风，受用五妙欲。"此所引第二句义，是如盛精进所译金刚鬘续云："从五根出生"、"受用五妙欲"句后，亦云："由彼彼根道，行者得境界。"此如金刚鬘续云："心中安乐体，佛日放光明，由能所取色，故彼光十二。"谓心中所生十二种风，依诸根道，成六能取、六所取风。故云，五心者，谓五根风所依是心，由彼而分。外亦分五，谓须弥山、南、西、北、东诸洲。内外之五类，即佛眼之毗卢等五部种性。水界末摩鸡，内亦分五，谓痰及泪、汗、血、津涎、小便，外亦分五，谓流水、河水、泉水、池水、海水，即末摩鸡之毗卢等五部种性。火界白衣母，内亦分五，谓头暖、脐暖、一切支暖、腹暖、心间暖。外分石所生火、品所生火、木所生火、林所生火，及常存火，即白衣母之毗卢等五部种性。风界度母亦内分：遍行风、下遣风、上行风、平等风、持命风。外分上、南、西、北、东风，是度母之毗卢等五部种性。四界若以内外别计，虽有两聚二十，然合内外界，为地界等一一界，故成二十。

【科】寅三　六处

根本续云："诸金刚处性，菩萨胜坛轮。"此说内处身远离之远离所依，谓内六根。修彼等为菩萨，即彼等身远离。其中眼处地藏，差别有五，谓眼缘三色、眼珠白球、侧视眼色、眼动摇、葡萄量之眼根，即地藏之毗卢等五部种性。耳处金刚手，差别有五，谓耳本性、缘三类声、耳孔、耳根、如截桦皮之耳根，即金刚手之毗卢等五部种性。鼻处虚空藏，差别有五，谓鼻本性、鼻内中央、缘三类香、鼻孔、如眼药细錍之鼻根，即虚空藏之毗卢等五部种性。舌处世间自在，差别有五，谓舌本性、舌之根本、舌端、缘三种味、如半月形之舌根，即世间自在之毗卢等五部种性。身处除盖障，差别亦五，谓身根骨、肉本性、皮本性、缘触尘者，即除盖障之毗卢等五部种性。明增得三所摄意根曼殊室利，差别亦五，谓大圆镜、平等性、妙观察、成所作及法界智，即曼殊室利之毗卢等五部种性。

此等如摄行论云："犹如镜中现诸影像，顿知一切诸法。了达无足等四类有情，皆唯心一相。分别观察内外诸法，了知皆是诸佛本性已，别观一切诸法支分如莲花瓣，全无疑惑。圆满成办自他三门一切所作，净三业障，脱离惑业，善恶习气，皆悉清净。"此中意说，果位五智。若如建立论说：四智融入次第意趣，谓如明镜现诸影像，明见诸境。三受同一领纳性平等，各别记忆父母等众生名号。能忆世间所作所为，是初四智。第五，谓可能断垢转依之意根自性。此中有谓摄行论云："曼殊室利之三摩地，已说。"意谓说色金刚母等五境之后，宣说五智。故以曼殊室利为附说，而别说五智，彼说非理。此是三十二尊中，除十明王与弥勒、普贤外，于一一尊各分五部故。百部之五部中，所计之五智，乃意识所摄故，诸余处中，非彼处之法，亦多安立为彼处种性故。

【科】寅四　五境之身远离差别

根本续云"咒师色声等,常修为诸尊。"此说五境身远离之远离所依,谓五境。修彼五为五金刚母，即彼之身远离。其中行风，依止眼根，资助见五种色，其所见色金刚母，差别有五，谓依三缘和合所见总色、爱著色、可爱不可爱中庸三类色、成所作色、严肃游戏嬉笑色，即色金刚母之毗卢等五部种性。善行风，依止耳根资助闻声，所闻声金刚母，差别有五，谓耳内、头及发声，歌与相续声，颚、唇、语声，林园、河流、击掌、敲鼓等音乐声，吽字之寂静威猛声，即声金刚母之毗卢等五部种性。

正行风依止鼻根，资助嗅香、所嗅香金刚母，差别有五，谓总香、支分香、三香差别、味香、无尽香，即香金刚母之毗卢等五部种性。极行风，依止舌根，资助尝味、所尝味金刚母，差别有五，谓甘味、淡味、咸味、辛酢味、苦味，即味金刚母之毗卢等五部种性。决定行风，依止身根，资助受触、所受触金刚母，差别有五，谓同坐触、抱持触、吻触、吮触、二根交会触，即触金刚母之毗卢等五部种性。如是二十法各分为五，现为诸尊之理，譬如毗卢。面臂数量、标帜与毗卢同。唯身色不同，差别为五。余亦应知。若尔，三十二尊中，说二十尊，余十二尊，此何不说？曰：根本续中，明了宣说：始从色蕴，乃至触尘，于二十法，各别修为诸尊。未明显说十支，与骨节、筋、脉，修为十大明王与二菩萨，今依彼而说。如云:"于上四类一一圆满，解说根本续义。"如是百部，从此略为五部，复略为三部之根据。

摄行论中引密月点经，仅是一例。后续亦云："真实说五种，秘密说为三。大密增上尊，最胜百种性。"即显彼义。金刚鬘释续亦说百部。又彼续中解释序品秘说身远离时，说十支分为十明王。又说眼为地藏等，其等字中，亦说弥勒、普贤，故当圆满三十二尊。以余处说修身为诸尊时，皆宣说故。前二十尊，皆可各分五部，此十二尊独不可分，无此差别理故。可不可安立为身远离，理相等故。以是有说，若以前说十大明王配身远离，则多于百部。故于贪秘法中，解说前者。然贪秘法中无此配合。于圆满说三十二尊，不应障碍。彼等一切，皆归身远离部类也。自身远离，分二十种，由彼成立。其分百分，是明五部之种性诸尊。论云："自身，由一切如来微尘成立。"言"彼微尘"即分为百分，各修诸尊之名也。

【科】丑二　本性五部身远离

如是所分最胜百部，略摄为本性五部。此中远离所依身之五部，谓地等四大种与识界。其中从色蕴毗卢种性，至触金刚母毗卢种性之二十种，即地界所摄。如是宝生种性之二十种，即水界。弥陀种性之二十种，即火界。不空种性之二十种，即风界。不动种性之二十种，即识界所摄。此中摄行论说，色蕴等大种所造者，谓除四大种及法处色外之色蕴，即正大种所造。唯名四蕴，由依大种身故，假名大种所造，若说能摄百部之五界，谓五如来种性，最为善说。

【科】丑三　秘密三部身远离

如是本性五部，略摄为秘密三部，谓身金刚毗卢部中摄宝生部，语金刚弥陀部中摄不空部，意金刚不动部中摄第六金刚持部。此中摄行论说：从百部乃至五部之诸佛菩萨，皆自身语意三业所摄。与前说：分百部中，除行者外，有他相续所摄，与俱非自他补特伽罗所摄之器世间多分，亦不相违。以此相摄之理，非如色蕴摄四大种，以是彼体性之理而相摄故，如后当说。此中远离所依之身，即身语意三业。

【科】丑四　大密一部身远离

如是三金刚种性，略摄为一大密种性。谓于三金刚分身语意三门，三金刚无别，即第六金刚持增上尊，此即究竟身远离也。

卷六

【科】子五　此成别摄与静虑支之理分二

丑一　身远离摄别摄之理

丑二　身远离摄静虑之理

今初

别摄支，如后续云："十种根亦于，一切自转处，由别摄诸欲，故说名别摄。"其中诸欲，总有二种，谓以此欲，及欲此事。此说后者。以是所贪欲故，名之为欲。即色等五境，由其诸根别别数数摄取，故名别摄。于诸境上，亦假立根名，故说十根。眼等五根能取性转，色等五境所取性转，谓之自转。于彼安住，名自转处。一切者，谓胜劣中，各别而住。于者，啰字义，谓请根于彼一切中行也。卡师译本："十种诸根于。"释论中，亦无"亦"字义也。别字梵语，为"波罗底"。显句论中，解释缘起时，说为会遇，与重复义。别解脱之梵语，为"波罗提穆叉"。俱舍论中解释彼义，谓最初解脱。又"波罗底刹"，说为各别受义。此中是重复义，谓数数也。如"我别别坚受"时，余疏皆作数数义释。故别别义，不可专作"别异"与"各别"解也。

灯善明疏说：各别受用色等，为别摄色等之义。此于许尔。摄字亦有多义，此如征税名为摄税，是收取。其所摄者，谓五妙欲，即五根受用五境也。又已究竟四种金刚共同承事，转入最胜承事之大瑜伽师，虽亦是根受用境，然非仅尔许，即修别摄之道，以彼要于意识而安立故。以是十五品灯明论云："言：当食大小三昧耶，言大者，谓色等诸境。言小者，谓眼等诸根。彼等三昧耶者，谓根境和合。言食彼者，谓以别摄等次第修习。”即说根受用境为所食，别摄为能食也。是故前说瑜伽师五根受用五境之理，虽亦说名别摄。然六支中之别摄，谓诸根受用境时，是以定位身远离大乐之乐空，印持受用之瑜伽。故别摄支，乃后得位所修之身远离也。若尔，灯明说：为净治别摄故，明第二支。此说何义？曰：别摄、静虑，虽皆以诸根受用境界为道。然如静虑时，修彼等为诸尊而受用，则为别摄中所无也。虽然亦无非身远离之过，以大乐性即了义诸尊。由彼印持而修，即能远离凡常分别故。

【科】丑二　身远离摄静虑之理

静虑支者，如后续云：“五妙欲总略，以五佛加行，观察名静虑，此静虑有五，谓寻伺及喜，如是安乐性，并心一境性，此五摄静虑。一切秘密续，宣说多种相，三密起为寻，彼受用即伺，触喜为第三，乐摄即第四，知所知起尽，自心五应知。诸佛体寂灭，善住于诸欲。”言色声等五欲尘总略，即与诸根合为一体者，谓与诸根，成为境与有境同时和合之根境二法也。灯明论云：“五佛谓眼等，彼等加行谓正加行，故言以五佛加行。是故色等亦即佛性。”此意是说，五佛谓彼眼等之加行，然译文稍涩。眼等五根，既正加行，修为毗卢乃至不动之五佛，故色声等五，亦可配修五部也。如是根境俱是佛性，谓正观为清净诸首，即静虑支，此中共有寻等五支。此释通相时，说以静虑修根境为诸首者，仅是一列。如身远离时，应知亦修五蕴等为诸首。又不应执，唯修诸首身相，亦必须修诸尊真实，如广释时应知。

甘露密论说：“五欲、五蕴、及彼一一，内部差别，虽有多种，然总摄为五。即总略义。”实非经义。根、境、识三，谓之三密。若观三种五聚，即五部种性者，是为寻求。跋曹与卡师译为“三密是为寻”较善。以释论中，无“起”义故。彼寻所受用，谓观察彼境而住，即是伺察。如甘露密论说，分别修习，是为伺察。谓由细察不细察门，安立寻伺。此二亦是后得所修之身远离。如是初别摄位，先学观察根境等诸法，为乐空现相。此坚固后，进学静虑，观乐空现相，即为诸首。此处灯明论云：“如是观已，若由趣向悟入真实义故，意成乐相者，是触欢喜。若由现入真实义故,得身轻安等行相乐者,即安乐摄。”此说喜为意喜，乐为身轻安。等字则摄心轻安乐。前者，为趣入真实义时所得。后者，为正入真实义时所得也。跋曹译本为“如是观察”，卡师译本为“从如是观察”，旧译二本俱云：“如是观已”。义谓由寻伺二法，如前观察已。即结前文义。言趣入真实义，得喜乐二法者，即明后文得义也。悟入与趣向真实，其义相同。由彼理得喜乐者，谓由先修下门细相之力，而得大乐。即以此乐定解真实义而修。触证通达空性之胜喜，及得通达空性之身心轻安乐。正身轻安，谓身最堪能性之妙触。此非说彼，是说能成身心最堪能性之轻安乐，即与前喜相应之心所也。由如前说如是修习，为得下说极究竟故，能知眼等六识，所知色等六境，随起皆尽者，谓自心之能取所取异体空性。故于智相心一境性，说名自心。

此处卡师译云：“诸佛性寂灭，住一切虚空。”又云：“瑜伽心如是，诸佛性寂灭。谓所取等分别寂灭，故名寂灭，即唯显现也。彼一切空，及专一究竟。”前段甚善，后段如跋曹译“彼谓一切空唯一究竟”，较为妥善。前之心一境性，谓入诸佛本性空性。唯字，是遮尔时有诸分别，显寂灭义。虚空，即空义。言一切空，即第四空。善住彼者，谓由前三空，渐次入彼。此二句文，亦是说明心一境性。以是论师，说心一境性，配心远离。诸佛本性，配幻身。说余文，略明光明，不应道理。金刚鬘续:密释序品，说界身远离时，亦云:“风火水及地，佛眼等四妃，知为三智体，能给佛菩提。”说修四大为佛眼等四妃者，当知三空三智体性。故身远离时，即有道位三空智也。前说第四空者，是譬喻光明。彼于身远离与幻身之间引生，都不相违。然幻身以下，仅说三空者，意将譬喻光明，摄于近得大空。以是此等位，凡说近得入光明者，当知是说，无念时之近得，入彼后分犹如无云净空之一切空中也。

若尔所说静虑通相，寻伺二支中虽有，然喜乐与心一境性中，不具。是则彼三，应非静虑所分出也。曰：前说由静虑力，修根境等为诸首者，内有修面臂行相诸首，与修诸首真实之二，故无过失。灯善明论说：若受用境时，观根等三法，即五部体性，是为寻求。若观堵法即五智体性，是为伺察。若思证真实者即我是，而发妙喜，是为欢喜。若得喜已，起身轻安，是为安乐。又说：寻伺二支属明，喜支属增，乐支属近得，是许为心远离之三智。此是于集智金刚续所说三智义。摄行论中，心远离时，所说之所缘为何，以何行相，缘彼之理，未得定解之过失也。拏热巴说二支义，仅录灯明论原文。圣派之六加行，实须详释，然诸昔贤皆未详说。故此广辩，后亦当说。

【科】子六　如何修身远离之理分三

丑一　由修细相摄风之规

丑二　从此引生溶乐之理

丑三　已发生时，根本后得修习之理

今初

若缘微细曼荼罗之瑜伽，已得坚固，先已能引殊妙溶乐者，应当了知引生欢喜之理，如下所说而修。若已得瑜伽，而未能引乐者，当从此起，专住主尊父母瑜伽而修。若均未得，现前进修者，当先修曼荼罗轮瑜伽，后乃修习。如五次第略论云："身时及境风，了知四要义。"身要义者，如语远离当说。时要义者，总谓恒时。特于心智明了，及下午火时修习。风要义者，自宗即可。所缘境要义者，第六品灯明论说，男子于金刚穴中修麦许标帜。女子于落伽内，修哆那迦许。第三品灯明论说，于自金刚口，修世俗菩提心，如芥子许，五部体性。亲教论前说：于摩尼中修。与前说于金刚穴修，并不相违。以言于金刚口修，意指中脉下端。故二论相同也。

亲教论说：由心间种子放光，召请曼荼罗入自心间，溶点下降住摩尼中。

灯明论说:如因位男女等至，爱火溶点，堕莲花中，生起诸有次第，当如是修。故知是所修明点，降至下门而修也。明点颜色，灯明论意，作本尊色。若能于最细明点持心，易断除分别。故亦易灭除，摇动彼之业风也。若于细点极难持心者，可略放大。能持心时再为缩小，此是生起次第未固，躐等而修之过失。若已坚固，绝无不能持心之理也。其特殊持心之理，与远离沉掉护修之理，虽能住所缘而风不能灭及不能引生安乐等，当如何修，或风将息灭，先起微苦，遣除之理等，详尽教授，余处当说。如是缘注摩尼脉轮中央，或中脉下端内身要穴而修。由风心同转关系，若能于彼持心，则能息灭左右脉风，令趣中脉。其后，临融入彼时，先现五相。亲教论云："次诸密点聚，微细如前说，自心徐徐持，转入无性处。由修摄持故，其后地界舍，如阳焰相现，当知第一相。如是水界舍，犹如烟相现，当知第二相。由舍火界故，空焰为第三。如是由舍风，明耀如灯烛，当知第四相。如是由舍识，深明无二义，如无云虚空，明显、第五相。由如是五相，证无住涅槃。行者当勤此，是为摄持支。"

后续摄持时所说五相，谓临入光明之前，先起四相。第五即光明时，意谓趣入光明，亦由修习三种命力而入。故亲教论，于修下门细相，与修心间不坏时，说现起五相。当知修彼二金刚念诵，亦能现起诸相也。灯明论所说，由五相门转入光明，虽应释为究竟三种命力，证得心远离与幻身后，转入光明。然非不许,以下诸位,入譬喻光明时亦起诸相。故于下门修细相时,说由五相渐次,转入无性处光明之摄持支，亦不相违也。如来金刚说：言于心间修吽字已，由修诸风转入彼点，而得摄持光明者，仅是一例。即于脐脉修微细音韵，或于金刚鼻端修明点,或修猛利等瑜伽,皆能证得摄持光明。智足派六加行之梵本中,亦同彼说。此皆善说。故于身脉要处持心，与余处持心不同也。其间虽有于下门修细相之作法，然如前说，若未知修彼，引何功德，则于教授不得定解。故依据后续，及文殊菩萨所说，善为解释。当知此道，是殊胜命力无误教授。如云："行者当勤此。"唯应精勤修学。

【科】丑二 从此引生溶乐之理

总修未修道二种，人凡领受溶解菩提心降至密处所生喜者，皆定能然脐间与密处猛火，而溶解。故然猛利火溶解菩提心，不须命风融入中脉等。故有一类补特伽罗种性，如前修时，虽未将风融入中脉，然能引生溶解菩提心之安乐。修余专注身要教授，亦同此理。往昔诸师，由见此明点降至金刚摩尼，极难摄持：故先以内外降注方便，降菩提心，未至摩尼于上诸处，即强行呵退。或至金刚时无间回导。又见强行呵止，若未散布身中，则引生疾病，故作多种散布方法。然于风入中脉溶菩提心，与未入中脉而溶解者，摄持菩提心之难易。及彼须不须强行呵止，并遮止时未散布身中生不生病之差别建立，皆未宣说也。

其中以修道力，然猛利火溶解菩提心之目的，是为引生俱生妙智。其生彼智，溶降菩提心者，若未降至脐轮以下，特未能降至摩尼，暂时安住不流散者，必不能生德相完全之俱生智。故安立俱生智，为圆满次第大乐者，实须由风融入之力而安住者也。若是由风融入中脉之力，而溶解菩提心者，虽于摩尼端摄持，乃至未生德相完全之俱生智，必不流散。以菩提心，从顶降时，其风动力渐渐微弱。至摩尼时，其向外飘动菩提心之风力，全息灭故。此位，乃至未起俱生定时，必不流散。但起定时，风极动摇。尔时须知，不令流散之方便。又彼初未熟习时，须修回转之方便。后熟习已，即不回遮亦能自然回转。于此二时向上回转，即不散布全身，亦定不引生疾病。若非由风融入之力，而由修细相等力溶解菩提心者，不能于摩尼中暂时任持。故须无间遮退，亦须了知退处之高下。若溶解力弱，遮退即可。若溶解力强，则须散布身中。此复若已久习，即未无间遮退，亦有暂能任持者也。续及梵译大论，关于此类，未如余教授中广说者，以此所化主要机，速能引生诸风融入之圆满次第，故彼不须此等教授也。

其溶解菩提心，降至何处，引生降注四喜者，如金刚鬘续云："其后说顺次，于顶大乐轮，说彼名欢喜，受用轮胜喜，离喜住法轮，决于变化轮，领受俱生喜”。此谓从顶至喉间，安立欢喜。余三种喜，例此应知。引坚固四喜之理，亦如前续云：“化轮为欢喜，胜喜住法轮，受用谓离喜，俱生在大乐，说为逆次第。”此等处所，亦由前说道理应知，此与大印点论亦相符顺。此中复说：上下四中，各分四分，故成月十六分。及由日宫，各分三分，共成十二分。即前续云：“此诸兔相分，即十六喜点，应知为韵体。四轮如次第，如其所宣说说，亦为日十二。”此菩提心上下升降时，皆带惹达升降。于彼四处各分四分，每一分间，领受一乐。又彼四处，各分三分，每一分间，由降尘门，各分下中上三种乐。此极微细，修者应知。教授穗论说坚固四喜，是俱生喜中，分为下、中、上、上上。故坚固四乐，须较降注四乐广大也。坚固喜时，乃至未到顶轮，乐不坚固。顶中坚固，乃名坚固。即前续云：“其次风上意，由相违流注，住莲花蕊中，其后成坚固，依怙不动转。如无孔器中，水安住不尽，尔时乐坚固，坚故俱生喜。是故瑜伽师，定得无尽佛。”

教授穗论说：意谓明点，相违谓逆次，坚固谓住顶上。拉弥师说：由顶上降注菩提心时为明相，降至一切支节时为增相，从金刚端分一点时为近得。于顶端坚住时，引生光明。又前二相同，至金刚端或中部时为近得。住摩尼中央时，引生光明。亦说彼等名四欢喜，余多同此。能仁祥说，至金刚根为明相，至摩尼中央为近得，至摩尼端引生光明。由此须许，从金刚根至摩尼项间，引生增相。大印点论，说四喜为明增得三及光明为四也。集密本释诸续，及圣五父子诸论，皆未说四喜再即为四空。五父子亦未说，溶解菩提心，降至何处，引生四喜或四空之何空。仅说由风融入，引生明相，由心融入引生增相等。圣五父子之诸余随行，除说从顶乃至密处金刚，由降菩提心之次第，引生四空外，未说其余道摄四空智等。若不许者，则不能通达此派要义。后当广说。如是由降菩提心次第，引生四喜之理，此取何事？曰：如下所说之殊胜四喜，是由专注心间要穴而生，此时虽不能生，然彼随顺四空，此亦可生。如能仁祥所说，似较相符。

此中大乐，乃道之命根。彼坚固者，要依坚固之乐。故引生彼理，最为切要。如教授穗云："彼现起者，谓从摩尼乃至脐间。未流散之菩提心，正增长中，向上游行。"若如文义，似从摩尼，初未流散，自然回转，然非彼义。以有虽未流散，然不依前下降之道，而不知何往者。亦有虽能回转，然不定直达顶上，而散布低处者。以是上回直达顶者，须瑜伽师特加修为。金刚鬘续云："风真实为先，令彼向上行，瑜伽师修为。从此至化轮，当知名欢喜。"次行至法轮，次行至受用轮，要由瑜伽师修为而成也。如是由修细相，风融入规，现诸相理，然猛利火溶菩提心下降之理、上回之理，及从彼二，引生降注坚固之十六分欢喜，及十二分等。其于脐间及密处，然猛利及降注，与于彼处安布诸字、空点，及于彼处修瓶相风等，亦皆相同。故知于彼一切均极重要，尤当了知是瑜伽母续道要义，不错误之方便也。此于下门修微细点，则下除风，易向上转。故猛利火然力强大，及善表示降注俱生，须菩提心于摩尼中长时安住，故有于彼长时住等多种所为，恐繁不书。

【科】五三　已发生时，根本后得修习之理

如是若能引生上下俱生欢喜，则须配合真如清净无我正见，故于定中当修彼二心同一安危，空性与大乐，合为境与有境也。次由风动增上起彼定后修学之理，如金刚鬘续云："诸根行境时，随住善防护，空无二幻等，世俗增上修。慧智灌顶等，修习生大乐。由念大乐故，诸根从境退。"空性谓光明位，无二谓双运位，世俗谓幻身位，等字摄彼以下诸位，此明诸位皆须增上受行诸境。故语远离以前，凡引四空之一切位中，随所现境，皆须以乐空印定。如此所说，皆当了知。谓当忆念真实第三灌顶时所受大乐，及等字所摄如前所说大乐，受用境时以彼印定，防护与彼相违作意，一切所现境皆成乐体。此后由大乐炽盛因缘，令根门转动诸风，皆向内转，亦摄根识。故风融入，如前引生大乐也。

如第一次第时，随内外一切所见，皆须现为天身。如是第二次第时，亦随一切所见，皆须现为大乐变相也。彼是已得圆满次第俱生大乐以后所有，此中说，由身远离门，当观一切所见，皆为大乐变化者，是为令一切所见，皆现为乐体也。

其中，先须抉择诸法，本性清净，了知一切有法，皆是空性变相。次由乐空和合门，当修大乐变相。略说彼义，如摄行论云："言：我自性清净者，谓当发起坚固我性。增上胜解三种金刚之体性，即大金刚持者，说名加持瑜伽。"此于一部身远离位，说瑜伽师，了知自我本性清净，发坚固胜解，修为大金刚持者。非仅自身，凡远离所依一切身。非仅一部时，百部等时，亦皆相同。

以是抉择一切远离所依法，本来由自相空之本性清净体性。了知即此无自性之空性，现为彼诸有法。是为诸法，乃空性变相之义。诸法虽有多种不同，然由所破谛实而空，则无差别。是故空性亦同一味，无多差殊。俱生大乐，即缘此空性为境。现在境与有境，虽未能如水注水，然须如是胜解。尔时，由胜解乐空一味关系，如知是空性变相。由胜解力，亦易安立为大乐变相。此即忆念定中乐空，印定一切所见之正确因相也。由如是观一切有法，皆是乐空一味变相之力，则知生死果法，与惑业等因，亦是大智所变现。故寻常生死与彼因法，皆无处现起。

摄行论中，百部身远离时引经云："蕴界及诸处，分别五、五性，如来各加持，宁起生死业。如是五外境，各各由五佛，各别自加持，正住三、五智。"卡帅所译甚善。由见此义，故萨惹哈云："不应分二应合一种性不分诸差别，三界无余此一切，转为一色大贪性。此无初中后，非有非涅槃，最胜大乐中，无我亦无他，前后及十方，随所见彼性，今知是依怙，不须询他人。"大贪谓俱生智。如是如百部等所说，先以闻思抉择。修学时，先学别摄，当观一切所见皆是乐空变化。善学彼已，当学究竟身远离，观彼一切，现为大密金刚持一尊，亦修自身现为乐空金刚持行相，复与佛母平等和合。金刚持为蓝色拟为白色，父子论中皆未明说。若未能生如前说之大乐，仅能生溶解乐者，可住彼上而修。若彼亦无者，则由善解乐空和合，与根本后得修习之理，而修学之。其修大乐为道者，于此根本后得修习大乐之理，由修习坚固之力，随所见一切，皆成增盛大乐之助伴，是不容缺少之方便。故诸续论所说多法，此派于身远离时，明了宣说。当善知已，数数学习，乃善增长此道种性之不共堪能也。

【科】癸二　学语远离语金刚三摩地分六

子一　身远离与语远离之次第

子二　破计语远离为生起次第道

子三　明语远离所知风之真实

子四　明咒之真实

子五　明语远离为命力之支分

子六　如何修语远离法

今初

论说：学身远离后乃学语远离，若先无身远离则不生语远离。其义云何？曰：如摄行论说：若已学粗细生起次第，则安住初发业三摩地。若已学身远离，则安住身金刚三摩地。初次第中虽亦有身金刚三摩地，然此中所言盲身金刚者，乃殊胜身金刚，即圆满次第之身金刚也。又如幻身中所说之金刚身及智身，此虽未有。然此是已得圆满次第俱生大乐，由彼所现之身金刚。故有与大乐不可分离之金刚义。彼须于语远离前修者，以语远离，是圆满次第不共诵咒法。其修能诵者之天时，若无彼身，则所持诵，不能发生如经说之功力故。复次摄风殊胜处，谓心中中脉。若先总于中脉中融摄引乐者，则于彼融摄，较为容易。倘先未总摄，则于彼摄殊为艰难。即由此理，故说如是次第。金刚鬘续说：解除心中中脉之结，较解除余结为难。故先于余处摄入中脉者，以较摄入心间为易故。

【科】子二　破计语远离为生起次第道

月光疏云：金刚念诵，亦如是修习。由先说彼支分，故立为生起次第。谓摄行论于语远离后，如是安立。由安住语金刚三摩地，故名已超生起次第寻求心远离。由缘刹那圆满之天身，说名圆满次第。即待彼义，摄行论云："语远离者，非生起次第行者所行境。此说安住语金刚三摩地者，寻求超越生起次第之心远离。故语远离时，犹未超彼。以是一刹那顷圆满天身，假名圆满次第之境，非渐起天身之境。故说非是生起次第之境。"然摄行论如是说者，是显安住语远离三摩地者，已超越生起次第，非说心远离乃超越生起次第。故译文云："已超生起次第。"卡师译谓："超已。"俱甚妥善。

又摄行论，说生起次第得第八地。说住语金刚三摩地，亦是第八地自在。然亦不应谓彼，是生起次第道。以虽同立为第八地，然彼地中前后有多位，不必同立为一处故。此诸地义如下当说。

又摄行论云："语远离亦是瑜伽师智，最极微细，非诸大乘人境。金刚乘中，亦非生起次第行者之境，极微细故。"此所说义，不可释为，非渐次生天身生起次第者之境，而是一刹那顷生天身生起次第者之境。以是否彼二之境，理相等故。又摄行论语远离前，第三品中，说于鼻端修五色宝珠之义，若各别说，二次第之微细瑜伽，说金刚念诵，是了义圆满次第之瑜伽故。五次第论亦说："已住生起次第之后，欲学圆满次第，当说金刚念诵等五次第故。又说，非生起次第者之境者，非说生起次第者无彼了解。是说非生起次第之道也。以是，余定量论中，于生起次第时，说金刚念诵。亦不应误解。以彼时所说，与非彼道，都不相违故。由此亦破，说给跋瓦，许出入息之金刚念诵，是生起次第之教授也。

【科】子三　明语远离所知风之真实分七

丑一　风咒、金刚念诵，渐次修学之义

丑二　了不了知风真实之德失

丑三　风之差别

丑四　释差别义

丑五　诸风递换之理

丑六　诸风所有作用

丑七　依彼了知修持要义

今初

五次第论云："由知风真实，渐入咒真实，通达咒生已，学金刚念诵。"此说以入风真实渐次，入咒真实。及通达彼后，而学金刚念诵也。此中福缘称说：三毒种性三金刚瑜伽师，由于秘密鼻端，修菩提心物点，于心中鼻端，修咒点，于面上鼻端，修诸风为点形所摄之光点，而悟入风真实。及由顶上嗡字，入喉间阿字，阿字入心中吽字。吽字之空点、初月、首昼、哈字、呜韵等，前者摄后者之后，呜韵转成短阿，缘此而修，即悟入咒真实之义。拉弥等亦多如是许。然彼等，非是后续与金刚鬘续之义，故亦非五次第论与摄行论之义也。以是当知，论说渐入三真实者，是如廓师所许，要先了知风真实已，其后能知密咒真实，要以闻思善知彼二，其后乃修金刚念诵也。

【科】丑二　了不了知风真实之德失

金刚鬘续云："次风真实性，胜义说应听，瑜伽师修风，速得诸成就。"律生续云："不知风瑜伽，或知而不修，彼受众苦逼，当成生死虫。"其欲修习风瑜伽者，先善了知诸风要点，极为重要。非仅正修风息，如金刚念诵等如是。即于身诸要穴修明点等，及由外命力门引发诸道，亦须善知彼义也。以是当知凡专注身要，修圆满次第者，皆须善知诸风变化，或直修或间修诸风，是此道中不可少者也。

【科】丑三　风之差别

若尔诸风差别定有几种？曰：诸佛平等和合续，与集智金刚续，皆以俱札喀等十种不如实言，宣说十风。金刚门续则以命、下遣、火等住、上行、周遍、行、善行、正行、极行、决定行等，如实言宣说。金刚鬘续与授记密意续中，前五，如上说，后五，则云："龙、龟与蜥蜴，天授及胜弓。"释论等亦有说后者名胜财者也。两聚五风，名根本风与支分风。圣派余论虽未明说，十一音师则作彼说。若尔金刚鬘续，说舍取等百八种风。十种风中，摄彼不摄？西藏智者有云："十种风，各有十种异名，及有八通名。"金刚鬘续疏则云："变化、法、火、受用、风、大乐六轮，除遍行风，以彼离诸作用，普遍全身，各有余九风行。此复昼有五十四，夜有五十四，共有一百零八风。

其中持命风，于六轮之脐中行。除风火二轮，余四诸瓣，从下遣风至决定行风，各有八风行。受用轮下之火轮，说有三瓣，眉间之风轮，说有六瓣。前者，加中脉三结，左右乳二脉，及本轮三瓣，共为八支。后者，本轮六瓣，加左右眉二脉，共为八支。其中有余八风行转。"别译续中说：从夜半至日午，有五十四。从日午至夜半，有五十四。释论中未说。显见，此说九风，行于六轮，而成百八。故第一说，不符经义。若一一轮，各有下遣等九风，行者，若余处亦行，则百八之数，尚须解释。若不行者，既从脐轮，向鼻中行，亦应从心喉等处行。故不应理。又疏中引云："从半夜时起，六轮九体性，至半夜边际。"如是诵文，亦不合理。总之十风，摄百八风，显是续义。然说六轮，各有九风渐次行转，极难安立，故尚须研寻也。

【科】丑四　释差别义分三

寅一　释五根本风义

寅二　释五支分风义

寅三　释二风共义

今初

其中五风为住何处，及系何尊之风。如金刚鬘续云："命风住心中，从不动种生。下遣住密处，从宝生部起。上行住喉间，无量光为性。等住住脐莲，是不空自性。周遍遍诸支，毗卢遮那体。”摄行论中，亦如是说。又云：“显此风真实，即五智体性。”说为五智者，当知亦由五种性而说。其持命风，行鼻孔者，是粗持命风。其住心间名不坏风者，乃微细持命风。

如金刚鬘续云：“心莲花蕊中，智金刚常住。”又云“大主不动尊，即世界实性，彼中常住处，名之曰命智。”此说乃至存活以来，常住心中之风，为持命风。故知持命风，有粗细二种。四天女请问续云：“半量极微细，意法明点形，常安住心中，大光明炽盛。”亦是说五光炽盛之不坏风。金刚鬘荼罗庄严续云：“心中不坏风，光明如灯烛，不变最微细，阿即最胜主。”亦是说不坏风。总之心中不坏者，有赤白菩提心、因位光明，微细持命等多种。金刚鬘疏中，说此名光明风。真实成就论说：余风灭后，俱生风安住本处，通达真实。亦指此风也。以是金刚鬘续，说诸风如初生时次第，临命终时，由下入上。最初成时，既持命风先成。故最后诸风灭时，皆入微细持命。

摄行论说，诸风最后入不坏中，亦是融入心中不坏风之义。心中之不坏风与明点，住于心间脉结之小中脉中。鼻中游行之持命风，虽亦住心间，然非住彼中。金刚鬘续身语意心藏品，说下遣风，住便门密中者，秘密莲花乃根本处。意说，遣除大香之下遣风，行于便门也。灯明论说：地界风住于便门莲花者，亦是于秘密莲花，假立彼名耳。若尔，金刚鬘续云：“六十四、八瓣，上下如相望，命与下遣风，依上下而行。”此为说心间八瓣脉之上下耶？抑说脐间六十四瓣脉之上下耶？若说前者，与前说之处所相违。若说后者，则与“心莲花蕊中，智金刚常住”二句之后，续云：“命下遣大风，依上下而住”而成相违也。言上下者，系指心间脉结之上下。彼言住者，即行动义。是所行之道，非所住之处。故无前失。若尔，续说地界下遣风，行二鼻孔。云何此说，依心下而行耶？曰：彼是说由心间脉结所阻，其下遣风，不能循历彼中脉道，向上游行之义。

持命风亦尔。如持命风，从心喉间，于上鼻孔出入。如是下遣风，亦从脐间，于便门及根相端出入。红大威德经云："下遣起脐间，下道密边舍，命从心喉起，直往鼻孔行。"等住风，与脐间猛利火平等安住。

由金刚鬘续说：因心中脉结所阻，持命风不能过彼下行，下遣风不能过彼上行之理，则余三风住余三轮，现在亦不能由脉结中间出入也。金刚鬘续云："于喉心脐间，及密莲往返。"此说：除周遍风外，余四风从何处出入之理。此复是说彼风初起，与行完安住，是彼诸处。非说中间行时，不能越彼处外行，及越彼处内入也。诸风出入时，为于何鼻孔行，及是何大种轮之风，并为何色。如金刚鬘续云："住五佛种性，从于鼻孔出，五风往上行，常行于身中，行于世俗鼻，由彼门而转。左右与二俱，及徐行为四。右行大种界，即是火轮性，微妙赤红色，莲花依怙行。左行大种界，依于风轮性，现为绿黄色，羯摩依怙性。俱行大种界，现为真金色。大自在轮性，是宝依怙行。徐徐无行界，现如净水品，此乃水轮性，金刚依怙行。遍从诸界生，所依能依相，毗卢遮那性，临终乃现起。如是四坛轮，等住恒念诵。咒师念诵数，昼夜常诵持。"

摄行论中，释彼义为，从金刚与莲花鼻孔，放种种光，往上游行，经左右等世俗鼻门。一一轮中，各以三字咒主随转次第，恒自念诵。其第四句，余译本中，作"常正行身中"。由说：五风，皆上从鼻门游行。故显周遍风亦从鼻孔出也。左右各别行外，别说徐行，故当知是二鼻中行。言无行者，摄行论说：即迟缓之义。言从左右等出者，摄行论说为左右鼻孔，与二鼻孔。律生续中如是说者亦与此同。律生疏中说是随一鼻孔之左右及中间者，非彼经义。金刚鬘中如上宣说。与亲教论说：右鼻风行，左鼻水行，二鼻地火行，亦不相违。前者，意说主要风行。后者，说平行者，亦说各别行。说各别行者，亦说俱行，是表彼二不定。又说左行者，亦说右行。是表二鼻各别行风，亦不决定之义。说一大种风行时余三种风，亦相随行故。从右鼻孔等行动之四风，此续与圣父子论中虽未明说，是何根本风。然以此说四依怙风，与前引说持命等风是何依怙。二文配合，即能了知。

灯明论说，地水火风之四风，如其次第，于密处、心中、喉间、脐部莲花中游行也。其颜色者，金刚鬘续诸译本，与旧译摄行论中所引金刚鬘文，皆说左风为绿黄色。解说彼时;谓绿黄色，黑光为性。跋曹与卡师所译，摄行论中，引文译为绿蓝色，解说彼时亦为绿蓝色。如摄行论说:四风如其次第，为黑、红、黄、白光体性。第十四品灯明论，亦作是说。灯明论第三品，说四风色为红等四。授记密意经，亦如是说。灯明论第六品，除说右风为红光体性外，余三色，如前说。

如是虽有种种异说，然当知持命、下遣、上行、等住风之自性色，如其次第，为白、黄、赤、黑，各别决定。光明，则皆具五色。如摄行论云："虽然如是，但一光起时，亦定具五光。以一界曼荼罗，遍四界曼荼罗故。"大悲足说："沙耶摩言，俱于绿黑色转。"故应作绿蓝色或绿黑色，不应作绿黄色也。拉弥师因经说，周遍风为毗卢，持命风为不动，故说为白色与黑色。后者与多书相违，前者虽无明文，当如廓师所许，为绀色也。说诸风随一界曼荼罗，遍四界曼荼罗者。如持命等一风行时，亦有余三风俱，故有四风行。第六品灯明论亦云:"一一曼荼罗，作曼荼罗转时，余三曼荼罗为其眷属。故皆入其内。"此即解释续中，"眷属诸差别"之义故。尔时之四曼荼罗，亦说为于左右鼻及平等行之四霓荼罗，故当知是持命等四风。故上行风，于右鼻行时，持命、下遣、等住，亦与彼俱行。于：余三风亦当了知。

卷七

尔时上行风中，余三风行动之理，依火界风故，余三风，为白色红光、黄色红光、绿色红光，如彩虹而生。以是等住等三风，从左鼻孔等行时，亦当了知各以一风为主，余三风为伴，随彼中而转。故说上行风于右鼻孔行，等住于左行，命下二风，平等行者，是约为主而行。若为伴行，则不决定。右鼻孔中，上行风为主，四依怙风行时，先行二百二十五次，谓白衣母风。次行尔许三次，如其次第，谓度母、佛眼、摩摩鸡风。一一佛母风中，复各有四依怙风。如是左鼻孔中，等住风为主，四依怙风行时，先从度母风起。平等行中，以持命风为主行时，先从摩摩鸡风起。下遣风为主行时，先从佛眼风起等，亦当了知。

授记密意续云："白衣等如次，上斜、及直下，是火风地水，各各曼荼罗。"谓白衣母风上行，度母风斜行，佛眼风直行，摩摩鸡风下行。又说此四，如其次第，即火界乃至地界之四曼荼罗。如是上行等风一一为主，各有四风随转。每一聚中分为四佛母之四风，非同时行。一一佛母风中，分为四依估之四风，则同时行，诸佛母风唯渐次行。同时行者，亦唯四依怙风。故黑三昧耶金刚，说一风于中央，余四风于四面，五风同时行者，非是善说。即四风同时行者，亦非各别分离，是如一彩虹而行。如具妃论师所许，极为善哉。以是余派所说，小五界风，于中央及四面，同时行者，亦与此不同。故说于上等处行者，亦是渐次，非同时也。

如卡师译为"上侧及等下"，于九百次风，说为四佛母风时，谓火界白衣母风，于鼻孔上面行。风界度母风于鼻孔侧面行，地界佛眼风左右同时于鼻孔中央行，水界摩摩鸡风于鼻孔下面行。此与吉祥持论师，说每一转风，分四界风，谓地界风于中央行，风界风于两侧行，极相符合。桑补札中说旁面行，诸余经中多说斜行。义即侧行。直行与等行之义，即于中央行也。言于两侧行者，乃渐次行。续言“五风于上行”时，说周遍风亦于上鼻孔出者，意如下文所说，临命终时而出。彼风，除命终时行动外，现在不行。拉弥、阿朗迦迦拉峡、及藏地诸师，多如是许。十一音论师，则说现在何曼荼罗出时即随彼出。临命终时，乃自为主而出。教授穗论说：每日中，破魔脉中所行诸风，是寿尽风，名周遍风。虽有此三说，然周遍一切支节之周遍风，于鼻孔中行不行动之理，初说为善。故有多人，虽能收摄于鼻孔中出入之风，而不能收周遍诸风。然彼诸风皆须收摄，故桑补札说，修瓶相风，能摄二十四处诸风之义，即如教授穗论所说，收摄周遍诸风也。

【科】寅二　释五支分风

摄行论说，五支分风，住眼等五根。金刚鬘续云：“月分、与光明、承事、垂摆、肝，是为五脉名。五脉所行风，龙、龟及蜥蜴，天授予胜弓。”此说是月分等五脉中所行。又前续云：“心中安乐法，谓佛日光明，所取能取色，复分十二光。光增、光、威母、明、然、光炽然，依于眼等处，能取外色等。光、光母、明母、明严、明光、日，外色等行相，此六许为光。”此说从心间所出之风，依止六根能动六身之能取六风，与能显色等之所取六风。故知彼诸脉，皆是安住心间之脉。与说心中三轮等脉，名降五境脉。是否一义，应当观察。五支分风，多属持命风之支分，故此等起灭二主要处，即是心间。灯明论云：“五炽然者，即现起等五种光明。”又云：“言火焰猛烈者，谓五光明为体。”又云：“常无间断如水车轮，昼夜旋转，故名为轮。金刚，谓五色。”故五支分风，亦各以五种光明为体，昼夜恒从根门出入。其显色者，廓译师说：行风红色，善行蓝色，正行黄色，极行白色，决行行绿色。第五风住于身根之理，谓随彼根遍处而住。

【科】寅三　释二风共义

摄行论说，十风为出入息。虽说胎中成就十风，然说未生以来不能呼吸，故是降生已后乃有。五根本风出入，如前已说。五支分风，有与鼻孔所行风平等俱转或如理而转。说此等成为四曼荼罗、四种佛母、及五大者，已如前说。说此等成为五部五智者，五根本风如前已说。配合五支分风者，当顺五根五境转成五部之理也。说此等为三字所依而修金刚念诵者，十风皆有。说此等风为阿字所依而发一切语者，亦十种风俱不相违。又此等风得不坏已转成无事者，是临终时融入心间不坏风，转入光明。道时亦如是修。此等是摄行论，问答住十风已，当作何事时所说，故有释为，说风作用。然风作用，于说五根本风，住身分中，作身所作。五支分风，安住眼等，作根所作时宣说。此于身远离时已广说讫。如彼应知。故言："为出入息"等，是由自体门宣说也。

五次第论云："此是识所乘"等，说识为有风乘者，是由风力动识之义。即以此理，故说一切有情名动世间。若以色身动摇等，为彼因相者，则不能遍一切有情。如由风力动摇色身，识上非有，彼动义云何？拉弥等说："六识取境须仗风动，余则如盲不能见境。故说彼二如跛与盲，互相联系，乃作所作。"授记忆密意续云："行取境等业，此中由依彼。"此说，行住等，与取境等作用，皆依风力。摄行论说，五风，安住诸根，能取五境，及作根所作。故虽须许，诸识取境，要依风力。然以彼理，不能安立风为识所乘具，犹如根境。又摄行论说：明入细界，渐次转动，以是因缘，昼夜领受一切自性。大婆罗门（萨惹哈）亦云："此中摄意由风浪，动荡令极不调顺。"此说，意由风浪，生极不调顺行相之心。故虽许有分别无分别一切于境动荡之心，皆由风力使然。然仅以此理，犹不能得安立风为识所乘之义也。

若尔云何？曰：识非有身，彼无自力趣境之往来功能。若与风俱转，则有趣境之功能。摄行论中，问云：若说三明无去来者，云何昼夜于身出入，如何于此而能侦察？答说彼三无色之理后，曰："虽则如是，然有明相，故与风界俱行而能侦察。"此义是说，三识虽非有身，然由有风明相，故与风俱而能去来。如侦察者，往还不住也。以是当知，由风力而趣境，是心乘风行动之义，此中有心于境界流不流散之二种。又自所乘风之前念，趣向后念。虽未趣余境，然非不趣境。如摄行论云："细界与识明，由无色故，如酥注酥，和合为一，能圆满世出世间一切所作。"此言如酥注酥中和合为一之风心二法，拉弥释为成一体性，极为善说。摄行论说，彼风无色者，意谓无如粗界之色，非谓全无细界之五色光明。如其前文，外风由无手足等色，亦说五色。言识能摇动身等者，亦是由具风故乃能尔。彼若无风，则不能动。四百论疏中，亦能了知。

【科】丑五　诸风递换之理分二

寅一　鼻孔展转换不换之理

寅二　脉支与曼荼罗递换之理

今初

时轮派说：从右有地水火风空智六风，从左有次第相反六风，依次第行。由右地界转入左空界等共十二转移。每一转移际，有五十六息及四分之一，于中脉中行。故一日夜，共有六百七十五息，于中脉中行。所余诸息，则于左右脉中行。又一日夜共有二万一千六百风息，以十二除，各得一千八百风息，说为每一转移之风量。若将行中脉风别计者，则不满彼量也。出入二息合为一次。金刚鬘续与律生续，亦同彼说。教授穗论说："除四大外，别无虚空风。以金刚鬘续、授记密意续、无二尊胜续，三经证成。时轮续说，除四大外，别有虚空轮行，及说每一鼻孔，有小五界风，于中央及四方行。并相反说喉间，与顶上之脉数。说脐部脉轮六十四支中，有四支脉为空脉等，皆是为化日车等机，不了义说，非真了义，如诸等欲随行者，于须弥上际，示现三界器世间等。"

月光疏说："授记密意续说二十四转移，有说于一鼻孔中，两转移风，不断行后，转入余鼻孔中。故一日夜中，鼻孔转移十二次。如外一年，转移十二日宫。二观察续，说十六转移者，意说喉间十六脉支。有余师说，于一鼻孔中，行二十四转移之一转移半已后，转入他鼻孔中，行一转移半，故一日夜中共有十六转移。约脐部第三层莲花十六脉中，弃舍四脉，立十二转移，故与外界相合。又内外二，不须一切相合也。然彼二家，俱以内外转移一次半，立为半座。金刚鬘等仅以一转移，立为内半座。都不相违。”其说二十四转移中，每二转移，鼻孔转换一次者，谓经说十六转移者，意说喉间脉支，非鼻孔转移。其说二十四转移中，每一转移半，鼻孔转换一次者，谓经说十二转移者，意说脐部十二脉支，与外界转移相顺，非说鼻孔转移。金刚鬘等说每转移即为半座，授记密意说每转移半即为半座。故不同诸说，都不相违，教授穗论说二十四转移为二十四半座。彼等皆说，四佛母风，转移一次，有二十四转移也。

能仁祥说："授记密意续，说一日夜有二十四次九百风息，是依鼻孔转移而说。说二十四转移，乃不了义。欢喜金刚续，说十六转移，乃是了义。复许彼是鼻孔转移，与云:'如外内亦尔'，极相顺故。"此中集密、根本续与余释续。皆未明说，四曼荼罗风，于鼻孔行转之时量。授记密意续，今译本说，白黄赤黑四风每次，各有四度，二百二十五佛母风行，共为九百风。一昼夜中，共有二十四度九百风，渐次行转，总有二万一千六百风行。若配金刚鬘续，则彼四风属根本风。又彼四风，一为主时，余三附彼，行九百次。金刚鬘说，四风行转为半座时，西藏先觉释彼义为，九百风行时量。能仁祥师亦如是释集密派，半座时量。

第十五品灯明论说，每九百风行时，为金刚念诵，修消灾等羯摩时量。第十四品灯明论中，引释续说，四大种风，住半座时。解释彼义，谓密处等四处，生四曼荼罗风，住半座时，修消灾等四种羯摩。故知每半座量，为九百风。即以半座，明四曼荼罗风，于鼻孔行，每度时量。故说前半座九百风后，无间复继九百，风息共行一千八百风后，始转入余鼻孔者，非是经意。又俱行二鼻孔之二曼荼罗时，鼻孔无转移。故说一日夜风，左右鼻孔转十二次，亦非经意也。言释经说者：沙罗答师与福缘称师，说是授记密意续。今译本中虽无彼文，然未译全，故不相违。若尔，解脱点论云："四印一一风，二百二十五，彼四合九百，二十四转移，共计为二万一千六百风。"此说二十四转移，当云何通？曰：此与亲教论，俱说各别鼻孔，有二曼荼罗，等行有二曼荼罗。故二曼荼罗，于左右鼻孔有十二转移。余二曼荼罗，虽不转移鼻孔，然转移曼荼罗十二次，是为论义。故解脱点论疏说左右鼻孔转移二十四次，亦非论义也。

授记密意续纵许如是，然金刚鬘续之半座时量则必不尔。如续云："由座限差别，次修随念诵，各座限观察，诸命及其力，二千七百数，应正决定识。"此说每一座时，有二千七百次风，故每半座有一千三百五十次故。又彼续云："此等开加行，渐次成八座。"故一日夜应有十六半座也。曰：前段经义是金刚鬘续，说修生起次第究竟后，当修六月金刚念诵。其第二月中，修随念诵观察风时，如前宣说。故是瑜伽师将一日夜风分为八分，特以功力，将诸分风皆令平均之义。非除此外，约余时风行而说也。后段经义，是说由左右中三脉开展，成心间八脉，非说风行之时量。说四曼荼罗风，于鼻孔行，各经半座者，是明因位与修道时，通常行风之时量。故彼之半座，与二千七百次之半座，名虽相同，义实各殊。故二释续与五次第论所引无二尊胜续，所说半座，皆相符顺。

此中拉弥、福缘称、及阿郎迦，皆说风行之量，为八座十六半座，每一座有八时。每一座中，有离出入息之光明半时。故一日夜中，有光明四时，若于尔时住心空点，则能引生光明为体之心一境性。集密派余续中，未说一日夜之时数。金刚鬘续说一日夜有六十时，故此派中无作六十四时之义。由彼续说，筹与时义同，余续则说六十四筹。故若断除六十四与六十时相违过者，须说余处说三十二时六十四筹。与此续及金刚空行，四座续中，如前说者，二义不同，而断违故。又说于鼻孔行，每座之首，有离出入息之半时者，以可见而不得因，能破除故，故非善说。若谓是时轮所说脐部六十四脉中，四脉空虚之义，亦非彼义也。律生中说："十六转支风，成为一日夜，常于鼻孔中，半座半座行。"此于一日夜分十六半座。于鼻孔中每行半座，为一转移，说有十六转移者，莫执为左右鼻孔有十六转移。以彼续说：火风二曼荼罗，于左右鼻孔各别行，地水二风于二鼻孔平等行故。以是当知是左右鼻转移八次，及鼻孔不转移，而曼荼罗转移八次也。札那续释俱生明论说，随一鼻孔住半座已，转移余鼻者，日间八次，夜间八次。三昧耶金刚，与能仁祥，亦如是许。

【科】寅二　脉支与曼荼罗递换之理

律生续云："脉有三十二，一座四分一，亦名脉与时。日夜诸筹量，共成六十四。半脉半时筹，一座八分一。"诸历学者，以一日夜八分之一，为一座量，故有八座。以彼半座为转移时，有十六转移。以前者四分之一为时量时，故有三十二时。以彼半时为筹量时，故有六十四筹。律生疏中依跋萨底历数，将一日夜分为八筹。诸历学者，关于筹量，各随己意安立，则时等量亦然。与此相顺故诸续中，有说一日夜为三十二时者，有说为六十时者，有说一时为一筹者。内身心间，每一脏支，风行二千七百次为一座风。彼半座风一千三百五十次，行喉间一脉支为一转移，心间一脉风四分之一，六百七十五次，行顶上一脉支，为一时量。心间一脉风八分之一，三百三十七次半，行脐间一脉支，为一筹量风。脐顶喉心诸脉支风，前前一倍，为后后数，律生续疏说，是欢喜金刚与律生续二经之义。教授穗论亦说是欢喜金刚之义。

四曼荼罗诸风，于三主要脉中何脉行者，如金刚鬘续云："命与下遣行，显说彼二风，为有分别风。身语二心要，于左右脉行。最殊胜中脉，居彼二脉中，诸无分别风，恒行遍一切。"此说命下二风，为生分别之风。入中脉之风，是灭分别之风。次云："二种分别风，次截断而灭，五分别大风，断身语金刚。"

此说截断彼二风，为截身语金刚。故言“身语二心要”者，即说命下二风。又说彼二行于二脉。故命下二风，除以瑜伽力令入中脉，及命终等时外，不于中脉中行。又前续云：“二种分别风，从鼻孔中出，正日月二法，秘密于内行。”此说彼二风，于日右脉，及月左脉中行。故此派中，不能安立，风平等行，为于中脉中行。等住与上行二风，虽未明说，然彼二风亦必于左右脉中行。以是应知，于左右脉行者，有各别行与同时行之二种。等住与上行二风为主行时，于左右脉各别行。命与下遣二风为主行时，于左右二脉同时行。若助伴行，则无决定。

风曼荼罗展转移换者，若依大曼荼罗说，一日夜中各转移六次，共转二十四次。若约小说，前风各转六次之一一次中，各转四次，共转九十六次，是为集密诸释续规。律生派须说，小界曼荼罗转移六十四次，疏说转移九十六次，是未明时宜。授记密意续说四曼荼罗风一一转移量，均为九百次。金刚鬘续与律生续并亲教论，则说别行鼻孔有二曼荼罗，等行者有二曼荼罗。故各别行左右鼻孔之二风，占一日夜风之半数。平等行双鼻孔之二风亦占半数。如是则平行风之一回环，与左右单行风之一行，时量相等。故平行九百次之计法，须作左右总合出入二息，与左右单行计法不同，当更研究。如是左右二风，强弱相等之平行时间虽短，强弱相杂之平行时间甚长，故彼二种俱属平行。

自右转移左时平行之理，谓右行风，从不甚显著微弱，左行最弱时起，彼风逐渐强盛，右风逐渐衰弱，最后全无微风行动，从此无间为左单行风起始，由左转右亦如是。故鼻孔先无风行者，虽是风新行，然先已行者，则风有转移不转移之二种也。若尔，如集密释续者，一日夜风之半数，鼻孔十二转移。如律生者，只八转移。如时轮者，除六百七十五风外，一日夜风总说鼻孔十二转移。此等相违不相违耶？曰：集密派义，如妙吉祥亲教论与圣父子所解，须如是立，律生规亦是彼续之义。故不可说，彼等教义相同。其鼻孔中行说此派是现量成立，余派不成之差别，亦难安立。故当知是依所化增上而说，都不相违。脉风等类，虽有如斯异说，然若了知抉择彼等之所为，专住身要。由摄业风融入中脉引生大乐，与空性和合，作为道之心要，则是彼等之共规。故于彼道要义，不成引生异品之助缘也。一日夜之始，福缘称师说右鼻孔火界风先行。

律生续云："从白月初一，起始三日风，半座于月行。其次三日风，行日，以此理，乃至白十五。从黑月初一，起始三日风，上午于日行，乃至十五日。"此说行规亦不相违。言于月行者，谓从左鼻孔行。言于日行者，谓从右鼻孔行。始从日出，乃至日没，说名为昼。从此乃至日未出时，说名为夜。教授穗论言初行者，谓从清晨也。黑月白月，初行风相，若六日中，或一品半月，或二品一月，或三品一月半中，次第颠倒，有何过失。即前续云："若一二三四，至五六日中，若风颠倒行，当起大诤讼。若一品颠倒，当生大疾病。若二品颠倒，亲爱当衰损。若三品颠倒，六月当命终。"死相虽有多种，然诸界平等之风相颠倒，乃不错误之死相。发现彼相，当修内外赎死法也。

四大种风行时，有何功德过失？如律生续云："地界增王位，水起诸义利，火风行动时，金刚持宣说，饥渴毒苦病，诸事皆失坏。风起诤、厌、愚，失财、遭烦恼。地界能得集，财谷等利养。水风行动时，能作诸悉地，彼加行最胜，金刚萨捶说。"左右鼻孔单行，乃双行时，当作何事。即前续云："消毒等及余，引发吉祥事，极赞般若性。恒以大悲力，列阵作游会，割截及穿刺，烧与煮染事，极赞大悲性。复二性金刚，当知成犹预。善不善无定，明风此略说。"言般若性者，谓单从左鼻孔行。言大悲性者，谓单从右鼻孔行：言二性者，凋平行二鼻孔时。疏中释前段义，谓修风瑜伽师，于地风行时，修增益法。水时修息灾法，火时修降伏法，风时修彼中之驱逐等法，皆得成就。持祥论师说，作善不善业及去来等，当如经而作。如云："地水作善业，火风作黑业。当知月为正，利光乃中等。于日作不善，决定能致死。若于月时作，非能生大苦。"

月谓左风行时，利光谓日，即右风行时。言尔时修降伏法决定能致死者，谓能成就彼羯摩也。总之，息灾等和平羯摩，于地水之风时，修行为善。于火风之时，修行不喜。于左风时修行为善，于右风时修行中等。修降伏羯摩时，与上相违亦如是知。四风者，持祥论师说是小四大。复次若自于阿唎左行时，问者于迦唎右行时而问。或相违而问，则彼事不成。若二人相同，彼事得成。若二人俱住两处而问，则彼事成否不定。若自风入时，他有所问，及作自事甚善。若风出时，则恶。若住内时，善恶无定。即前续云："依怙行阿唎，若住迦唎问，行迦住阿唎，失坏所欲事。若依怙行彼，有住彼请问，彼义皆得成，住二成犹预。"又云："问者或自事，法身皆善利，受用身成疑，化身起闻诤。"法身谓入息，受用身谓住，化身谓出息。

【科】五六　诸风所有作用

摄行论说："由细界风，与识明相和合，能圆满作世出世间一切所作。"若知初者，则能了知与他乘共不共二种生死流转次第。由了知此为因缘故进知第二，即能了知共不共二种生死还灭次第。若尔，由风圆满创造一切世间生死所作之理云何？如金刚鬘续云："犹如月蚀时，诸风渐息灭，如前上上转，融入自体性，复趣入舍持。"此说临命终时，如月蚀时渐不明显，如是前风渐入后风。言复入舍持者，即趣入命风。与摄行论云："又彼等得不坏已，转成无事。"又云："如是住身时作一切已，最后趣入不坏。"说临命终时，诸风趣入心间不坏风，转入无事光明，其义相同。又地水火风四界，前入后时，诸风动力，渐渐衰弱。最后能动本性分别之风，融入内识第一明相时，诸本性分别息灭，现起第一空。次现第二、第三空、第四光明，此等是由较彼前前风动渐微而现。次从光明风，风动渐强，即起近得。次起增长，明相，亦由较前前风动渐强而起。从明相风动力最强，即生诸本性分别也。

如是生死次第，全由风造。即于能动本性分别风，灭起之间，现起四空。

如是由三明相风，极动之力，引诸本性分别。故说一切有情本性分别之根本，即三明相。如金刚鬘续云："若闻此三识，三明相为相，即诸有情界，本性之根本。"又云："此即大风界，是三识所乘。以是故本性，常如如而转。"五次第论云："若时有明相，即以风为乘，尔时一切性，无余尽当生。如风所住处，本性即随行。"由诸本性分别，引生烦恼。由此造业，生生死中。如金刚鬘续云："如火焚无物，无因政息灭。复现起命风，起种种业风，彼与识同时，仍住于世间，从此业及生。次贪等习气，从此复死生，如是如轮转。"如是说者，非不说我执为生死根本，而说风为生死根本，摄行论中亦如是说。又说：由我我所执为依，而造善不善业，轮转善趣恶趣之生死流转次第，以八千颂等三经成立。谓龙猛菩萨亦明说彼义，如云："若此悉皆空，及无生体性，此苦乐等事，如何由业转。由妄执有我，遂起贪等垢，遍计依他转，凡愚受苦恼。此一切唯心，如幻相现起，次造善恶业，遂生善恶趣。"此是经续二种共规。

以是当知说由风力引生生死者，即是我执等烦恼引生生死之助缘，此即诸风共同作用。各别作用中，持命风作用，如金刚鬘续云："从根门相续，有命与力行，一切时遍行，是故说名命。"金刚鬘别译本，及余书所引彼文，虽多异译，然义谓于五根门恒使诸风出入者，主要是彼风力。由此能存活，故名为命。能令长时增长即是力义，故能使长时存活，作二种业，是无畏论师所许。甘露密论说，能使诸风于根门出入为业。下遣风作用，如云："向下引命风，大便精液等，此于下除遣，常瑜伽应知。"此说向下部引导精液等，是下遣风业。别译本中，命字处，谓引小便，较善。向下引风者，谓引诸风下行，特引至密处二门，次引至脐间，如前已说。等住风作用，如云："笑与啖及舐，饮用并吮吸，若常平等住，说名为等住。"卡师译为，能令饮食平等安住。教授穗论引文为"住脐饮食等，平导故等住。"此义，如甘露密论云："令饮食等同时消化。"谓于脐处所用饮食，化为同味。上行风作用，如云："上行与内摄，食诸啖尝等，知已同和合，当知上行业。”亦有译为“与识同和合”者。诸先觉说，其义谓令诸饮食，与舌识合，与甘露密论相顺。教授穗论说能降注十风，露密论说由此使业风，于根门出。然上行风，本性上行。显非唯此，故云内摄。显亦令入息也。了知受用饮食之理，令与舌合，作嚼啖等即彼风业。周遍风作用，如云：“能遍能持性，及能往还等，周遍诸节故，说名为周遍。”初义卡师译为“能活”。

诸支分风各别作用，谓资助五识各取白境，如前已说。已说常人与瑜伽师共同作用，今当说瑜伽师特殊作用，谓于四根本风，修金刚念诵，能作息灾等事业，故能修成诸共悉地。又于彼风修金刚念诵，能引四空，由微细风生起幻身，故能修成最胜悉地。由于五支分风，修金刚念诵，能修成天眼等五种神通。随所见境，增盛大乐。由于周遍风，修金刚念诵，能于中有得胜悉地，领受光明，是诸先觉所说。

【科】丑七 依彼了知修持要义

如是已说诸风体用，依此如何能知，专住身要之要义耶？曰：如金刚鬘续，说识所乘风与识习气和合趣境，生诸自性，及由习气熏染增上，漂流生死。除此之外，别无生死之后。又云：“故为断生死，当精勤修习，明点差别位，诸余无明者不知，彼中结，开已得悉地。”此说为欲净治流转生死之习气故，当开解心间中脉之无明结。言“点差别”者，谓当修金刚念诵。故由了知如前所说自性分别，动不动之界限，现起四空。为依彼次第，于相续生起故，须修金刚念诵等命力。即是解说诸风为依，无上了知修持要义也。复次先善破除二我执境，寻求定解无我义之通达我无慧，由修此慧，永断二障。诸大智者虽所共许，然以闻思善抉择已，修甚深空性时，如此乘所说，须以殊胜有境大乐修者，则为余乘及下续部所未说者，故是无上乘之别法。以胜方便，随引四喜四空何事，皆须由大乐门引发。乃至未能灭尽动分别风，必不能圆满引生，故当勤修灭风方便。故说修风能使风动渐息，心得坚住。若作是念，虽不修风，凡能修心无分别住远离沉掉者，由修彼故，即能得坚固妙三摩地，何用修风为？又作是念，若心坚固无分别住，即能令风趣入中脉，不须别修也。此中释曰，总唯令心无分别坚固安住，乃内外大小乘所共有。特于空性义，无分别住无漏三摩地，亦共波罗密多乘。引生彼等，不须修风瑜伽，专住身要。纵得如斯妙三摩地，亦无由风融入中脉增上，获得大乐之义。以是前云“由遮业风动摇，修心坚住。”所言心坚住者，是指俱生乐心。

如萨惹哈云：“此中摄意由风浪，动荡令极不调顺，若能通达俱生性，由此本性当坚固。”引生彼乐者，要令业风融入中脉，然猛利火。故彼等之无分别心与诸安乐，虽名相同，其义实殊，前已多说。虽有定解空性正见，由正修时，必须以溶乐而修。故入圆满次第者，先说多种引生大乐方便，专住身要法门。不应妄执是无空性可修，乃说脉、风、明点、风瑜伽等不深之圆满次第也。如是修风瑜伽，息灭业风者，是总灭依止二脉，于诸根门出入之十风，特灭依左右二脉行之命与下遣主要二风。若彼诸风未入中脉，由依余脉出入增上，仍能引起八十种自性分别，障碍现证四空义故。若生圆满大乐，必须菩提心溶解力强，此复必要强力然猛利火，殊胜燃彼，必须命下二风融入中脉。此中必须遮下遣风于下鼻门出入，故须分辨，如前所说，于上下鼻门出入之理也。若知前说，二乘所共，流转生死之次第，则知须灭生死根本之我执，而求定解无我之正见。若知不共由风增上流转生死之次第，则知须灭动摇分别之业风，而求灭彼方便，专住身要之教授。由此方便所引大乐，定解无我，以修乐空和合道为心要，故能不误教授要诀也。若不尔者，则不能分辨大乐与余乐之微细差别，亦不能分辨粗细空理之差别而得究竟正见。故虽赞美乐空和合，亦唯爱乐其名耳。此是二部续中所说心要，正修法身之不共法。其修色身之不共法，此派明说者，前已数说，下仍当说。

【科】子四　明咒之真实分五

丑一　集咒

丑二　咒名

丑三　咒义

丑四　咒胜义

丑五　咒根本短阿字

今初

言集咒者，为从何事而集耶？如三分别续云："阿唎迦唎城，出密咒之本。"谓十六韵与三十四音。摄行论说，除卡字外三十三音者，意谓离迦沙外，无别体也。从彼所集之咒者，谓心咒、近心咒、鬘咒等，续部所说一切诸咒。如何集法者，诸续部中宣说多种撷集咒法。如是一切咒之真实，谓嗡啊吽三字。如摄行论云："其中蛇等诸咒，是从阿唎迦唎中出。彼等真实谓从不坏所出三字。以一切咒，皆是女、男、中性，如教授法而入三字。以是三字，乃一切咒之主。"从"以一切咒"至"以是"是明三字为一切咒主之因相。根本续亦云："此普摄咒心，谓身语意密。"说三字为一切咒之心要言女等三性者，为说集处阿唎迦唎耶？抑说所集蛇等咒耶？抑配三字耶？卡师所译摄行论云："女男中性之一切咒。"第六品灯明论云："诸咒，谓阿唎迦唎所出生，是蛇等性。彼等由女男中性，成为三字所依，故咒乃三字。"二古译本，均作是说。二新译本则云："摄于三字。"

第十品灯明论亦云："男等三咒乃摄于三字者。"故是所集咒分为三性。诸咒如何分男女中性，及彼等摄入三字之理，除云："如教授法"外。五父子论均无明文，余师所说多不可信。自宗，谓由男女各尊咒，及二共咒门，安立三种。随说几多咒尊，一切摄入三金刚内。故一切咒，亦皆摄入三字之内。故说三字，是一切咒之心要。谓一切身金刚种性之心要，为嗡字。故彼一切咒之主要，亦即嗡字。余二亦应如是知。若作集处解，则应如金刚心庄严续所说：十二阿唎为女性，迦啰喳、达、跋诸部为男性，日唎四字为中性。若作三字者，则嗡字男性，啊字女性、吽字中性也。福缘称等说，音韵八部，摄入部首阿、迦、啰、喳、达、跋、雅、夏八字，此八摄入阿迦雅夏四字，彼四摄入阿迦雅三字。此三如次，转成女性啊字、男性吽字、中性嗡字。如是从所集处，虽有无量集咒之理，然今此处，是集嗡啊吽三字。彼一一字，皆从不坏俱生三字中出。由此门中，所集三字，能摄一切密咒，是名集咒。明三字中摄一切咒之所为者，是为令了知，余一切咒修成悉地之功力，三字中皆备，是一切语念诵中之究竟念诵。以第十品本释俱说："若生起次第者已修三行，来获成就。当以所诵三字咒，策发一切诸尊心。"故又如后说，生起次第者，由此能修四种业故。

如是了义三字念诵，与三风和合无别而诵之金刚念诵，具备策发诸尊心意，加持行者一切咒语念诵之功能，固不待言。以金刚念诵中，就风瑜伽分，有将诸风摄入中脉等功德，由诵咒门，亦有无上发生殊胜功力之理，当获定解，故与其他风瑜伽不同。

如是三字作何所作，摄行论说有二所作。初作常人与瑜伽师共同所作者，谓以三字入住出渐次流转之力，由昼夜令身安住门能住持身。即彼三字与赤白体性之阿唎迦唎，于二根交会时，同向下注。从秘密鼻孔，以种子形出，能生成诸有情身。又即彼字，与命力同时上行，能警觉眼等诸根也。意谓精血与风合杂，向下行时，能于下门，令风出入及住本处，故说为三字。命风上行时，亦有少分安住身内，及出息后仍入身内，故亦可计为三字。风音之字亦得说名，与风同时。安住身时，能作已说当说一切所作。临命终时，入不坏已，复依通常身，如前造作一切所作，此义已说。别作瑜伽师之所作有二：一作生起次第者，谓由三字加行，能起诸尊。此是有色形之三字。即此有色形之字体，安布心间等处，作小声与大声之语念诵。依于外色及方向等，能作息灾等业，此中有声色二种三字也。二作圆满次第者，谓从上鼻任运而作金刚念诵，能净治往昔业障。由金刚念诵门、四曼荼罗风，各行半座时，主要能修息灾、增益、爱敬、降伏各一羯摩，兼亦能成余三羯摩。故各能办正副二业。二瑜伽师受饮食时，先以三字净证增长，次第净除饮食过失，此中亦有声色二种。如是虽俱依内外而说，然此中主要是说从心中不坏息，所起诸风，出入住三，本音三字。如摄行论云："若于悟入内体语音三字，全无疑惑。"说一一字皆从不坏息出故。

卷八

【科】丑二　咒名

咒名有四，谓前有嗡，后有娑诃者，名蛇咒。有嗡无娑诃者，名无尾咒。反上者，名无首咒。俱无者，名略咒。又有心咒、心中心咒等多种。但此中是如授记密意续云："名三真实住，本性念诵相。"此说，由名当知从初即住风之出入住三种真实，以本性念诵为相。故内三咒之名，即住三真实。入之真实，即嗡字名。由此亦应准知余二。彼续复以速疾、收摄、徐缓三名宣说。如是集金刚念诵所诵之咒，即出三字。明彼名时了知风音之字，则令彼二和合无别也。授记密意续云：无印唯诵咒，不成咒士夫。"谓若无咒印相应，佛说不能成就。

此集密中，未说手印，唯以真言如何成就耶？答彼问云："具速疾等三，说是结成印。"谓风外出为速，内入为摄，住内为徐具足数此，即是结印。又云："速摄及徐缓，于咒定相应，师长应策励，对弟子耳说。"谓令彼三，与三字咒和合，即是咒印相应，故能成就大印。故亦显示，此中总摄一切结印之功德。此诸问答，是如建立论所引也。又云："迎请与遣送，此中如何说？"答此问云："速疾与转入，安住诸随行，迎请与遣送，此等即成印。"结手印者，迎请诸尊，请其安住及遣送等，是为策发各各事业。金刚念诵即能成办彼诸所为，谓内入等三种念诵，即能成办迎请、安住、策发事业故。

【科】丑三　咒义

咒义总有多种，此中须说金刚念诵三字咒义。已说彼为三字音声，故此非彼。若尔为何？此是圆满次第者身金刚等三事。如授记密意续云："彼所变色相，当缘为天身。”即是彼义。摄行论说，此释续说，集咒、咒名、咒义、咒真实等四义者，意谓彼续所说，诠说、所缘、名号、胜义，即彼四故。又根本续第二品云:“如身心”等，说当生身语意三，和合无别之幻身，即是答问生起之理。故彼二句文，即明生起幻身也。以是前言“彼”者，谓从无事体性，不坏光明，所出之风心。缘彼所变之天身者，谓从风心现起佛身，此即三种金刚无别之幻身。此中复有二种幻身。

【科】丑四　咒胜义

续云："无灭最寂静，远离于断常，知三世不作，观空无别相，唯此性胜义，各别内证相。”此说诸法之真实性，犹如虚空，非是诸佛所作。此性与观慧，一味无别，光明之菩提心，即咒之真实性或咒之胜义也。如是集咒或诠说咒，与咒名二科，明修金刚念诵之理。由修此故发起二谛之菩提心，即是咒义或咒所缘，与咒胜义二科所说。当知此乃释续之义。

【科】丑五　咒根本短阿字

五次第论说咒之真实性，谓根本续第十品说三字中摄一切咒，即明彼义。援记密意续说诠说咒等，即解释彼义，故引彼诸续文。摄行论说，彼诸续文，明由余字出生三字之理，故引彼等。其所引文中，于明集三字咒后，又有“短成无余语，非一亦非异”等。摄行论中仅释“短成无余语”句义，未解说余文。意谓欲知咒真实者，于续说，短阿为一切语根之了义不了义差别，不容不知。若能知彼，则余文之了义，亦易了知也。以是摄行论中，问短阿如何于一切语转之理，答云："此中诸解经者，以记论为先，唯随声义转。非能了知，字所诠说，于何转、何故转、如何转。亦不能如实了知，字真实性。以是诸佛所行境故，应以宣说次第，了解彼义。谛听。”此所说义须善抉择。

其中言诸解经者者，谓诸未了知，依止释续，解释短阿，为一切语因之了义咒真实义、内教一切解经义者。摄行论云:“言咒真实性者，谓摄真实等根本续，与后续中，仅说咒言，未说集咒。唯释续中，世尊宣说，集咒、咒名、咒义、咒真实性。故诸未达释续，耽著外道密咒者，不能了知。”言以记论至随转者，义谓声明派，解说章句义，唯以声力，于几许转，而定句义，故唯知尔许声所诠义。言字所诠说者，谓续说："短成无余语。”除声所得义外，是余了义。此即于何转、何故转、如何转之义也。此中藏地诸师解云："章句于何转者，谓于自所诠义转。以何因故转者，谓显短阿为因故转。如何转者，谓集多字成名，集多名成句，集多句成章，集多章成论。”此非论义。若如是者，则说依声明论解佛经者，不知彼义，极不应理。若尔云何？此中能转者，谓阿唎迦唎为体性之语所表义，即音韵行相之风也。于何转者，谓于心中不坏风转，如前所引摄行论已说。何故转者，摄行论说，由得不坏风能证无事，是为证无事光明故转也。如何转者，谓由地入水等，渐次融入之理。如是三理短阿字之真实性，是诸佛所行境应于下根所化秘密之义，故彼等不能了知也。

摄行论疏说“以闻等悟人字义时，如指示月，诸非胜士，不能了知”者，非是论义。言以宣说次第了解彼义之理，谓无余语者，乃十六韵，三十三音四十九字一切无余。彼等渐集，出生经续等世间出世间论，能圆满一切悉地。其能了知彼等所摄诸字差别义者，是由命中有短阿之力。不具短阿之迦等字，定非有故。以有边故,不能成语。此是“短成无余语”如言所取不了义之解释。次引称赞名经云："阿为字中尊，大义最胜字。本来即无生，远离诸言说，诸言最胜因，善显一切语。”谓非为证明前说，余字，皆须具足短阿故，而引此经。以是世尊说，无余静虑门之种子句，阿无生故是一切法门，亦说是俱生字。金刚曼荼罗庄严续云："为显阿故，心中不坏。”引如前所引此文之后，“如是一切如来皆是阿种，以阿为因，从阿出生。”以此三经所说为因，成立诸佛皆从阿字出，未成立一切语皆有阿字故。其后摄行论云："楞伽经云：应依于义不应依文，由随文故，失坏自利，亦复不能开悟于他。犹如有人，以指指事，而示于他。彼人唯随指端而视。如是凡愚，随文取义，不求胜义。故求义者不应依文，当舍如文取执，而求实义。”引此证明若唯执取，短阿于一切句转之文义，则不能得彼所表余义。如唯视指端，不能见彼所表义者。故除文义外，应更求余义。

若尔，彼义云何？此中西藏诸师说：一切语声，从音韵出。一切音韵，从短阿出。短阿复从身内空隙，光明出故。故一切声与虚空等以空性为根本。故当知彼声所诠蕴等一切义，亦皆无自性如同虚空，即声之真实义。自宗如前所引，金刚曼荼罗庄严经说，心中如灯炽然之不坏息，为阿字义。彼与称赞名经说：阿为一切字中尊。余续所说，阿为一切法门。此处应解为同是一义。摄行论说：临命终时，诸风入处为不坏息，即是彼义也。短阿了义既如是说。经说，彼为一切音韵字之因，则音韵字之了义，亦是说依不坏细风所起诸风，行至身内诸处，发为音韵行相之音韵，非说由舌颚功用所生之音韵也。桑补札续说：脐间八脉中央，有最胜阿字。诸有情咒，皆从彼生。所说短阿，是指猛利尘纹拏达。此如金刚鬘续中间所说百八诸风，为从何处生起、增长。答云：“诸风处所相，周遍六轮风，常住于法轮，名命遍众生。无分别夜半，从胜虚空现，风自性开分。”此说风处总为六轮。特于心中空处现起命风，由彼分开动起一切风，彼风周遍众生之一切风。又说最初成时先成心间命风，最后收时仍收彼中。故前说从不坏短阿生一切咒者，通说安住心中之命风，与菩提心之不坏短阿也。

教授穗论说，经说脐间有八部字者，有体性不显而住，与言说时，于薄伽莲中诸风生处不显而生，由颚等作用明显而生。由心间短阿，是现起光明之最胜依处，故说是一切字中之尊。故具大义，是最胜字。“本来即无生”句，卡师译为“大命无文字”。命，即命风。大是最胜义。无文字，谓不坏风无诸字形也。“远离诸言说”者，谓无言说体性也。言说因者，总为一切风，主因乃不坏风。“善显一切语”者，亦是说从彼起风行至喉间，能生声音显了之诸语也。

言一切法门者，谓一切静虑之门。以乐空光明是一切三摩地之心要故。若三摩地，能于不坏阿字，收诸风者，则能以大乐智，决定本性无生之空性，现起光明。故云："本来不生故。"非仅说，本性无生之空性也。如是前说，于何处转等三，是短阿义，此即佛道究竟要义。故说一切佛皆从阿出。总之，由知心间不坏风，是内身音韵行相一切风之根本，通达由于彼处总摄诸风而证光明者，即是了知金刚念诵咒真实性之不共规。即是获得，由"短成无余语"文义，所表余义之了义也。以是自说，以指端示物时，应观指所表义，不可唯视能表。而仍多自如是转者，故广慧者，不可易满，应远观察。

【科】子五　明语远离为命力之支分

明语远离，为六加行中命力支分之理，先明后续中说彼支分，如云："五智体性息，五大为自性，以丸形外出，善观于鼻端，宝具五种色，说名命与力，自咒思心中，命安置为点。"灯明论解释此义，谓前四句，明于秘密鼻端，修物质点。初二句，与"宝"至"自咒"，于上鼻端作金刚念诵，修光明点。"心中"以下，一句半文，明于心中鼻端修不坏点，及所为义。即于三鼻端，修三种点，修三命一力也。其中五智息者，谓周遍风为大圆镜智，乃至持命风为法界智。五大者，谓地乃至虚空，即下遣风为地自性等。地等为自性之五智息，从自金刚孔出，至明妃莲花鼻端，修菩提心为圆丸形，即明点形也。诸风成明点自性之理，如第六品灯明论说：方便般若住等至时，由等至喜，引上部命力风，以爱火溶化，转成明点。

第六品灯明论所引后续一切译本，及第十二品疏中所引二新译本，并卡师所译五次第论与摄行论皆说："于莲花鼻端。"第十二品疏二旧译本，及大译师所译后续、五次第论、摄行论中皆无莲花。故在梵本亦有有无二种本，然摄行论说"五智"等六句，明显于上鼻端，修四风轮，三字金刚念诵。故知无莲花者清净。黑行师虽说，面莲花鼻端，然不合理。若配现在于面鼻端，修金刚念诵者，如摄行论说，除周遍风之四风，鼻端谓上鼻门。以丸形外出者，谓一一风为首行时，余三风摄入彼内而出也。甘露密论说，彼诸风，入住出三，即为丸义，彼复成三字形而出，福缘称说，言于莲花鼻端修者仅是一例，亦显于金刚鼻端修。此是男女各于鼻端修习之规，比中是于自与明妃二鼻端修。其于各别鼻端修者，于微细生起次第时与身远离时，已说讫故。第六品灯明论说，此诸经明，生起次第者修下门细点者，是由相同门说，实义乃圆满次第者所修也。于二鼻端修者，金刚鬘续云："遍诸脉降注，菩提心坚固，金刚端莲端，持风刹那顷，于颚字加行，卡芒咒加行，说得胜瑜伽。"彼义谓以下所说于诸脉中降注菩提心溶化方便，由于二鼻端，坚固任持，能得最胜瑜伽。坚固之方便，疏中释云：颚，谓法生中央之长脉。于彼撞击之加行，谓极紧缚。卡芒谓于金刚端修。言"持风刹那顷"者,谓修命风真实之最胜瑜伽而能获得。若如彼说，应是"于颚击加行"。余译本云："由风摄持"较善。然说"于颚字加行，补庆咒加行。"则非善译。如是于金刚端任持者，亦即于莲花鼻端任持，以于二脉相接处故。

根本续亦云:"受用一切欲，不失咒支诵。"谓有殊胜大瑜伽师，于此位中，依羯摩印，亦不相违，此中亦依智印而修也。灯明论中所说此义，若能于五次第讲授中取修者，实是于中脉摄风之最胜命力也。灯明论云："彼性上行息，具足五色。"跋曹译云："即彼息"较善。故前说为智与大种息之彼风，于上根门行。具足五色，即以五佛为体，以是名宝。旧译本云:命谓存活，力义为伸长。跋曹译云:"由此伸长增长，故名命力。"较妥。义谓由何风力，能使寿命长久，说名命力。力之梵语为阿耶摩,通于励力、遮止、伸长诸义。此是后义。故言"命与力"者，是翻译错误。以离合释成二词故，是藏中智者所说。时轮法中取中间义，说遮止命，为命力义。藏语之力字，虽不通遮止与伸长二义，然梵语上，有彼二义。如是藏语别摄之摄字不通取义，别字不通数数义，梵语中有并不相违。

由彼上门行风入住出体性，昼夜任运念诵故，名为自咒。此文释论二旧译本虽云："昼夜念诵故，想自咒于心间，谓于自心莲花。"然二新译本俱云："念诵故自咒。"为善。以故字，是因相，既非前文说风为命力之因相，亦无余因相可说，故应作为自咒之因相故。第十一品灯明论亦云："自咒谓入等自性之三字故。此中拏热巴后续疏云："言命与力者，谓于自心莲花，想短阿字。"

如灯明论所说，命力之解释，风入等昼夜念诵，与自咒等。均未说者，是梵本不全或翻译之误，以六支中余处，均如灯明论而说故。说于心间想短阿字者，或灯明论梵本中有者，或是释论所补充。以灯明论说，不坏点。与摄行论所引教，说于心间不坏短阿相同。故是善说。续云："命安置为点。"灯明论仅云："安布为不坏所摄。"其义谓，点即于心中所想之不坏，命谓诸风。安置为者，即安布为不坏所摄，谓诸风摄入不坏也。此即明修三种命力为作何事之作用也。此中甘露密论云："自咒者，谓三字。于心中想者，谓修彼三，融入风出入住三相。此三亦融入命风也。"说修命风融入不坏点者，谓是"命安置为点"之义。能仁祥说："于心中修自咒，即于彼想吽字。吽字所成那达，名不坏者，谓微细阿字作点行相。心安置为点者，谓心成彼，即所修义。"

月光疏云："于心中，想自咒三摩地萨埵。其空点上，那达行相为性之心者，当想为意之体性。"拉弥云："心间莲花中央中脉之内，想自咒云声，吽字点形。于彼安置命者，谓当安置乘风之识。"又余派中更有余解。即此派中，此位虽可于心间，修吽字或阿字，然此中言自咒之义，则非彼等。又将命改为心，令心专注字上空点，亦非"命安置为点"之义。此位修三种命力之不共所为，是为将诸余风，收入心间不坏息，引生四空故也。设作是念，余二命力纵能如是，然修下门命力，已如前说，是将菩提心降至相端任持，则不能生，由心间收摄次第，所成之四空也。曰：实尔，然彼是先于密端，乃至能任持明点之际。其后，与二印和合，亦有于心间摄风方便之不共教授，故无过失。根本续说：宝具五色，量如芥子，于鼻端修。金刚鬘续解释彼义，说三鼻端，及于彼所修之三种点。如云："三鼻端之相，密、心、面鼻名。"又云："风咒及物质，三种点无上。"于密鼻端，修物点者，前所引文已说。于心鼻端修咒点者，如云："心间莲花蕊，中央安吽字。"等，其后云："此说名咒点。"

于面鼻端修风点者，如云："风点胜瑜伽，五色甚鲜明，于鼻端瑜伽，当周遍修习，如此咒最胜，瑜伽师应诵。"又云："此咒点最胜，二点谓光物。"此说心间不坏咒点，较余二点为胜，亦说风点名为光点。修光点者，说为鼻端出入息之金刚念诵，故是配合前引后续之命力。福缘称等所说，均非经义也。若作是念，前说之三种命力，乃一补特伽罗所修。金刚鬘续所说者问之一瑜伽师所修耶，抑各别所修耶？答说，贪增上者，当修物点。瞋增上者，当修咒点。痴增上者，当修光点。故不相同。曰：总如集密云：为利贪众生，是为利二根交会贪者而说，然此三种补特伽罗皆是彼机。其中仍有三类差别，以彼为主，当以何道引度，故说三种。非说一补特伽罗，不可俱修彼三也。又此三道，是为令彼所化，现世解脱，或速疾解脱而说也。此言痴增上者，是说贪瞋等分者也。若诵入住出三风与三字配合之自咒，固须于心中莲花想不坏点而念诵。即未与彼相连，亦须于心间，修咒点也。此派说命力，是能住持寿命之风，仅此犹非六加行之一支。故言命力，是命力瑜伽支之略名耳。其于心中及密处鼻端，修二点时，虽无实风命力可修，然是收摄业风入中脉之殊胜方便。故名修命力亦不相违。语远离与金刚念诵，乃由命力瑜伽一差别门，所立名称。有误别名为总义者，于金刚念诵时，弃舍余二命力不修，实是极大错误。故当善知修习三种命力之理也。

【科】子六　如何修语远离法分三

丑一　释修三命力之次第

丑二　释金刚念诵不共作用

丑三　释修伞力引生证德之次第

初又分三

寅一　释于心鼻端修咒点之命力

寅二　释于面鼻端修光点之命力

寅三　释于密鼻端修物点之命力

初又分二

卯一　单修咒点法

卯二　总修咒轮法

今初

修行处所，如金刚鬘续云：“少众生神处，远离诸声刺，无有诸人众，无碍善可喜，静林园大乐，受用五妙欲，当修咒中尊。”言神处者，谓神庙等。以何威仪身要而修，及诸风要，亦如前续云：“何大乐威仪，能得上悉地。行者据乐座，二日注鼻端，鼻向脐量住，肩平舌抵颚，齿唇随乐住，息出入松缓，渐渐离功用，如实息出入，菩萨跏趺坐，具如是威仪，常念诵二字。”二字金刚念诵既如是说，则三字金刚念诵亦尔。余译本谓“金刚跏趺坐”时要，如同前说。所依身者，谓已修身远离大密一部父母者乃修。五次第论，引后续云：“想心间，命安置为点”之义，灯明论说，是于心间修不坏点，五次第论疏等，亦说于心间修咒点。五次第论引四天女请问经后，云：“半量胜微细”等如前说者，与前所引后续，同是一义。摄行论引金刚曼荼罗庄严续，说心间不坏短阿，与说不坏为摄风处所，亦是为令通达于心间修不坏之义。此如第三品灯明论云：“具五种色五如来为性之宝者，谓不坏点。以能生佛宝故，如芥子量者，以是点形故。言于鼻端者，谓于心间莲蕊也。言殷重者，谓深著于彼，以入住出及摄瑜伽，昼夜恒修也。”此说于心间，以入等瑜伽，昼夜勤修不坏也。

修不坏与金刚念诵之次第，如彼后又云：“坚固者谓常住。此复为何？谓不坏点。从此放出五色光聚，以入住出而转也。言未坚固者，谓是显示要通达不坏真实者，方可修此瑜伽，非余人修。”即是解释“宝坚固乃放，未坚固勿放”也。此义谓前说“以入等瑜伽恒修不坏”之不坏点。若由修习已成坚固，方可从彼不坏，修风入瑜伽。除已通达不坏真实性，其为境之不坏、坚固者外，余人不应修此入等瑜加。故是先须，所修不坏、常住不变、坚固之后，乃修金刚念诵也。此释灯明论中，说为究竟释。有云：以是究竟双运者，修金刚念诵之理，故作是说。余谓不坏是第四次第之光明也。然广解此义，卡师所译之第三品疏中，说从不坏、出四曼荼罗风后，云："彼等身语意者谓由修力生起身等。从金刚出者，谓从光明中，生起二谛为体性之天曼荼罗。”故是，由修金刚念诵以风引生双运，是就金刚念诵之作用门，说为究竟。如第七品疏中，说三空为究竟也。

修不坏处之关要谓心间莲蕊者，与金刚鬘续，说于法轮八支脉脐中，修密咒点，意义相同。故拉弥说，于心中阿嚩都帝内修，极为妥善。五义论说，于心黑白界。四义论说：于心空内。皆非经义。大印点论，与智点论，说都帝谓命杖，依上膀脉。是于两乳中间命脉之前，有心间脉轮之毂。故当缘彼处也。凡说专住身要修明点等之类，皆须善知身要，系心于彼，乃达要义。若不尔者，不得扼要。次于彼处修明点者，金刚鬘续仅说观字，未说修点。然灯明论说修不坏作明点形。此中廓派有说，于日月相合之中，修短阿字。五次第略论说，修不坏点及短阿字。色顶巴二种教授中，说修白点、黑短阿字。有一书说，于白点中修短阿字半白半黑。又有书说，半白半黑之点中，有如阿线。余书有说：想白点中，兼带红色。又白红点相合者，与成主大师云："想于彼脐中，日轮月点上，形如盒盖合，日方便月慧。”说金刚念诵所依明点相符。然此中，代替彼中央之点者，谓修字也。

教授论说，白色略红。又说：胎中，中有神识，趣入父母精血中央，即成肉心。又说彼是心所依处。故如此二派而修,乃有所净事之要义也。明点之量,续说如芥子许。若能于微细所缘摄持心者，则易断除分别，及收摄风息。字者，金刚鬘续说，心中之字，有阿吽二字。摄行论中说阿字者，是为表不坏息而修。彼处原无字形，虽不定修字，然此中唯应修阿吽随一也。字色者，或俱作蓝色。或如律生续说：吽字白色。此字表不坏息。白红明点，表不坏菩提心。此时之宝具五色者,谓放五色光明。此可俱通字与明点。余派虽说为标帜中字上之点,此中应如前说。如是应缘心中不坏，远离太急太缓过失，善持其心。解脱点论亦极赞此义，如云："不坏明点形，量如芥子许，五色光炽盛，常住心中央，观彼刹那顷，瑜伽燃大智，此中定无疑。"余续中亦;极称赞，如温爵喇嘛续云："常住于心中，一点无变易，修此诸众生，决定发妙智。"

胜乐五次第论解释彼义，云："具足声点心，安置于心间，此成破愚翳，圣主薄伽梵。"此说由修心间不坏点为依,能起俱生智,拔除无明。律生续亦云："心间莲内风，同于白吽字，若思此住定，不为境等缚，生死上行风，行于涅槃下,无住大涅槃,住心莲蕊中。"此说若于心间脉轮中央,以前所说殊胜方便,摄遮诸风，坚固住者，则随色声等境转之分别，不能系缚。故能获得，不住生死寂灭二边之大般涅槃也。又如前说，能取所取十二种风，皆从心出。故若于彼持心，修专住身要之方便者，由彼诸风，融摄于彼处之关系，则易断除能取所取分别。以此理故，于诸经续及堵论师所造论中，称赞之义，发大信解。当于心间鼻端，励力修习，不坏咒点之命力也。

【科】卯二　总修咒轮法

五次第略论云："念种种分别，皆从自心生，识命所皈处，心间修咒轮。"此说种种分别，皆从心生，由心风摄处，即是心间。故当专住心间要处，修习咒轮。又云："密咒诸字轮，先想莲八叶，外内秘密理，如次修静虑。"此说于心间，修三层八叶莲花，又云："外层慧韵字中，中层音方便，无二住内层，方隅依次定。三种瑜伽性，中央不坏点，及阿字命根，敢收一切心。”此说外层八莲叶上，有十二韵字，表般若体性。中层八叶有诸音字，表方便性。内层八叶，有不定性四字，表示方便般若无二体性。中央，修不坏点及短阿字。此中五义论、有轮论、一座圆满论，三书皆说，于金刚念诵之前，先修咒轮。虽四义论于心远离时宣说，然根本文说，先修咒轮之后，方修金刚念诵。故当如前三论所说而修也。

色顶巴说，莲叶红色，形如立镜，诸字白色。玛派余教授中，有说，脉如莲状而住，白色带红，诸字白色。戍主大师说，于心间安布金刚念诵所依明点之莲花，当思白色四叶，与红色四叶，以四大为性。即思维心间四方诸脉之体性也。诸余论中，亦说圆满次第时，安布点字等，脐等处之莲花为脉支。故应如是修。或胜解莲叶即脉自性也。心间莲花，颜色无定，多说彼为八支脉轮。亦有说为二支者，说有三支余未多见。即修如莲花叶，亦无如镜立之义。色顶巴说，外层莲叶安布音字，中层安布韵字，与根本文不符。故当依照玛派余传，如根本文所说而安布。以根本文说，韵表明相，音表增相，不定性表得相，亦可了知。以是外层字作白色，中层红色，内层蓝色或黑色，较为妥善。根本文云：“十二字连点。”义谓除不定性四字外，第十一韵字，自有圈点。故余十一字上，须置圈点。有计将点置字前者，有安布无点诸字者，皆非论义。安布诸字法，如色顶巴说，从东方起，四方依次各布二字，自东南起，四隅各布一字。或从东方起，依次安布。迦唎亦尔。

安布迦唎法，根本文云：“迦字乃至哈，舍卡具足四。”此义有说，从东方起，初五叶上安布迦哆查达跋五部，各五字，其次二叶，安布耶沙二部各四字。末叶安布，迦罗、跋罗、萨罗、沙罗四字。说此四字名秘密字及舌根音四字，此乃未解论义。彼论之义，是说八叶一一叶上，除卡字外，从迦至哈，各布四字。谓迦哆查达跋五部之前四字，俄、扉、娜、那四字。耶及沙二部各四字，共为八聚。摩字，作为诸韵之空点。内层四方莲叶安布利、唎、吕、唱四字，四隅诸叶空不布字。若将诸字安布脉支，诸字多者，当于脉中从外向内依次排列，字作立形。若作莲花形安布者，则当平列安布。中央安布不坏及阿字，如前已说。根本文于咒轮时说云：“虚空界中央，当想明坛轮。”有说此义，谓于空中，想明了性，如那达许，转成心中月轮，彼非论义。根本续中如是宣说之了义。灯明论说，虚空界为光明，其中央所有月轮乃不坏点，此中亦应配彼。以彼显示，金刚念诵所依不坏故。如是修习咒轮，除那热巴之教授外，圣派之论典教授，皆未宣说。智生论师传那措译师之教授中，有与前不同者。玛派之教授中亦有异说，然前所述最为清净。

色顶巴说，五次第论，引密意授记续云：“第五正具五。”又云：“四定配于三。”又云：“分等十六住。”乃明莲叶安布诸字之理，然非续义。彼等是说，从音韵中，采集嗡啊吽三字，非说于莲叶上安布修习诸字故。如余续说，于诸轮上安布多字而修者，是为于彼收摄诸风。此中亦然，为于心间收摄诸风，故于彼方隅，依次安布诸字，缘虑而修，是为断摄诸风入于不坏之教授，此复先缘莲叶。次从外依次，渐缘方隅诸字持心，则于不坏，摄风渐易，故作是说，非决定须广修咒轮。如玛派五次第教授无轮论，与三层萨埵，及顿修法，三种皆无咒轮，唯于心间修不坏点与短阿字，及安布吽字而修金刚念诵。然如前说修不坏与字者，则定须修。故安不安布咒轮，仅是广略之殊。譬如教授穗论，说于四轮蕊叶俱安布字，及唯于蕊上，安布四字之二规也。

【科】寅二　释于面鼻端修光点之命力分二

卯一　于何风从何处修金刚念诵

卯二　明风咒和合及金刚念诵之差别

今初

如是修习不坏及咒轮，或不坏及字，成不动坚固已，即当依此修金刚念诵。

其中圆满次第者，若为息灾、增益、爱敬、降伏羯摩故，修金刚念诵者，可于四根本风而修。又圆满次第者，若为天眼通等，五神通故修金刚念诵者，当于五支分风修。若身远离为先，为引发心远离诸空故，而修金刚念诵者，当先于四根本风修。于此获得能力之后，再于五支分风修。经说三位修金刚念诵，此属最后位。若于何风修金刚念诵之理，如上说者，当从身要何处而修，有无定处。曰：此中多说，从身体内于鼻孔中，出入之理，未决定说，从身脉轮，何处而修。亦有说云：从咽喉等四根本风处，各别修四轮。

其中初者，风出入住三，纵能配合三字，然无于身要脉轮修习之教授。任何努力决不能将风融入中脉，引发四空。若不尔者，则声闻地所说之数出入息，亦应能尔也。如第二说，纵有专注身要脉轮之义，亦不能得此派，金刚念诵，专注身要之要义。以是自宗，谓如前说，当从心中不坏明点及字，修入出住三也。此义先由灯明论成立，谓如前引灯明论文前段所说，以出入住三瑜伽修习之义。后段明说，从不坏点，修五色光聚之出入住三。又第三品灯明论中解释续说“虚空界中央，当绘月轮，及明轮中处，当修轮轮、莲轮、宝轮、及绘和合轮”之子义，乃至月轮，义如前悦。明轮者，谓不坏点。中央者，谓从彼出生。如是所出四轮，如其次第，应知即出生水火地风四轮之四风也。又续第六品，说于虚空界中央，修日明宝光四轮之义，疏中释为，虚空界谓不坏点。中央，谓从彼出生。所出四轮，谓如其次第即四大种之风。说于彼等当修三字金刚念涌。又说以金刚念诵，策发心间金刚萨埵也。解释第三品所说四风之金刚念诵，引密意授记释续，谓即彼义。特如金刚鬘续云：“喉心及脐间，密莲中出入。”于此所说四风于四处出入，断疑之后。

四天女请问续说，从心间不坏点，诸风出入之理，即灯明论前说之义。于彼疏中已广抉择，应当了知。摄行论中，于三字金刚念诵时，说蛇等诸咒，谓从阿利迦利所出。彼等真实，谓从不坏所出三字。此亦是说，诵持金刚念诵三咒者，乃以从不坏出生之理而诵，非以从四轮出入之理而诵也。必须如是修习之因相，亦如前说要于心间不坏摄风，乃能引生四空。金刚念诵，能于心间不坏,收摄诸风。以前所说能入之主要方便,即入等三金刚念诵故。以是十一音说,从心中莲花蕊上，不坏点中，出为吽性入为嗡性，住即阿性。依水轮白色等相,从世俗右鼻等，渐次外出，任运成就息灾等事。修此金刚念诵，能净往昔一切业障。福缘称所造五次第释难中说，修四轮皆从不坏出入住三之金刚念诵，极为善说。根本文说，中央不坏，乃全身之心要，初起风等，最后收摄。次说修金刚念诵，故是以从不坏出生之理而诵持。

四义论说，从心中不坏点，放五色光五根本风，以彼入出住三，配三字念诵者，是根本文义，亦是修金刚念诵之究竟要义。然由未知此派，须善了知心处要穴之关系,故未知彼等是最善说也。玛派有说,于三层莲叶诸字,从外渐缘,依彼次第,修风出入住三之金刚念诵。即是“三加行自性”之义者,极不应理。论云:“方隅渐等持，三加行自性。”义谓缘三层方隅之三三摩地，显示三种瑜伽之自性故。成主大师亦说:于心中明点和合之内，修风出入之金刚念诵。亲教论说，于顶、喉、心、二乳中间，修三金刚与智萨埵。即彼等心中，如其次第于标帜上，有风、水、火、地轮。轮中月上，修三种子与本尊种子，次修金刚念诵。此亦非于各尊心中修,是从不坏点修。论云:“以此次第修,不坏金刚诵。”以是解脱点论说，从四字放光，由上鼻孔出生四风，修金刚念诵者，彼说右风为身，左水为语，两火为意金刚，两地为一切诸尊体性。欲显四风为彼四之风,故作是说，非说从彼修出入住三之金刚念诵。如此与亲教二论，俱说于本尊心中安布四字，修风入住出三，及说离彼二故。此等，是说与本派相符者，胆余派中亦说于脐中，修金刚念诵。

卷九

【科】卯二　明风咒和合及金刚念诵之差别

风咒和合之理，灯明论说，于内身处，安布显形行相之白色嗡等，为风入住出者。以三字表义即三种风，故作是说。非说修彼等为三风，亦非金刚念诵时也。金刚念诵时，续及圣论，于彼三字，为声为色，及所配之风真实，为风为音，皆未明说。廓师说为声音，非是字形。故此派智者亦皆如是许。玛派多说，风如贯珠之缕，三字如珠粒排列，状如写成。根本续第七品云："莫食乞而诵。"灯明论中解彼了义，引授记密意续云："别字为乞化，诵彼乃是食，许彼为食乞。"此说风咒别诵，为金刚念诵之障品。由是当知，彼不别异。其中乞化之梵语为苾刍、苾那，训诂为异。阿刍罗，训诂为字。风字各别而诵，是为食乞。故风咒，各别之咒说为声音。未说思维，状如写成。故知风咒不别，亦是说与咒音无别，非说与写相无别也。

又诵读之音，属于外语。摄行论说，此是内语。故非彼音。亦非口虽不诵，而思惟读诵行相之音。以是当知，此中三字乃风入住出三之本音。若将风之本音，与咒音和合无别，是谓风咒和合无别之义。若自了知内风出入，自发三字音声，专意缘彼不散，是谓此中念诵。灯明论说，彼是意诵。然与思维舌颚功用诵咒行相之意诵不同，当善区别。续说风咒和合无别之义要于意中现为一体。倘未如前了知，则于意中不能现为一体也。教授中说："风内住时，略为长久。"有诸智者，谓续疏意趣是随风住量，不加造作而住，此定非理。以续说一日夜中，出入二风合为一息，仅有二万一千六百次，倘不造作而住，则除出入二风外，别无住风故。应无入住出三相之金刚念诵可修也。以是当知，若修续说二字金刚念诵可不加造作。若修三字，则于中间，特令安住。当如玛廓两派教授所说而修。亲教论中，曾说四次，于阿字性安住之时，徐摄持故。虽有多师许内住时较出入时长久。但廓师许，三相均等，极为善哉。

亲教论说:风外出时,想诸法清净,转成甘露。嗡字性入时,洗除自身习气。阿字自性，亦清净自身。解脱点论云："吽字放出诸佛时，成就一切静法。嗡字收回诸佛时，成就一切动法。阿字任持诸佛时，令动静诸法入无二智。"疏中解释成就即清净义。圣派未作是说。有说：五次第论中"吽字放有情"等，即显彼义，然非彼义。五义论说：三字金刚念诵仅修二十一遍。此数若多，诸界调适，易持风息。正金刚念诵，谓上风嗡字压，下风吽字提，于心中修风合。四义论说，由修三字金刚念诵，令风不动，入中脉中，引生乐空感。乃至金刚念诵究竟以来，应勤修习。轮论亦说，由数数修百八金刚念诵等，现起五相。现有如是异说，其中初说，三字金刚念诵，仅修二十一遍等，总违本释诸续，圣父子，诸论，成大错误。说持风合为金刚念诵，纯属杜撰，与自宗中说为心远离之风合，亦成相违。以是当如四义论而修，轮论亦应顺彼而修也。

总略论中引四天女请问经说,于饮食时当修和合。除有注疏释为风和合外,圣派梵论均未宣说。若谓以教授而修者,倘如自宗,余教授所说于心远离时修者,则善符自宗。金刚念诵若由所诵境风而分，有根本风与支分风，二种金刚念诵。此二复分四种五种。若由所诵咒文而分，如金刚鬘续说，有吽霍二字金刚念诵与三字金刚念诵之二种。授记密意，与后续中，唯说三字金刚念诵。拉弥与福缘称等说十一种，谓六部、忿怒三毒、中性之金刚念诵。复许此是第十三品本释之义。灯明论之意趣，谓由观察三字真实，了知彼义，说为身语意金刚念诵。次说宝念诵，与无著念诵，为主要金刚念诵。故仅前三种，金刚念诵之相，犹非完足。又说金刚念诵为意诵，忿怒念诵为语诵，故彼非金刚念诵极为明显。说三毒念诵，谓思惟将三毒有情安立光明。故彼全无风念诵义。中性念诵，谓修光明。彼中亦无风念诵义，亦未说彼等，为金刚念诵。所言主要金刚念诵者，续云:“义随行念诵，谓以妙无性，观三世诸佛，说名宝念诵。一切佛土中，放出诸身云，往来金刚义，说为无著诵。”第二句，卡师译本为“谓以妙性生”较善。此等文义，谓三字义入住出三随行之念诵，即义随行念诵。从不坏目性所生之妙，谓不断舒放。即以此因，观察了知，入住出三时所生诸佛者，谓通达一切如来自性诸风，即不坏体性，是谓宝念诵。此是随顺善译诸疏而释。此即以金刚念诵将诸摄入不坏之义。

如是摄融之后，重现起时，谓从心间莲花不坏佛土中。言一切者，谓于眼等诸根处门，放诸身云往外、来内、及住内中，金刚义体性，是谓无著念诵。说前者名宝念诵者，意谓以根本风金刚念诵，摄风收入不坏宝中，非说五部中之宝生念诵。如是已得摄风能力，进于支分风，修金刚念诵，由是于各别诸根门，无碍转之念诵，故名无著念诵。非说义成之念诵也。五次第论引文，前者名金刚念诵。除灯明论外，父子诸论及五次第略论等均未说，支分风之金刚念诵。若于前说界限而修支分风之念诵者，亦须想从心间不坏风出生之理而诵。由如是修，能助一切见境炽然妙乐，是廓所许，亦即金刚鬘续最胜意趣。金刚念诵之名义，印藏诸师虽多异说，然灯明论云：“彼等之义，谓即三字。彼之念诵，谓入等三风。以三不坏金刚，表有彼等。即彼体性之念诵。”是于三金刚之三字，与三风之三音，和合不离体性之念诵，说名金刚念诵也。如是定中，由见具足前说身要等四要中，断除沉掉等过。修风瑜伽与念诵瑜伽之功德，发起喜跃，当善修学，令三风音现为咒声，后得位中亦应学习。如授记密意续云:“于一切事中，知瑜伽眠等，无名无言说，三时恒念诵。”后二句义，谓于三时中，常诵远离名词，言说之三字，是信师所说。

【科】寅三　释于密鼻端修物点之命力

于密鼻端修物点有二说，金刚鬘续说者，谓于业印莲花鼻端与自金刚鼻端合会界中，令菩提心任持不流。说名修明点。非说于彼缘点形而修。灯明论中释后续义，谓风作点形，从自金刚孔出，于明妃莲花鼻端，观为点形，是缘点形而修。此说智印，由说于二鼻端合界而修，故与于一一鼻端修不同。总缘智印而修者，圣派说凡有三义：一、与彼等至引生妙乐。二、与彼等至之菩提心，入明妃莲花中，于明点中修曼荼罗。三、于父母密处鼻端合会界中，缘明点修。此是后者。此之所为，虽是为将风收入中脉，然非先未能收入中脉者，今始令收。以学身远离时即能收风故。以是应知，此位修前二命力，是先未能收入心间正为令收。今是此位，已能收入心间者，为令增长。故于余位亦应例知。

【科】丑二　释金刚念诵不共作用分二

寅一　明金刚念诵能解心间脉结

寅二　明解心间脉结为解脉结之主要

今初

如是从心轮中央不坏风修金刚念诵之因相，金刚鬘续，明了说云："住眉毫中央，正说点为风，咒真实开彼。瑜伽解结后，风真实正理，以别启加行，未了彼加行，以持风瑜伽，超能所诠义，不明邪见者，寓所修静虑，诸佛亦难得。由瑜伽母恩，口口相传授。"初二句义，即彼续云："阿住法轮莲，周遍于风轮，唯此是大风，说名命。"说于眉毫处即眉中间，有六瓣风轮安住。即明周遍心间乃至眉间，命风之处为中脉。咒真实一句，明以咒风真实，开启彼处。瑜伽一句，明解中脉之脉结。从"风真实"至"以持风瑜伽"，连"难得"句。义谓若不了知，咒风真实及以正理，殊胜开解方便，仅以持风瑜伽，难得彼义。静光译本，"以胜启加行，未知彼加行"较为妥善。又译为"了知风真实"。若无师传教授，不能通达彼义，故言"超能诠所诠义"。不明者，谓未明了通达。邪见者，谓倒执风义。如是了知风咒真实，若离修彼静虑，即使诸佛亦难得，以瑜伽力，解心间脉结也。静光译本亦作“难获得诸佛”。此续中说，由瑜伽母恩，及师口授，乃能通达咒真实义。故瑜伽母言，非说师长。

若尔何谓？此续脉相品说，摄七万二千脉，成“补利马拉亚”等，二十四处诸脉。此复略摄，成为心间八座之八脉。此八复成心中三脉。此三复由加行，摄成一中脉。于瑜伽母续，应当了知。意谓以风咒真实金刚念诵，开解心间脉结之因相。诸脉先从彼成，及最后究竟收处，因诸瑜伽母请问，温爵绷巴等中广明，故作是说。如是如前说已，为明彼义，金刚自在金刚手请云：“愿众生主说，点差别理俱，知速胜瑜伽，加行解诸结，三界诸众生，速趣上悉地。”此谓若谁了知明点差别，即开解方便风咒真实，修此胜瑜伽行，开解心间脉结，速趣上品成就。维愿众生依怙为我宣说。

如是请已，答云：“请已有金刚，告金刚自在，最秘密体性，余皆未明说，此明点差别，我说汝善听，心莲内虚空，智金刚常住，上下正说已，命遣大风住，此亦难开启，中央三结缠，由彼破下遣，不能向上行。彼破复成五，命、下遣、上行、周遍、等住性，从五端所行，正依止五脉，增长、善增长、狂、堕、与友爱，应知为五脉。遍达金刚下。上行命中央，金刚脐空界，大风名曰命，出生依脉结，破已成五行。于五端五脉，月分与光明。”如前所引而说。其中言诸余续皆未明说，最秘密处。由金刚念诵瑜伽，开解心间脉结。其所解之结，谓心间脉轮中央，中脉内空，不坏智金刚住处为极难解三结所缠者。彼右为赤脉，左为白脉，各缠三结，虽有六结，二共为三。言由此脉结，隔阻下遣风，不能向上行者，是说不能于结处由中脉中上行。然下遣风能向上行，如前已说。言“彼破复成五”者，非说下遣风成为五风，是说从脉结阻隔之下，五风向下行。即前智金刚以下，亦如此续所说，向下引导下遣诸风也。言复者，显彼五风亦向上行。命风等五，如其次第，于增长等五脉中行。次文应云，金刚脐上之中央，从脉管虚空界出生命风，成为五行。言“依脉结破已”者，谓上部命风，亦为脉结所阻，不能从彼内下行。

如前续云："诸上亦下行，虽为命所破，彼等于命脉，入已而向下，彼不能下行。无明结所缚。"言"为命所破"者，是破坏命行，而译文不善也。上部诸风，虽向下行，然不能于脉结处，由中脉中下行，故言不能下行。言"无明"等，即明彼因相。静光译云："无明结乱轮"译文不善。持命上脉管中，有龙等五风行，亦说由持命，令诸风上于诸根门，放出也。此中续说：识所乘风，由与内识习气合杂，趣向于境乃生自性。及由习气熏染增上，流转生死。除此之外，别无生死。其后又云："故为断生死，当精勤修习，明点差别位。诸余无明者，不知彼中结，开已得悉地。"此说为净流转生死之习气故，当开解心间缠缚中脉之无明壳，修明点差别。风咒真实者，以能生分别之命遣二风，乃至未融入心间不坏以来．不能圆满现起光明，故须开解心间脉结。开解彼结，当以咒真实而开解之。如是金刚鬘续第六品说:必须开解心间脉结，以咒真实开解彼已，能成宝剑、丸药、神通等，及大印悉地。其咒真实，亦是吽霍二字，配出入二风而念诵。又说修彼六月，决定成就。

若尔，二字金刚念诵开解脉结，为是彼别法耶，抑亦共三字金刚念诵耶？曰：续说"以咒真实开解"。其咒真实有二：一谓第六品所说，二谓第十五品所说。如云:"身语意金刚，作三咒念诵，此速得悉地，风实到彼岸。"又云:"宣说咒真实，明显无缘位，金刚萨埵因，具咒诸功德，身语意律仪。真实生胜智，诸真实略义，咒真实无上，由六月念诵，当成就非余。"此明了说三字咒，与风真实，于心间莲花念诵，诵六个月能得成就。是故二字与三字金刚念诵，俱能开解脉结，乃续意趣。开解之理，即前续云："吽声，点为霍字名，以二风开辟，能解无明结。"譬如竹筒、节隔，以长竿冲击其中，即能通启。如是以风出入，便得开解。即前续云:"士夫离阿杭，犹如树断根。"谓若不知阿杭了义，如同断根。又云："阿字为命风下遣即杭字。此二合为一，说名为阿杭。"故知此派，是于心间不坏处合杂命遣二风也。

【科】寅二　明解心间脉结为解脉结之主要

集三字咒，有二：一、集不了义咒，如金刚鬘续第十五品说，母韵第一阿字、第五邬字，及迦杂札达跛诸部之末部最后摩字。三字中阿邬相合为喔，略去邬字。其中摩字转为随音，故成嗡字。以是此续身语意心要品之替，三译本中均将“邬”字，译为喔字，皆成错误。唯注疏中译为“邬”字，乃为善净。次说：母韵第一两阿字，与邬沙摩那分，即暖部最后哈。三字中初二字，如云：“相同之字，前成长音，拭去后字。”故成一长音阿字。注疏说，无命根之哈字，置于暴音处。二处均说是哈字。次说：邬沙摩那分哈字，庄严第六韵长邬字，则成呼字。其上给以跛部最后摩字圆点，故成吽字。疏说“邬沙摩那后分具”之分字，表示初月。摄行论说：“三字各从三字母出。”即应如是集也。

二集了义咒有三：一集了义嗡字法。即前续云：阿住法轮莲，周遍于风轮。唯此性大风，名命一切说。”此说嗡字三字母中阿字之了义，谓持命风。疏中译为“名命摄一切”。此义谓彼风，总摄一切风。次云：嗡住受用轮，如火及日光，从项至顶髻，周遍威光身。”此说邬字了义，是从受用轮，遍及大乐轮。颜色如火及如日光，威光炽然身性之上行风。静光与惹师及庄疏中译为“邬”字，妥善。次云：“安住大乐轮，摩字如明点，高量十二指，住于佛顶处。”此说摩字了义，是从眉间，上量十二指，安住顶髻处之菩提心也。静光译为：“一手十二指，过上住顶中。”如不了义嗡字，安置顶上。如是了义即将命风、上行风及杭明点，摄入大乐轮脉结内之中脉也。

二集了义啊字法。如云：“阿字如前说，是最胜命风。”又云：“阿从法轮莲，至喉成双阿，命性与下遣，以哈字周遍，系缚于喉中。”此说心间持命，与喉间上行，成双阿字，即长音阿字，哈字表下遣风。如啊字安置喉间，此即将三风，摄入受用轮脉结中央之中脉内。

三集了义吽字法。如云："哈名下遣风，住便门密处，邬字上行风，住喉莲花中，摩字为命风，住额间风轮，合一住心间，说名心种子。"此说哈字义表下遣风。从心间遍及眉间风轮之命风，为摩字义。邬字义表上行风。如吽字安布心间，此即将三风，摄入法轮脉结中央之中脉内。"合一"等二句，亦配嗡字啊字了义合一也。

如是说三字了义，即明开解三轮脉结，将持命下遣上行诸风，合杂于中脉内。如嗡啊吽三字安布三处作身语意加持。无量密咒圣典所说，了义三字，安布三处加持之理，亦即如是。如上说已，金刚手请问云："三金刚字义，处差别已知，此中何为主，维愿尊为说。"谓以三字母结成三字之了义，为合杂诸风，及于身脉轮，何处合杂。虽已了知。但此三中何者为主，愿佛为说，答云："秘密最秘密，密义汝所问，诸续皆未说，今说当善听。心种子为主，众中无分别，以此能损减，能劫夺余主。"此谓心喉顶上，三轮脉结开解之处，合集持命下遣等风。此三之中何者最要？此乃秘密中最秘密处，诸余续中隐密未说。今当说彼，汝应谛听。如是说已，谓彼三中，意心种子，吽字了义，于心间脉结开解之中脉内，合集诸风最为主要。所以者何？以开解心间脉结是无分别，即最胜能断故。由风安住不动，是能减能夺余能动分别风之主要故。又"余主"者，谓除意金刚外，余身金刚及语金刚，此二依处顶喉之脉结。由意金刚之脉结开解故，皆当破坏，是能损减能劫夺义。由下文说，若心间脉结开解，即以彼力，能解余结故。疏云："三字之中吽字为主，以一切法皆属心故。"此乃未获三字了义之解说也。

次云："瑜伽证第三，五分别希有，由遮一切风，起通达真实。"第三，谓意金刚字义。即将风摄入，心间脉结开解处，证谓瑜伽师现证彼义，尔时乃生起希有无分别之俱生智。通达真实，即希有义。因相，谓遮一切风及分别，皆能摄入不坏中故。此乃明显，前说意种子为主之因相也。由此显说，欲遮分别与能动分别之一切风，唯于心间摄风最为切要，摄入余脉轮中无尔许功能。以是说明摄入心间为主因相之教典故。次云："变化法轮中，说为二莲花，六四及八瓣，如上下相望，正依于上下，命下遣游行。明说唯此二，是有分别风。身语二心要，即单脉味脉。"六十四瓣谓于变化轮，八瓣谓于法轮。如是二轮，第四句文，疏中译为"彼等如宝箧"，较为妥善。义谓心莲向下，脐莲向上。如桑补札所说，如函盖相合也。此等即明心脐脉轮之情形，与上下所住命与下遣二风，于二脉游，引生分别之风山。

次云："阿嚩都帝脉，彼二:中最胜，谓无分别风，常行与普遍。由得何瑜伽，常能利众生，能胜百八种，风自性差别，恒时尊胜住。愚者所不知，刹那证菩提，彼得此续说。"此说安住二脉中间之中脉，风入彼中断诸分别。故彼脉较余二为胜。由得如是瑜伽，故能利他，能胜引生百八分别之风。此复生起次第者所不能知。由二风趣入中脉，一刹那顷速能现证菩提，证得光明。

令风入中脉者，先当究竟生起次第，次乃修金刚念诵。此次第如云："此复云何得，彼说为种姓，初大瑜伽师，善慧修寂止，以生次加行，作为明王印，普于九根门，一切遍防护，吽诵无等修，最胜恒不断，经六月修已，后刹那证得。"言印者，生起次第者之天身，为大印。明王印者，疏中译为"炽然印"。以生起次第，能焚烧凡常分别。吽诵者，谓述金刚念诵之一分。"普于九根门"等二句，明由彼力，能于眼等九门收摄诸风。次云："何故由念诵，心莲向上坏，次秘密莲花，和合开解已，二种分别风，从此遮断行，给无分别乐，咒真实获得。住中脉相续，眉中风开已，得此得已喜，相续现无尽。"初二句，明由修六月金刚念诵，破坏心间脉结之理。

静光惹师，及疏中译为："心莲向上行。"盛精进师所译如前。疏中解为"前二脉轮和合而住，今令开解为向上行义。说秘密莲花，为变化轮。言开解者，谓遮宝箧系缚。"与前无异。然心脐间二脉轮，乃前者向下第二向上而住，并非和合而住。故非令各别开解。此续中说六脉轮时,虽未说有密处轮。然言“喉心与脐处,密莲中往还”时,则离脐轮,别说密莲。故彼非说变化轮。又此续中,说以金刚念诵，开解脉结、破坏脉结、摧毁脉结。此中亦说，以金刚念诵破坏脉结。故言“心莲坏”者,是解除彼处脉结。言“向上坏”者,是解脐处脉结。解除心间脉结时，须如死次第现起。教授穗论说：修转趣时，数数遮翻心间莲花。大印点云：“脐根持命风，刹那许不作，将此覆莲花，刹那向上翻。”则心间莲花，似须向上翻转。脐处无明文。但彼续中极赞心处，或是心间莲脐，或如常说。如别本云：“刹那许不舍。”谓系命风于彼，令彼坚固。密莲和合，亦是味单二脉于中脉和合之结。此明由解除心间脉结，则脐间与密处之脉结，亦得开解。“眉中风开已”句,明开解风轮脉结。故余一切脉结,均由彼力开解也。若解除脉结，则遮断持命下遣二风向余脉中行，唯住中脉相续，故能相续生无分别大乐。是谓以金刚念诵，作成咒真实也。

此等解说，如金刚鬘续，数数宣说：“独咒真实成。”圣父子等，亦未说余正修风之瑜伽，唯说金刚念诵。是生广大定解，不可少之方便。故此广说。

【科】丑三　释修命力引生证德之次第分二

寅一　释修心间不坏如何引生证德

寅二　修余命力如何引生证德

今初

如前所说，由摄风心间，现起光明。灯明论说，于入光明之前，由地入水等，融入次第，发生阳焰等五相。此不限于入胜义光明时为然。凡摄风入中脉，现四空时，一切皆尔。故说由修心间不坏，发生五相。亲教论云:“心安住明点，于自根摄持，地轮入水中，水复入于火，火亦趣入风，风复入心中。心入无二智，暂入现诸相，如阳焰及烟，如烛如空焰，如无云虚空，当现此五相。金刚心入故。”戍主师云：“以极勤励心，注视于形点，由入于彼故，现五或八相。

次住光明中，经日月年等，随所欲安住，利有情等事，无功用任运。”言五相者，谓阳焰等五相。八相谓加如月日暗等三相。药足师说，有三等相，谓颠倒地等，可灭、略灭、毕竟灭相。故当知此诸相，有多次第。有说：此等诸相是因，后者较前明显，说如阳焰等，非说境相与彼相同。有说：是有相心识，动不动之量。有说：是现起如烟等相。共有三说，后者为善。

又如月日暗三相，是明增得三时。如无云虚空，是一切空时。如阳焰等，是相续中，将生四空智之前相。诸续部中，于俱生喜，及一切空之光明，作无边称赞者。是如前说，善巧乐空无别和合之理者，所修之乐空和合。最初引生如斯胜乐者，必须将左右风，摄入中脉。此中若无正修风息，专住身要方便，内外命力之道，及明点瑜伽等。仅得空性见，及知无倒修空之理，随任何修，终不得生。故必须修定量教典所说，专住身要之方便。其修习彼者，若所修无倒趣向扼要者，引生俱生欢喜或一切空智之前相，必能现起诸相。诸教典中称赞诸相，亦因此关系。然唯修心无分别住者，亦能现起似彼诸相。与修专住身要方便所现诸相，极难分辨其差别。故当善巧。又专住身要所现相中，初从由诸根门向外动风，将向内退。略向内退，已趣中脉等相起，直至得最高道时，遮退之殊胜相，有无量次第。故不应于相似相上，便执已具。一切真相功德，自以为足。即是真相，亦不可略获端倪，便自止足。应善了知上下次第，而求上胜。

若能善知以上道理，则于文殊亲教，及龙猛，成主、铃足等诸大德论中，圆满次第时，说缘风、点、字等，专住身要之方便，及说于心间修明点定生妙智，及言“无疑智炽然”等，能得希有定解，至心修彼以为心要。其观慧下劣未如是了解，又无大德教授，不达诸续要义者，误为圆满次第但修空性。见此等中多说有相三摩地，便执圆满次第非殊胜道。修相似道，以为心要。以是当知，无倒空性，极难通达。不共大乐，亦因续部与大德诸论，最为深奥，难达幽微。故乐空和合，最极难得。然若粗知彼等要义，于胜方便不起倒解，由于彼等修习之力，亦能引生大乐。即单修此，亦属最为希有之三摩地，与余深法，决不相同。第五相，如无云虚空者，有由修专住身要教授所现，与非修彼，唯修心一境性三摩地所现之二。若不善巧续部要义，极难分别。

续部所说中，虽亦说余续所说略遮风时所起诸相，然此中是说，四空中，最后一切空、光明时者，故彼须先现，如月日暗等明增得三相。此复是山融入中脉而生，故义不同。玛派有说，相与有相八事，依次生否不定。然诸经论意趣，是决定依次现起，以摄风达要者，亦定如是现起故。由善了知修心间不坏之要义，长时熏修，从四空智最初起时，是为随顺心远离。虽由此门可假立彼名，然非真实。此中复有顺行四空与逆行四空二种，后者较前，稍难现起。于此四空，当随力安住。后起定时，仍当如前明想所依，系心明点。如成主师云："从彼定起时，不应想余法，恒缘一明点。"由此方便，能有一次，摄风中脉引起四空。则次缘明点，摄风极易。故不待长时，便能摄风引起四空。由于内身最大要处缘明点等系心之力，摄风中脉，引俱生智，乃是智者喜悦，最希有处。故当知此与不知修风要义，仅强摄风者，其功力大小，坚不坚固等，有极大差别之功德。亦当了知，是余持心者，所不能比拟者也。

【科】寅二　修余命力如何引生证德分三

卯一　修金刚念诵每月所生证境

卯二　金刚念诵能融风于中脉

卯三　炽然猛利火法

今初

其究竟粗细生起次第，已善学身远离者，第一月中修金刚念诵法，如金刚鬘续云："初数息出入，二万乃一千，如是有六百，于昼夜决定，乃至得准数。经二七日夜，随于数加行，是善观察数。"静光译末句为"数数观察数"。此谓一日夜中，出入合为一息计，共行二万一千六百息。昼夜二分，行若干风，乃至获得数量决定。如是经于二十七日夜，数数计数。此明除住分外，对于日夜，各行若干风，要不增不减，平均计数。若每时风数平均，则身内大种平均。倘此平均，则依身所生功德，极易引生也。

第二月中修法。如云："次随逐念诵，当观察每座，诸风与功力，二千七百数，应当正了知。以决断行相，经廿七日夜，以四轮差别，昼夜得决定。"此说第二月中，观八座，每座行二千七百次风，令其平均。前者易数，此则较难。释论中说："每座有九百风，以入住出三乘，为二千七百次。"非为善说。若果尔者，则说一日夜，有二十四次九百风息，不应道理，以仅有八座故。此说于二十七日得决定。由于四轮所生四风，修金刚念诵，而得决定。

第三月中修法。如云："次励力安住，善观察别异，由行于脉轮，决定其出入，由定识加行，观察诸脉轮。此轮脉差别，经廿七日夜。"此说平均八座风已。次于风所行处之脉轮，由决定出入风行之方便，观察诸脉轮别异，经二十七日夜，各别明见脉轮诸脉也。

第四月中修法。如云："次以处差别，善观察彼相，诸观察住者，百八风游行，无分别加行，断分别为体，一切事自性，一百八增上行。此胜正瑜伽，经廿七日夜，修相瑜伽师，随止住修习。"此说决定风所依诸脉已。随所止住修风相之瑜伽师，第四月中，能见游行脉中百八诸风，而得决定。"无分别"等三句，及"此胜"一句，显示断除一切事自性分别，悟入光明之方便，唯能断分别之金刚念诵瑜伽，最为殊胜。

第五月中修法。如云："有分别行者，瑜伽从彼转，无分别大风，游行于脉轮，次从诸染结，定解胜义转，经廿七日夜，初发业加行，具慧思退转。"静光译为："具慧从退转。"此说第五月中，具慧瑜伽师观待金刚念诵究竟，立为初发业者，以彼所修诸风瑜伽从分别风退转。其能引无分别之大风，便能于脉轮游行，此是将风转入不坏处之位。由定解诸风胜义真实性，便从染结动性中退转也。

第六月中修法。如云:“次彼等清净,由正瑜伽力,命力诸分别,周遍尽断已，风真实游行，修最上瑜伽。无二胜瑜伽，经廿七日夜，依风真实性，散乱心清净。”此说，第六月中，由依止风性行，修金刚念诵之力，断尽命力诸风分别，令于分别境散乱之心皆得清净。是于此等，说名数、随、止（观处差别）、观（观时差别）、转、净。修六月金刚念诵之后，心间脉结完全开解者，意说最利根之所化也。此续多处，除出入息外，未说息住。诸作疏者，诵“明往还”句，为“行不行”。然续中刚说：“以入住及出，圆满次瑜伽。”廓译师说，学习粗风究竟量齐，谓行动明显。乃于根现量，色相明显。无诸错误，数相明显。声音自性三字行相明显，处所、粗细、迟速、轻重等相明显也。究竟相状，谓不生诸病。学习细风究竟量齐，谓将外三千世界风，摄入毛孔，身内能容。将身内风，放出充满三千世界，能将内外交融。及由外风所触，便能引生乐轻二触。学支分风究竟量齐，谓能于诸根门，转移诸识，及能无害守持诸风。谓于风火地水四风行时，于内守持不令外出。如其次第，能无损害飞腾虚空，外界寒触不能侵害，大力士等不能动摇，火等诸物不能伤损，是神通师规。

【科】卯二　金刚念诵能融风于中脉

如前所说，由修风咒和合无别之念涌。风音，宣为三字，非仅意境前作如是胜解，是生猛利意识感觉。喻如生起次第者，初仅胜解修为诸尊。修习之后，则心不须特作彼观，任运能起诸尊慢相。如是成已，则风咒各异之境执，俱能遮止。此复由于中脉中央，修入住出三种念诵，由风心同转之关系，便能于中脉中转。此复初须特令于彼出入。待修习已，则以金刚念诵为缘，诸风真实趣入彼中也。得彼之相状，谓未修金刚念诵时，左右鼻孔各别游行。既修金刚念诵，决定不久风便平行。是以金刚念诵令风趣入中脉之相。此于下门及心间修微细相，亦当了知。若能如是风入中脉，然不能久即转为左右单行者，是修习力弱之过失。

若如是入已，如前于中修习出入，略经少时，心间脉结渐渐松缓，最后便能开解脉结。若作是念：依心间要穴，于中脉中作金刚念诵，虽能令风入中脉，及松缓脉结。然金刚念诵，不能将风闭于中脉以金刚念诵，不遮出入息如常安住故。以是，若未持风于内和合，遮其出入。金刚念诵不能使风融入中脉。如斯疑者，是以圆满次第少分为足。总未了知，定量教典所说，明点瑜伽等，如何摄风。特未了知，详说金刚念诵一切要义之集密法类，故生是疑，然无彼过。若善修习如前所说入住出三，等量金刚念诵。至一期限，不待努力，风自然住，此复渐久。尔时虽不特意停止出入，而自渐短。故初修时，不须特令住量，长于出入之量。次仍励修金刚念诵，则风全不出入，于内安住矣。如授记密意续云："名住三真实，自性念诵相，无名无言说，是胜菩提心。三性成一味，无往亦无还。"此说：无名句体性，不可言说之自性念诵，于风咒本性和合无别之菩提心风，修念诵后，则入住出三全无差别，成为一味。尔时诸风全无出入也。此续中说："菩提心为风。"故此中言菩提心即是风息。此续中说："入住出三风实性同成一味。"故余处义亦皆如是。

金刚鬘续亦云："善修金刚诵，了知诸风相，断诸分别风。"此说：金刚念诵，能断风行动。又云："普于九根门，遍防护一切，诵吽无能等。"此说：金刚念诵，于上下鼻孔等一切门，遮风外出，于内防护，此等义如亲教论云："此中由吽出，嗡摄啊安住，于此持实性，于入住出三，当得解脱智，不须生疑惑。"此中明说，由修金刚念诵，从融会、脱离入住出三相之风，当得妙智，不须犹预、疑惑也。若尔，二字金刚念诵，如何令风融入脉内耶？由修彼力，令风入中脉，及开解脉结，与三字相同。尔时彼风，已得往还根本处道，即还本处，如死次第。续中虽说二种金刚念诵，然圣父子安立三字金刚念诵者，仅是一例。亲教论云："非仅入出二相，亦从住相解脱。"故须先灭出入动息，于内安住。其次住息，亦须融入。此由修出入念诵，风不行中，亦有随沉力转而不行者，当善分别。又鼻息停止，风住内时。若未融化，身觉胀满。融化之时，即便消灭。若如前说依次现起风入中脉之相状,其风自力长时内住,设融入者,即融入中脉。故诸空性，如说现起。若非彼位，即使融入内，亦非融入中脉。故诸空性，不能如说现起。其风真正融入心间不坏者，须先松缓心间脉结。故先以摄归心间之方便而收摄时，即融入中脉，亦是融入与彼相近之中脉，非真融入彼处。如是即使趣入中脉，亦不能于脉结处之中脉出入也。

金刚鬘续云:“少少离功用。”此说，于风出入，不作大功用。亲教论云:“于内住时，徐徐任持。”故于入住出三风，徐修金刚念诵者。息灭风等虽稍迟缓，然身内诸界不乱，调适力强。从专住身要所引生之功德，与余不等。是故引发诸空其力极强。引发空性一次之后，极易增长。安乐温暖等皆极坚固，利益甚大。以是诸得乐暖等觉，发生欢喜，由见能修善行等德，作猛利修规者，乃至未成就所为以来，亦以如论所说而修，较为妥善。此复于金刚念诵之风加行，及系心明点等而修。虽稍速强，然说，强力执持如修风和合者，是非时死之因缘。故虽有速成之功德，但当善巧其界限也。

如前所引戍主所说：修心间明点所现诸相，亦许彼是金刚念诵之相。是故此中，亦现阳焰等相状。真正心远离诸空，乃至心间脉结，未开解以来，不能获得。然随顺心远离诸空，则从最低时，亦定能现起。故当善分别。倘未辨别此等，从最低时，由金刚念诵引起诸空，执前三空，为真正心远离，执第四空，为第四次第光明。于彼二后所起二种天身，如次执为第三次第之幻身，与第五次第之双运身。实未证彼任何功德，自以为证，起增上慢。昔未曾得胜上功德，皆不寻求，已得功德亦不增长。有谓我已得如是道，然得彼道所生功德，均未见生，便起邪见，谤彼等说皆是虚言。有因圣父子诸论文中，未得心远离前，多未宣说能现道位诸空。即执未至彼前，道位诸空不现。不为引生彼故而勤修，便当失坏极大义利。以是当知，由修圆满次第。将风融入中脉所生之四喜、四空，不须立为极高道位。故为生彼等，励力勤修，若时现起如前所说，从融化诸风所起三空及譬喻光明，则当忆正见，尽力住定。若风摇动，从定起时，仍修金刚念诵等摄风方便，间杂而修。

卷十

【科】卯三　炽然猛利火法

若谓金刚念诵，纵能使风趣入中脉，及入者融化。倘此不能策动猛利，溶解菩提心，则此中无乐空和合。若亦能者，当说彼理。曰：此如前引，金刚鬘续说：此能引大乐。其所说大乐，即溶解顶上菩提心之乐。溶解彼者，实须炽然脐间猛利火。此理如金刚鬘续云："能集诸空行，故说摄空行，常住脐中央，光明如千日，出生大智火，坏一切遍计，现烧蕴分别，成无障碍身。次摄界分别，复于诸自性，能所取分别，其后亦摄彼。总焚一切缚，犹如蛾投火。由合风真实，了知咒实性，虽微细分别，焚毁定无疑。"其初四句，明脐间猛利体性。言彼为一切空行母总集体性者，如桑补札中说为无我母体性，春点续中说为亥母体性。以彼二尊，即白衣母等，及善猛母等，一切瑜伽母所集之体性故。此亦仅是一例。此说猛利赤尘，为一切空行母总集体性者，义谓明妃所作，乃为引生瑜伽师之大乐。炽然猛利，亦能办彼事也。次二句文，总明炽然猛利，能焚遍计分别。其次二句、一句半、二句半。如其次第，说能集诸蕴分别，诸界分别，能所取分别。

言集者谓焚烧义，或摧坏义。言无障碍者，谓数数义，或相续义。言身者，谓于身焚烧也。其次二句，合烧分别之法喻。次二旬明，炽然猛利焚分别，亦由了知风真实性，出入二相、或出入住三相，与咒真实性，二字或三字结合而成。即由金刚念诵，乃能如是成办之义。其次二句，说微细分别亦定烧毁无疑也。又彼续云："正依风真实，由吽字策发，善醒觉火轮。"此说，依止风真实由咒真实，醒觉猛利。言吽字者，是说二字，及三字金刚念诵之一分。余译本云："由咒身和合。"疏说彼义，为修生起次第。故知梵本，亦有二种不同。盛精进师译本，如前为善。由何种风动，然猛利火者，如亲教论云:"勤戒弓形动，三叉然智火，溶化诸界已。"此说住三叉处弓形风动，炽然猛利。此说下遣风。

大印点亦云："于脐处有理，理边谓密莲，彼处自炽风，旋绕得体息，由二根和合，风力炽然火。"此说由住密处莲花中风，炽然猛利。若由下遣特殊动理，炽然猛利者，彼由何动？曰：桑补札云："炉灶脐轮中，业风所吹动，三叉然梵火。"教授穗论说:由意住定，与二根和合作用，策动风力，使其炽然。前者谓专住身要风，与修明点等。第二谓二根和合。所然之火尘性惹达，虽住身分多处，然主要者，谓短阿所表脐间惹达，与卡字所表安住脐下密处之梵火二事，此复是住中脉中者。其能然彼火之下遣风，有入、未入中脉之二种。主要谓初。如金刚鬘续云:"左降菩提月，右注惹达日，风行于中央，能醒火应知。"此说由中脉中风行，能醒猛利火。故以金刚念诵力，风初入中脉时，略然猛利胜暖。彼增长时，溶解顶上菩提心。大印点论云："由正然彼火，溶解大乐轮，解已一切脉，遍滴胜甘露。"此中修然注者，即风未入中脉，其然猛利火溶解菩提心者，亦甚多。即未修彼，但修风与明点等，于风未入中脉，及未融化之前，亦能然猛利火，溶解菩提心。即通常二根和合，亦能起彼用。然彼等溶解菩提心，势力愈强，则愈难摄持不坠。

若由风入中脉而起者，则极易任持。又然暖中，亦有能溶菩提心与不能溶解二种。能溶解暖中，又有风入中脉与未入二种。入中复有融未融化之二。其乐亦有，唯风调柔之乐，非溶解乐。溶解乐中亦有多种次第，皆当善巧分别也。其下遣风，初然猛利之主要者，谓密处与脐间之二火。又下遣风，于下二门，如上鼻孔出入，故能入中脉。若已入者，如上鼻孔所行命风停止出入融化其中，能于下门亦不出入而融化者，则然猛利之力强，溶解菩提心之力亦大。又得如是一次之后，仍当起风如前出入，多系如是间杂而起，非得一次融化，便如出世间道，永断种子更不复生。金刚鬘说：金刚念诵由九根门防护诸风。故知非但灭除上鼻孔出入，即下鼻孔出入，亦须灭除也。此复若以身猛力，向上提息，其灭风虽较速，然不切关要。若能以金刚念诵，柔和加行，灭其行动较善。其任持和合风，亦应如是了知。若下遣风于下二鼻孔出入者，可否如上鼻孔，修出入念诵耶？藏师教授中，谓由下门翕辟加行，引生妙乐。此虽未立出入念诵之名，然具智者，可知其义，与上门相同。

觉窝结法歌中，说此理云："摧坏日月行，余于大空门，碑让巴不转，由翕辟加行，策发猛利火，当数数焚烧，五佛四天女，十方勇勇母，集融杂兰答，四莲有四点，引生十六乐。自现智色形，安住莲蕊中。住摩尼端时，如灯烛涅槃。若于摩尼端，正般涅槃时，自他等分别，则都无所见。若时日月蚀，意碑让不行，分别尽息灭，心入法界中。"此说令风入中脉之殊胜方便。大印点论亦说此义云："由翕辟加行，令风吹然火，诸根如柴薪，以此然猛利。诸分别蕴色，一切身焚烧，由正然彼火。"如前说。由此亦能知由水道中出入念诵。虽由上门金刚念诵即能办此二义，然欲特缘下遣风，于下方修者，当依所得先有教授而修也。若强遮下遣风，易害大小便闭等症，过患极大。若能善巧教授要义，以柔和加行，息灭风动，则便利减少，不须数解。此复全无少许不安，炽然猛利势力强盛，引乐力大。溶解诸界任何强猛，不须防慎滴漏等失，有此诸相。若尔由修金刚念诵，及心间明点等，炽然猛利溶解菩提心者，为如瑜伽母续所说，降至摩尼，依彼引生四喜耶？抑由上下收入心间，引生四空耶？此于心远离时，再当广说。

此中多有，仅见遮风等粗猛加行，略为迅速，未善分别，粗猛与柔和加行，如何引生现后功德差别。凡作专住身要等方便已往，即执为粗猛而修。其中有见障碍太大，遮修彼等。余者则计障碍虽大，要当善巧除碍方便而修也。除碍之法，有谓若聚风不销，引生苦者，当修多孔加行，向外宣泄。余师多说，当以余方便，息灭聚风之苦。其中有谓，为摄风故励力修习，既摄聚已，若不修趣入中脉方便，令其息灭，则徒劳无益，缺乏教授。自宗称赞以受用二浪夹迫方便加行，令入中脉，息灭痛楚。然彼一切，皆是先修粗猛加行也。彼中亦非凡专修根本风等以来，皆决定起夺命或将夺命之大障碍。以彼是未善了解最初修法之过失。其了知者，即不发生故。以是当知若善了解最初修法而修，无大障碍者，乃名智者。非先强使发生障碍，次复了知消灭方便，可名智者。其以柔和加行摄风者，总少障碍。初风未熟练，由摄风放略起痛楚者，其除痛方便余处当说。此复非仅为息灭痛楚，且能使后者，摄风无困难。并将后者已摄诸风，令入中脉。若能知此除障方便，乃为智者。以是当知，如前二派，纵能息灭聚风痛楚，然前者所摄风，无益于趣入中脉。第三派除障之法，于粗猛加行所修者，诚属善哉。自宗之除障方便，亦唯用柔和加行，不作粗猛加行也。如是广说金刚念诵之要义者，以诸教授中虽亦多说修金刚念诵，然如集密法类具说一切金刚念诵者，则余续论皆未能尔。即集密派能善说者，亦甚希少。故为抉择，圣者父子，不说余风加行，唯说此法之深义也。

【科】癸三　学心远离意金刚三摩地分五

子一　必须通达心性之因相

子二　经中宣说心性之理

子三　明无上续，即通达心性之殊胜方便

子四　明续义三明相与诸本性

子五　明不知彼之过患与了知之胜利

今初

总住金刚乘，特学金刚念诵，欲求成佛者，应当寻求自心本性。如摄真实经云：“善男子，当住定中观察自心。”毗卢成佛经云：“言菩提者，谓如实遍知自心。”三藏理趣经云：“独行及远行，无身住根窟，调伏难调心，能解脱魔缚。”故摄行论说：欲证幻身者，当断除散乱睡眠等一切五盖，亲近正得如来一切教授之师长，随顺集智金刚等释续，了达自性明相三识也。为证欲学心远离者，须寻求心性之因相中，所引三经，皆说须通达心真实性。故西藏与印度，有说心远离智，了知有法之心，非了知心之法性。若了知者，应与光明都无差别。皆已破讫。第四次第之光明智，乃现证心之法性。心远离虽亦了知法性，然非现证，故非无差别。此所引契经，与下二续部教证，虽非宣说心远离三智，然成必须通达内心法师之因相。

【科】予二　经中宣说心性之理

若必须寻求心真实性者，彼性云何？曰：此中摄行论，述波罗密多乘与密咒乘所说二理。初者，引楞伽经说：“由欲了知，自心所现，二取分别，诸佛行境。故当远离喧杂睡眠等诸盖，而明心意识三为一切情器根本。”旧译摄行论虽言“分别行境”。卡师译为：“分别诸佛行境。”极为妥善。次引贤护经说：“由识受身，从趣下劣生处．然终不为彼过所染，随识生处，苦乐业界，亦至彼处。未见谛者不了知识。”结彼义云：“诸大乘经说，如是识、无色、无相、无形为性。唯自证智。”言诸佛行境者，显心之法性。言是一切根本者，显即有法之本性。言心虽趣下劣生处而彼法性，终无变易。及说此义，非诸圣者莫能现知。故说此心于胜义中一切相空。于名言中，无色无形。不待他证，唯自了境之知性。金刚乘中宣说之理，即彼论云：“请问诸佛行境内心云何？佛薄伽梵于一切续句中说，彼体性无根、无处、无依、无相、无形、无色，超越诸根，非分别境。”此是问如何学心远离中，说心真实性，共波罗蜜多乘，非心远离。六十正理论亦云：“无处无所缘，无根无所依，从无明因生，离初中后际，无实如芭蕉，等同寻香城，愚城不可爱，众生如幻现。”彼释论说，处者，谓眼等六处。所缘者，谓一切法。根者，谓种子理之因缘。即以缘起因相，说本性非有如同幻事。言无依者，即无所缘。

【科】子三　明无上续，即通达心性之殊胜方便

摄行论云："若未入集密等大瑜伽续，纵经恒河沙数一切大劫，亦不能了知自心真实性，亦不能见世俗谛。"此非是说乃至未入无上续，不能抉择基本正见，如前已说。既抉择已，亦非修彼不能现证。堪为量者均未曾说。波罗密多乘，不能得圣地。若能得彼，而不能现证法性，成相违故。亦非依法身内心究竟法性，密意而说。以心远离位，通达心真实义，是伺察位故。由说"不能见世俗谛"，亦可了知。以是当知，其能通达心真实性之主要有境，乃俱生乐。义谓彼智通达彼境，若未入无上续门，仅入波罗密多，与下续部门，终不能得。其以余道要经多无数劫，乃能证得之果位，以无上道，于一生中，便能成就之速快差别。即是以俱生大乐，定解修习真实性义。如桑补札云："此何须广说，总之，诸佛性，无数俱胝劫，所证得佛果，汝以最胜乐，此生即能得。"若仅断烦恼障，则一类声闻，亦三生能断。即现证真实性义，亦是二乘所共。故仅由速疾现证空性门，速能解脱生死，非是此中速疾差别。是故此道中，须能速疾断所知障。此中若无如波罗密多乘修学无边资粮无边差别之方便，仅证清净空见，随如何修，除能解脱生死之外，决定不能断所知障。故大乘入，要经长时，修学如是无边资粮者，实为生长证空性智，成为断所知障之能断也。

无上道中，虽不修学，如波罗密多乘无边资粮差别。然说以俱生乐，修习所解空性深义，最为速疾。故可了知，是因殊胜有境大乐关系，现证空性，净治二相习气之所知障，最为速疾。以是续中赞说此道之灌顶及第一次第，并诸眷属，胜出余道者，亦是由彼能成乐空和合道器，及能成熟圆满引生彼道之分而说。非由彼自体而说。其能成立乐空和合道速疾殊胜者，要知彼上，代替福德资粮无边差别，能成佛果色身之不共因。此复除幻身外，更无余法。故乃至未善巧空品大乐圆满次第，与有品幻身圆满次第二事以前，未能圆满获得二续要义。如集密续说："自从往昔过去不可说不可说佛刹极微尘数劫，然灯佛灭后，

乃至迦叶佛，未曾宣说此大密之因相。谓尔时中诸有情类，皆无宣说此大密义之善根故。”然说诸菩萨，经恒河沙数劫，勤求难得之大菩提。其信乐集密之菩萨，于一生中，即能证得之因相。

灯明论云：“乃至尔时，诸有情类，胜解劣法，应以布施持戒等离欲法调伏，宣说深法，意怀恐怖，故无善根。以是尔时，未说大密深义。现时有情，多行贪欲，由知五浊众生胜解。故佛如来宣说此法。”亦是依于引生大乐之外方便，有无信解而说。此是说于决断空乐方便，和合乐空，现生能证菩提，发生恐怖。非单于空性而生怖畏。贪欲薄弱，虽亦是于善巧方便贪行恐惧之因。然主要者，谓觉佛果无边功德，要经长时，修集无边资粮差别，方为相称，若不如是则见不合。若已住大地诸大功德藏，尚须长时修习，则说极短于一生中即成就者，是为引诱一切所化而说，非如实说。

虽于此道及空性理，具大信解，然亦容有德失二品，须善分别。若能善知二道建立，已见殊胜能立之理，以猛利信解，坚立此道种性不共功能，则极为切要。此明以心远离智，通达心真实性，及证世俗幻身，为余道中极难得者，即是欲明，由修前说三种命力，引生大乐之心远离，修心真实性，为修幻身之不共要道。由说未入集密等大瑜伽续者，纵经无量劫，亦不能见世俗谛。故有计世俗幻身，为通达现而无性之三摩地者，及有计为天身现而无性者，皆已破讫。修余道后，转不转入此道，及彼因相，后当广说。

【科】子四　明续义三明相与诸本性分三

丑一　释明相

丑二　释本性

丑三　释引生明智之理

初中分二

寅一　释三明相之异门

寅二　说三明相之别相

今初

摄行论说，三识异名，有共波罗密多大乘，与金刚乘不共之二。初者，由佛显说方便般若，即亦暗引不定性名，共为三种。心意识三，遍计执、依他起、圆成实三，及贪瞋痴三种自性等异门。此中方便谓增长，般若谓明相。不定性即彼二和合，谓近得。明相，于乐空二中，空慧增上。增长，与上相违。近得，二分平等。故作是说。非说一切方便般若及彼二合，皆是彼三。此复是依道位三明而说。由与彼类同，故因位三明亦立彼名。说明为心、增为意、近得为识，亦非说凡是心意识三，即是彼三。如许三相互违，亦不许心意识三互违也。有因余论，说阿赖耶名心，染污意名意，六转识名识。故说转识为明、染意为增、阿赖耶为近得，未见应理。若计增、得，为阿赖耶与染污意者，如诸异生不能现知离六识身外，别有异体阿赖耶与染污意。则彼二，亦应尔。经说明相之所缘行相，与彼二之所缘行相，极不相合，及说诸明相由内外命力道所新生，皆成相违。若计彼有可名阿赖耶等之因相者，亦未说彼，故不应理。若尔，云何？曰：经中总说，心意识三，为染净诸法之根本。此中亦欲说为染净诸法根本之殊胜心意识三，故于三种明相说彼三名。

摄行论中引集智金刚续云："识从光明生，即此名为心意。以染净性一切法，皆以彼为根本。"金刚鬘续亦云："三明为性相，闻此中三识，此即有情界，本性之根本。"于三明相，俱说名识者，于心意亦同。以三明之一一明，皆可得彼三名故。以彼三法，别配三明者，是于意识种类前后所起三念而立。名义如云："集聚故名心，所依故名意，能依故名识。"三明相心，一一皆具彼义，复无强弱。故由训释，不能区别。五次第论云："明为依他起，增为遍计执，得为圆成实。"如是说者，谓如现似二取离异之所依为依他起。依如是现增益二取体性别异，为遍计执。于现证无变圆成实前，则遍计执与二取相，二俱远离。如是诸空最初之基本，谓朋相。依彼出生增相。至近得时，前二皆灭，方便般若，平等俱转。似即依此同法而说，应更观察。论说明为瞋恚、增为贪欲、得为愚痴者，是由妙乐弱强中庸而说。道位与因位，如前说。三自性之名，前已说三相，故此非彼。当知是说空品、明品，二平等性，如前应知。波罗密多乘，未于三明相，立如是名。故所立之名虽是共法，而于三明相，立如是名，则非共法。

第二不共名，谓明、明增、明得，空、善空、大空，心、心所、无明，离欲、贪欲、中欲。论云："言嗡字者，是能坚固依于语门种子之因，谓诸下劣胜解有情，不能通达如来密意语言，则应观彼为月轮形，或莲花形，或妇女形，或名为左，或名为夜，及柔和事心世俗色。"又云："言阿字者，是能坚固依于语门种子之因，谓诸下劣胜解有情，不能通达如来密意语言，故应观为日轮，或名五股金刚，或名为宝，或名为昼，或名为男，或名为右，或粗行相，心所世俗色。"又云："依语种子，名圆成实。此即明得。"卡师译为"依语种子阿字"。此中有说，三明融化，如其次第，是为三空。或说三空，乃三明之法性，非即三明，皆不应理。以摄行论说三明相即三空故，集智金刚续，亦明说此义故。以是当知，三明相者，谓动遍计风融化之后，由明如月光，故说为明。由即彼风及八十种遍计皆空，故名为空。由最光明如同日光，故名明增。由明及风俱空灭故，名为善空。由如昏暮，极不明显，接近光明，故名明得。由增及风，俱空灭故，名为大空。由不明故，亦名无明。是为近得一分之名。言"语门"者，是生语之路。依彼出生种子者，谓三字。能坚固之因者，即以彼三名，决定三智也。

五次第论亦云："左名亦是此，月轮有莲花，其能坚固因，第一字俱点。"又云："如是金刚名，二点听庄严，应知卡（ཀ）即彼。"故是以诸字之名，表诠明相。言下劣胜解者当依日月而观者，义谓生起次第者，不能如已得心远离之圆满次第者，从三智中出生幻身，故代替明相，观想月轮，代替增相观金刚等标帜，代替明增心心所二平等和合之近得，从月轮金刚等，平等和合，出生天身。如五次第论云：“此般若自性，应观为月轮，自见心性已，自身如月形。次应缘于月，善观金刚相，此中金刚等，表行者方便。月金刚等合，心心所会集，慧摄方便中，当出生天身。”第五句卡师译为“缘圆满月已”，较为妥善。以月日轮及昼夜名，显示初二明相者，谓如虚空中，日光月光周遍显现也。言“莲花与金刚”“女与男”“左与右”者，是约方便般若分。言“粗、妙”者，是说安乐胜非胜，或境相广不广也。言“世俗色”者，谓表诠二智之月轮等，是假造相。明得相者，以不定性，昼夜交限，左右中央，粗柔中品，慧便合杂，月日昼夜和合等名表诠。

【科】寅二　说三明之别相

摄行论云：“集智金刚经，略说三明之相，当以尊长教授宣说。”又云：“明相云何？谓性无行相，无诸身语。犹如秋季，无垢虚空，月轮光辉，周遍明照。如是本性明了行相，能尽缘一切法。故此胜义菩提心般若明相，即第一空。”又云：“明增相云何？谓体离二取，无诸身语，犹如秋季日光周遍。如是极明无垢自性，缘一切法。是第二普贤菩提心，即第二次第善空之相。”又云：“明得云何？谓如是虚空相无事为体，无诸身语。犹如黄昏，暗性周遍，微细无我，命力不行，无心、不动。”此派极善抉择四空最为切要。如根本续，余四释续，虽曾多次说彼等名，然皆未明显示其体。集智金刚续中，仅说无明如暗，心所如日光，心如月光显现。未说余义。圣父子余四论中，亦未明说彼体。故唯应依止摄行论而了知也。集智金刚续中仅说，从死有光明，起逆次三空。摄行论中，则通说道位诸空。其第四空，则以清净虚空喻显。谓由夏雨，压诸尘土，复离云障。唯秋季中，多现此景。故以秋空为喻。于彼净虚空中，昼间日光遍照。从黄昏后乃至重暗未消之间，黑暗遍覆。从暗消后，月光发现，乃至晨曦未现以前，月光遍照。月光隐辉，阳光未升，俱离能障虚空，本色之三因，晨旦之时，共为四位。其中后者，是第四空，一切空之喻，暂止不论。

前三喻中，初与增相，次与得相，三与明相，法喻相符。谓三智现时，如彼三种虚空相现。于第三时，论云："无事为体。"卡师译为"性无行相"，同第一时，较为妥善。此与中云："体离二取。"意义相同。此复除如前说，现起三种明相之外，余粗二相，于彼智前，皆悉隐殁。三时俱云："无诸身语。"谓于尔时，身动语言，皆灭。从犹如，至如是，前已说讫。言"虚空相"者，与如黄昏暗性，周遍虚空，相合。言"本性明了行相"者，谓所见境，明了显现。言"极明"者，谓较先前尤为明显。言"缘一切法"者，是说彼所见境，周遍一切方隅之义。所缘广略，如应而现。真实胜义菩提心，乃道位乐空和合智。其余道位因位，亦假立彼名，虽近得无念位，无乐空和合，然非近得位，皆无彼能。言"微细"者，谓难通达。言"无我"者，谓无自性。言"命力不行"者，谓风不出入。此等虽通三位，然近得时增盛，是故偏说。言"无心"者，卡师译为"由无念故，得不动三摩地。"较为妥善。如是当知，融化形动遍计之风时，如灯炽然之相现。其后所现明相，谓如秋季虚空洁净。夜分月光遍照空际，澄净空旷，唯有洁白光明显现，除此别无粗显二相。譬如月光遍满虚空，然彼不障蔽虚空可见。如是此中所现洁白光明，亦不障蔽，如净虚空之空明显现也。次彼明相收敛之后，明增现起，犹如秋季洁净虚空，日光遍照。澄净空旷较前尤甚，有赤红相或赤黄相显现。余如前说。次明增相收敛之后，近得现起。由极灭风故，境相皆空，黑暗相现，如黄昏后暗相遍覆。有境之念忘，故成无念，然非有过染之失念也。临命终时，彼等皆现。于睡眠时，因鼻息未停，故相似现。于修道时，若风融入心间中脉，诸相全现。融入余处，所现之量未能如是。此三复由修习盛劣、摄风、融入强弱之力，所现境相，有广狭、厚薄、安住久暂等，无量差别也。

若修风等时，未经前二明相为先，顿现黑暗成无念者，则非近得。如是三空，虽于得幻身后，未证胜义光明之前，及从胜义光明，逆起定时，并得有学双运，未得无学双运之间，皆容现起，然非心远离。如是未得心远离前，亦容现起三空妙智。故当辨别，三空妙智，与心远离之空智，广狭差别。藏师有说：根识等一切五分别识，皆归三明随一所摄。谓即彼识初缘境时为明相，次能明见境差别时为增相，后不明了趣向灭时为近得相。此于本释诸续，圣父子诸论皆未宣说。与摄行论所现三明行相，如前所述，亦成相违。前说心意识三，与三相等，皆是三明之异名者，是因三明相，容有彼等名转之理。非说彼等一切，皆是三明也。若皆是者，则八十种本性，亦成明相等，过失甚多。若尔，五次第论云："夜昼及界性，谓明与明增，如是明近得，说心三相已，当说彼能立，诸风以细色，与识合杂后，从诸根道出，缘虑于诸境。"此说诸识与微细风合，从眼等根门出，缘虑于境，是为三明，当云何释？曰：彼义谓："已说三心，当说彼三之能立。"大译师及卡师所译。摄行论中译为"彼所依"，是当说三心所依之风也。此复是说三心与风相合，合谓由风吹动，从诸根门生缘境识，及诸本性。即彼论后又云："若时成就明，即已乘诸风，尔时一切性，无余尽当起。随风所住处，本性即随行。"连前所引文，摄行论中引证之后，总结彼义云："以是，细界转故，刹那、顷刻、须臾、眨眼、一击掌间，明相动起。次经刹那、顷刻、须臾、眨眼、一击掌间，诸本性随转。"作是说故。此复是说，于受生时，从逆现三空，渐次生起。及从睡眠诸空，数数合修之义。非说，诸转识与本性分别，随生起时，即直从三空出生。诸识虽决定为有分别与无分别二类，然非决断为明相与本性分别二类。故诸根识虽非明相，亦不必为木性也。

【科】丑二　释本性

诸明如是，其八十种本性分别，云何成为明相本性，及从明相引生本性，其理云何？曰：第一明相之三十三种本性，如五次第论云："明出彼本性，今当广宣说，离欲及中性，如是广大性，意中有往还，忧等有三种，寂静、分别、畏，中畏及大畏，爱与中品爱，极爱并近取，不善饥渴性，领受与中受，并极受刹那，了者与持了，观察及羞惭，悲与三哀愍，疑虑并集蓄，及名曰嫉妒，三十三本性，众生所白了。”其中离欲者，谓不乐境为相。此有下中上三品，言意中者，谓意往，趣诸外境。意还，返缘内境。廓派谓此总通一切。忧者，谓离可爱境，内心热恼，有上下三品。寂静者，显义论说：心寂静住。诸先觉说：心安闲正住。分别者，显义论说：掉举而住。诸先觉说：心粗寻求。畏者，谓遇不可爱，其心恐怖。爱者，谓耽著于境。此二各有三品。取者，谓执著诸欲尘。不善者，显义论说：于善业犹预。诸先觉说：心志颓败。此中亦可译为不祥。诸先觉说：饥谓食欲。渴谓饮欲。卡师译本，饥渴合为一项。然如前较善。领受者，谓苦乐舍三。此由境门，有上下三品。了别者，能了别，所了业，于此三轮，有三分别。观察者，谓善观察应不应理。惭者，谓依自法为因，羞耻罪恶。悲者，谓欲拔苦。哀愍者，谓于所缘有救护、爱、乐、会遇三欲。疑虑者，谓心怯惧不定。集蓄者，谓摄集资具之心。嫉妒者，显义论说：谓于他荣，心生热恼。卡师虽译为悭，然五次第论，与古译摄行论，皆译曰嫉，较为妥善。

四十种本性，如五次第论云：“贪、著、及心喜，中喜与大喜，欢乐极欢乐，希奇、与掉动，饱满、及拥抱，相吻与吸吮，坚定与勤、慢，作、夺及势力，勇悍、俱生性，如是中俱生，极俱生及猛，嬉笑与仇怨，善及明谛语，不实及决定，不取与施者，策励并勇者，无惭与诳、毒，不调及曲性，所有四十相，是善空刹那。”贪者，谓于未得境，心怀贪求。著者，谓于已得境，心生耽著。见可意境内心喜悦，有上中下三品。欢乐者，谓所欲义成衷心欢乐。极欢乐者，谓数数领受欢乐心情。希奇者，显义论虽说，由种种言，为是为非，犹豫不定。然如诸先觉说，谓见思未曾有义也。掉动者，谓由见可意境其心散动。饱满者，显义论虽说，是受乐相，然即觉彼境饱满之分别。拥抱、相吻、吸吮者，谓欲作彼等之心。坚定者，谓相续不变之心。勤者，谓趣向善法。慢者，谓高举思。作或业者，谓圆满恒常所作。夺者，谓劫夺财欲。势力者，谓摧坏他军欲。勇悍者，谓修善道心。

言俱生者，其梵语为“萨哈杂”。梵本中无，而有“萨哈萨”。昔诸智者，谓应译“踌躇”或“欢喜”。显义疏中，读为“不踌躇”。义谓，由骄傲增上，行不善行。古译摄行论中谓“难行”。卡师译五次第论中,谓“功能”。摄行论中，谓“不踌躇”。昔诸智者，谓于境界策励加行，上中下三品。言猛暴者，谓虽无因缘，而与善士相竞诤欲。嬉笑者，谓由可意境，起游戏欲。仇怨者，谓怨恨心。善者，谓于善业起功用欲。明语与谛语者，谓令他易解，及不覆想说欲。不实者，谓覆想说欲。决定者，谓意志极坚定。不取者，谓不乐缘境。施者，谓舍财物欲。策励者,谓于懈怠者,发鼓励欲。勇者者,谓于烦恼等敌起战胜欲。无惭者，谓依自法增上，行不善行而不羞耻。诳者，谓以伪德而诳他入。有译为“巧”者，谓锋利心。毒者，谓习恶见。不调者，谓损恼他。曲者，谓不正直。末二句文，卡师译为“四十性刹那，从善空出生。”

七种本性，如五次第论云：“中品贪刹那，妄念与错乱，默然及厌患，懈怠并疑惑。”妄念者，谓失正念。错乱者，谓于阳焰执为水等。默然者，谓不乐言谈。厌患者，谓心灰退。懈怠者，谓不乐修善。余二易解。此三类分别，似应由于境，太欲、及太不欲、中庸三门，摄为三类而说。然依显义疏，及诸先觉所说，则如上释。摩尼鬘疏虽说此诸分别，摄归五十一种心所之理，然不可信。故此不录。摄行论说，如是三类分别，为三明本性者，本性之梵语，为“娑跋嚩”。通“出生”“本性”“有事”三义。故虽亦可释为“出生”,然摄行论，略标时云“本性”。总结时云:“三十三与四十相。”又云:“彼本性相即此七种。”亦复说为三明之相。拉弥师释本性之义，谓彼本体。显义论说，彼中所摄，然皆非理。圣天自加持沦云：“地界融入水，水则融于火，火入微细界，风则融于心。心融入心所，心所入无明，彼亦入光明。”此说心明相，未生之前。风先融入。以彼是能动遍计之风，故于尔时遍计亦须先融入故。明相与本性，极相违故。

又降生渐次时，集智金刚续亦说，已生三明之后，乃生诸本性分别。辨业论亦说：已生三空之后，乃生百六十种本性。说第一类本性，为明智之果者，余二类本性，理亦相同。故有书说：七种本性，无明时生。实未清净。若作是念，论说：风入明相。然未生明相前，别无明相。故说入彼，似不应理。若尔论中，于明增得三及光明相，亦如是说。则应后者生已，前乃融入。彼等应非因果，亦不能立前后次第。然不许尔。如五次第论云："空性与善空，第三谓大空，第四一切空，是因果差别。"以是论说，前入后者，是以收摄前者功能，渐不明显，则彼功能似入后中，假作是说。是故有说，融入之时，先灭三十三本性，次生明相。其后再灭四十本性。次生增相等。及许彼义复计本性与明相相应。并说生时，先生近得，次起七本性等，皆不应理，自语相违故。摄行论说：从明相中生诸本性。前已引讫。卡师所译五次第论，于说三十三与四十本性之后，云："从明相智生。"又云："明增加行起。"

以是当知，说诸分别，为三明相之本性者，谓是能相。此如前说三明之相，非无异体。如鸽表示宫室。是于异体能表，说名为相。此如摄行论云："如是诸识虽现，然无色形。当以贪欲、离贪、中庸贪等本性比知。"此说本性，能比知明相。故是明相之能表。比度之理，谓本性分别，有上中下三品，故可比度能生彼等，乘风，之明相，亦有动力上中下三品也。以是能动分别，下品七种随一分别，是乘风明相，下品动力之迹，故是近得之果。余二亦例知。其由修道力，引生三智之瑜伽师，定能现证彼三，非由因比知。故要以本性，比度明相者，乃未证彼德之补特伽罗。故计一切根识，皆是三明随一摄者，不应道理。以诸根识，不须由因比度，皆能现量决定故。庸常补特伽罗，虽于生死等时，亦皆领受三明及光明。然彼不能以现量力，引生定解。言百六十种本性者，是约昼夜各有八十种而分。

金刚鬘续亦说：由百八风所动，有百八种遍计。如是因位，动遍计风有融未融二位。其未融者，即诸本性现起之时。融入位中，复有三明相风，融未融入二位。此未融者，即三空时。已融入者，即光明现起时也。修道位中，亦如是起。其抉择四空，与诸遍计融入次序，及降生次第，即为此义。如是集密本释诸续所说义，如圣父子所解释者，余中未说。摄行论赞彼，是一切诸佛教授，自师龙猛恩赐者，意谓光明，幻身之不共修法，要先了知此义，乃知也。

卷十一

【科】丑三　说引生明智之理分二

寅一　列述各派

寅二　立应理品

今初

拉弥及福缘称等，说于脐间八辐轮中安布嗡字。由此放出嗡啊吽三字，分布顶喉心中。次从昂＊字放白光明，钩召嗡字，融入脐间字中。一心专注于彼，引生明智。如是缘于轮毂，红色啊字，与单明点，由彼放出红黑光明，如其次第，钩召啊吽二字，融入脐中。一心专住，引生明增与近得智。次观点轮，亦皆融入脐间虚空。由修此故，引生五相为先之光明。此等是说嗡啊二字，为初二智之异名。于近得位，则说是五次第论“种子不具点，非由风门出，若获得明相，乃是圆满相”之教授。此是以咒次第方便，引生心远离。由印次第引生者，如五次第论说，从彼引生诸空之理，皆如前说。

廓师传说：黑三昧金刚派与具妃派，二家引生心远离之方便。初家说：“下门道，依止业印。上门顶上修嗡，喉间修昂＊，心中修阿。光明收放，内菩提心自力溶化，引生大中小三品妙乐，消灭粗细三品本性，修习乐空。传说此是昔贤所说修者程度。”复引提婆教文，谓是彼义。然彼所引教，与彼所释，全不相符。即言“传说”，似不满意，显是列举三昧耶金刚喇嘛著述中所出者，现在所存提婆论中亦无彼文。其第二家，除说依止业印引发外，未说修字等。廓师之弟子，俄智狮子等，亦如后说。有余住持廓师讲规者说，具妃师派，依止下门同前。依上门者，谓由金刚念诵，令风调柔者，于心间月轮上，想莲花、昂（ཨྃ）字。从此于极微细光洁白清凉,犹如月光,注入中脉,策发顶上杭（ཧྃ）字。从杭流注白菩提心，降入昂（ཨྃ）字，昂字渐渐明亮，最后其心安乐，明显如月，引生明智。如是想心间日上，金刚脐中啊（ཨཱ）字，与不依座垫之单阿（ཨ）字，放极微细如日热光，与诸黑光。入中脉等，如前引生后二智。廓之上师萨惹哈意，则不作收放，仅缘三字引生三智。然许彼等是解释月日字等，为诸智异名之教授。具神通师，仅说彼等，为诸智异名，然不许如是修行也。然考廓师之千章论具妃师派，不相符适。

玛巴所传挐热巴教授，如色顶巴所述，有有轮无轮二类。有者安布之理，如前所说。于金刚念诵时，不收咒轮，待缘心时乃收。学缘心时，令上下风对合任持者，四种大教授，三种小教授中皆有宣说。五义论复说是于心间任持。既持风已，说缘外层莲叶之字而修，引起初空。次将外层收入中层，缘中层修，引起善空。次复将彼收入内层四字，缘彼而修引起大空。又说，最初即将初层莲叶融入。及说先缘初层，现起如月光之白相后，次将初层莲叶，融入二层而修，乃能灭除三十三种本性。有说，缘外层莲叶字时，即将天身收入彼中为善。亦有说，生起三空之后，乃将天身收入中央点中。有说，由初层莲叶字放光，清净情器收入父音。亦有说，收入母韵者。现有多种异说。然所许根本，皆同前说。有轮论与四义论，说彼三如次，谓菩提心，降至金刚根及腰间金刚瓶时，所生乐觉。五义论虽说，初谓菩提心，从原处动时，所生乐觉，然与前二，似应相符。有轮论说，金刚念诵为先，间杂修持诸风和合。彼等之中，关于现起相与有相之理亦多异说。此不繁书。

无轮者有三，初者“自修本尊，心中有光如镜，中央有点，短阿庄饰。次修金刚念诵，与前相同。修缘心者，谓上下风对合任持。天身、光明、明点、短阿，前者于后摄入而修，引生三空。”此中言无轮者，乃别立通名。五次第论三重萨埵中说，自想为三昧耶萨埵之心间，有智萨埵，如拇指许。于此心中，有金刚杵，量如芥子，脐中有三摩地萨埵，靛色吽字，如细毫书。如是修已，次修金刚念诵如前。修缘心者，谓和合持风已，想二萨埵与金刚、吽字，前收入后，殷重修习，引生三空。五次第论顿起中说，自想为本尊，心中有四叶赤莲，蕊中有白色明点，黑色短阿字。如是修已，次修金刚念诵如前。修缘心者，谓于天身、莲叶、明点，一心专注，引生三空。虽说天身、莲叶、明点、短阿，前入后中。而未立彼融入次第，为三空者，实属错误。由前二论亦能了知，故当顺前二，于三种融入次第时引生三空也。意说修此等时，乃至现起阳焰等五种相状，应修金刚念诵，极为善哉。此等广略教授诸规，谓引生心远离时，须合持风与一种收摄所缘次第。要二事和合而修也。

五次第论，说心远离，要依业印引生。五次第略论，与色顶巴之教授中，虽未明说，然有大印，依止业印，引生妙乐之教授。彼中明说。玛派余师有许：不合持风，仅缘三层字，如次修习金刚念诵，即能净除三类分别，引生三智。拏错所传拏热巴教授说，以乐相助，通达内心真理者有二，谓有贪者，依止下门，则须依止业印。诸离欲者，依止上门，有依字鬘，或单依字，或全无字，引生妙乐之三种。若纳初意，仅说从心中三层字鬘放光，溶化顶上杭字，充满心间。引生乐时，略持风息，并未说有先须合持风息及收摄次第之观想也。

【科】寅二　立应理品分二

卯一　思择诸派

卯二　建立正品

今初

初学摄风融入中脉时，缘身要害虽须决定，然已善修金刚念诵，等专注身要之方便，已能由风融入中脉引生四空与欢喜者，则随缘何境持心，收摄风息皆能如应引生彼诸证德。此是由前势力所起，非定属于后境之果。以是善学金刚念诵者，由持上述诸境，引生彼诸证德。然不能以彼为因，成立彼教授，即彼经之义也。五次第论与摄行论，说三字及月日金刚等，为三明异门者，如具通师说，是于圆满次第之三明，立彼等名。及说不能引发三明智之生起次第位，亦应如是勤修胜解之义。非说，圆满次第者，由于月日等上，安布诸字而修，引生诸智。极为善哉。假使是为引生，亦须于心间修。其于脐间修者，乃未通达此宗要义也。言“从明智及增相出生”者，亦是说从彼等出生诸本性，非说由修字出生诸智也。由修字及光明白红黑三色之力，虽能使所见境，亦现为三色行相。然非经中所说，现起彼色相之理。五次第略论，虽说三层字，如次表示明增得三智。亦非是说由缘所布诸字持心，引生三智。与彼论云：“护心平等性，等至轮脐中，见智慧平等，谓近得大空。”此说心缘轮中，安布诸字，防护不令向余境散。如心入字成平等性。由修等至之力，心入轮脐不坏及短阿字，成平等味。从此引生大空，亦不相符。

以是当知，即收轮者，亦是待字明显稳固之后，先缘外层。次收入中层，乃缘中层。次收入内层，乃缘内层。次收入不坏，乃缘不坏而修。复将诸字如前安布。由于如是间杂修习，速能收入中脉。倘不收归中脉，仅在外修，终不能现起真实空道。此等是由融入中脉而起故。五次第略论中，除修诸字与金刚念诵外，亦未说，和合持风。金刚鬘续多次宣说：“咒性独能成。”亦是说若能圆满，知彼要义而修者，即无和合风伴助，亦能成就。此复是说其未圆满了知金刚念诵要义，谓不修和合风，唯修金刚念诵，不能将风收入中脉等。必须持和合风者，是未通达此教授之要义。故作是说。非说凡修金刚念诵者持和合风，便成过失。此中若修和合风者，当修心间瓶相。是律生续所说。有说，初修和合风时，修心中瓶相障碍大者，是不善巧彼瑜伽者之言。其真知者，并无大碍。由有轮论所说，摄风次第。三种无轮论中之摄风次第，亦当了知。虽不决定至安布字处，引生三智。然玛派教授中，不许从顶至摩尼由降菩提心次第引生诸空，而说从心间收摄次第引生诸空者，是根本文“识命收摄依，于心修咒轮”之要义，亦是圣父子教授之无上要义也。

灯明论说：地水火风识等五法，前入后时，始从阳焰乃至灯光，现起四相。前文已说，诸风融入，乃生明相。故有说三明相时，现彼诸相者，实非论义。五次第略论云：“初觉如阳焰，俱五光明现。第二如月明，第三日光遍，从界相而得。”如摄行论而说者，当如是许。除阳焰外，未说余三相者，乃简略说。若广说者，当如后续。彼等何时生起，如灯明论应当了知。总前各派，于此心远离位，虽未新添修字等所缘。然不观察身远离为先，语远离金刚念诵，能不能引几许四空，而新加引导心远离之所缘。未见其善，以彼弃舍引心远离专注内身关要，仅释诸余微末方便故。筝错所传教授中之所缘，系引乐方便。其所说五部等，虽引乐较速，然非经论正义。

【科】卯二　建立正品分二

辰一　从内外缘引生妙智

辰二　释波乐空和合理等

今初

五次第论云：“安住金刚诵，行者得缘心。”虽说由金刚念诵，引生心远离空，然未明说如何引发。摄行论亦仅说：“安住语远离，能得心远离。若无语远离，不生心远离。”然于尔时，亦未明说，如何从彼生心远离。然广释语远离时，曾说于何处转等三事，最后又说，诸风趣入不坏之后，现起光明。善观此等，则能了知，由金刚念诵，将风融摄不坏，现起诸空，此已说讫。金刚鬘续亦云：“善修金刚诵，了知诸风相，断诸分别风，当得缘心位。”此明显说，由金刚念诵遮断风动，引生心远离诸空。金刚念诵，总引诸空之理，前已广说。别引心远离诸空之界限，谓已善解心中脉结，能将诸风收入心间不坏之时，非以前位。若尔从彼界限引生之时，须否修余收摄次第。如前引第三品灯明论云：

“昼夜恒修，入住出摄瑜伽。”此所说入住出三瑜伽，即金刚念诵。其收摄瑜伽显是要至，金刚念诵与不坏力，能引四空时所修。拏热巴教授于引生诸空时，亦说收摄瑜伽也。收摄之理，如五义论，说以二种静虑而修。谓以总持随坏而修。

拉瓦巴所造卢伊巴修法之疏中，于圆满次第低位，即说随坏收摄。亲教论中亦说随坏收摄，要于心中修不坏故。此中亦无不可修彼之区别故。拏错所传拏热巴教授中，说无字亦能引生心远离之理。玛派三种异教授中，亦未说有咒轮诸字。故彼派中咒轮诸字，亦非不可少者也。若谓修三种命力，与收摄瑜伽，引生心远离方便，即此足否。此如集智金刚续云：“金刚莲花正和合者，乃心与心所之方便。心与心所平等和合，乃大乐三摩地方便。此以幻喻表示。”又云：“如无乳麻正加行者则不能出酥与油。如是若无咒印加行，金刚莲花平等和合，则不能表示三识。其不能和合薄伽凌伽者，必不能得大乐三摩地。”此说，由与印平等和合，出生三明之顺转，及不和合，不生三明之逆退。续说彼智为大乐之方便，其大乐者，摄行论中，说为幻身。故圆满引生修幻身基本之心远离三智者，必须外印。此义如五次第论云：“一切幻事中，女幻最殊胜，三智差别相，唯此能表示。有贪与离贪，中庸为三品，由二根和合，金刚莲花聚。”以是有说：由有贪离贪之差别，引生心远离，有上下二门。非是续义。意谓五次第论已如是说，故摄行论未说引生心远离之外方便。拉弥于第三灌顶时，说此从印表示三智者。总于第三灌顶时容有此义，然此是说学心远离道位所修。若是德相完具之补特伽罗，行真实第三灌顶修二次第道为先者，至此位时，须否依羯摩印表示三智耶？前灌顶时，虽亦由风融入中脉以外命力，表示四喜。然今此位，是已善修三种命力，已得堪能而修，故能引生远胜前者心远离之三智。以是此位仍须表示也。

若尔，此中依羯摩印发生三智，为从顶上溶菩提心，降至密相极端引生耶？抑从上下身分溶菩提心，收入心中引生耶？灯明论中，虽说由与印和合溶菩提心，顺金刚道降，生胜曼荼罗。然如余论说，溶解菩提心，降至身某处，引生某喜某空，五父子论中均未曾说。然说，由风融入，起心明相。由心融入，起心所增相。由心所融入，起近得相。由此融入，现起光明。摄行论云：“由金刚莲花等至，始自顶上由七万二千脉中，溶菩提心，有贪、离贪、中贪，渐次流注。”此说由溶解菩提心力，亦能引生三智。故由融风次第，与溶注菩提心，二事增上，乃现四空。此宗融风最殊胜处，谓心间中脉内。如前已说，后亦当说。如是由金刚念诵等，然猛利火，溶菩提心，摄入何处，能起诸空之处，亦是心间。此非不能溶菩提心，隆至密处鼻端，及从彼还升至顶上，引生顺逆四喜。然学习彼，如身远离中已说。此中，是要引生，极顺死有次第之四空。故是引生，由于心中收风次第，及从彼处分散次第，所起顺逆四空。如由修内命力方便能作何事，如是由依外印和合，亦能将风及菩提心，从上下身，收入心中。

摄行论说：“由与自印同时总持，或随坏次第，悟入胜义谛。彼与外印等至，以四空渐次，悟入胜义。亦须以彼二随一静虑，修收摄瑜伽。”此是收入心中。若先于心间收摄次第，修习坚固，与印和合时，修二种静虑瑜伽者，则与外印等至，亦成为于心中，收摄风心之缘故。以金刚念诵然猛利火溶菩提心，从上下身收归心间，现起诸空者，金刚念诵虽未究竟，然由彼摄风入心渐次，自能引发诸空时，即能了知。如是能善了知以外印缘溶菩提心，亦成从上下身收入心间之助缘，及从彼中引发诸空。由此与智印等至，能将风与菩提心收入心间，亦当了知。若由风与菩提心，融入心间次第，能引发诸空者，则生上降下固诸喜，及于心收放次第，引诸胜空，随欲何事，皆能生起。有余随圣父子行者，总由溶降菩提心所起诸空，别由与外印和合所起诸空，说此一切皆是从顶降至密处鼻端，及还至顶，随一四喜，是乃未知此派引发殊胜四空要义。此等亦是未善抉择，如成中有修习幻身，及如死有现起诸空等之过失也。

此中五次第论云：“水生金刚合，若世俗亦无，仅领受一次，瑜伽力当成。

由智转体性，如实知差别，复由瑜伽师，常表彼自性。”此所说义。显义疏说：“诸受学处，及中性者，于世俗中，亦无二根和合，从定明显引发三智。”非是论义。三昧耶金刚说：于灌顶时领受一次，以内瑜伽力，即能成就。月光疏与拉弥所许，亦与彼同。廓师则说，有妃师派，谓不能如富者恒依外印，亦当依实表现一次，后从余学。此乃论义。言世俗者，虽有说为如共知无者，然此义是说：如面鼻端，名世俗鼻端。如是世俗水生金刚和合，即不能恒具者，由领受一次，依此因缘，修智印等，亦能引发心远离。设作是念，若依外印，是从金刚念诵究竟时起者，则秘密成就论云：“由具羯摩印，金刚莲和合，实语者现前，所说此修行。若舍羯摩印，对初业有情，开示菩提心，余表莫能见，初业应了知。”与五次第论，二说相违。

以此中说，对初发业者，舍外印方便，以余方便莫能表示，故说须彼表示。初发业者，是修内命力，不能令风趣入中脉之瑜伽师故，彼不相违。五次第论，意说引发心远离之三智。秘密成就论，意说引发四喜之俱生故。能具彼中所说初发业者之德相者，极为稀少，其境亦然。故于所说初发业者，不可误解。于彼身中，虽亦有余乃至密处，引导大乐所依之方便。言舍前述方便余莫能表者，意说令风趣入中脉之方便。其中因相，若配合金刚鬘续，大印点续，亲教论等，虽亦能略知，然究竟了知，实属太难。彼身乃至未表显俱生以前，其执持不泄之方便，谓修回风，及泮字等。若作是念，金刚空行续，红阎曼德迦续第十八品，不动无上续等中宣说多种，以物凝定种子之方便，故依外印不须回风也。续中如是说者，是总为不泄菩提心而说。若配外印时，说:表示俱生之后，堕菩提心，当以舌取，亦是为不泄菩提心而说，非对不能将风融入中脉者而说。亦非对以修金刚念诵力，已能将风融入中脉者而说也。此中多说：若能任持不泄，则无过失，生大功德。然若无决定真实义之空见可配合者，则引生妙乐之所为颠倒，故经多说是无尽恶趣之因。恐繁不录。仅有如是空见，犹非完足，尚须其余多种德相，须审观察。依境增上，总说俱生、田生、咒生三种瑜伽母。其主要谓后者，说有佛眼等种姓之莲相、螺相、象相、鹿相等四种。其中各别身形、意乐、及总别身相等，如亲教论与律生等所说应知。

如内命力，由专注各脉轮，有多种引生功德之理。如是依外命力亦有彼等。殊胜初发业者，须以彼方便表示之理，谓生起次第位，由忆念彼乐空修习，成为引生圆满次第证德善根、殊胜成熟方便。若修专注圆满次第身要方便，有易摄风等众多功德。

【科】辰二　释彼乐空和合理等

如是依外印者，须善和合，从彼方便所生妙乐，与所解真空。即由修金刚念诵等所引妙乐，若有空见，亦须与彼和合也。如余续中生四喜时，说前三喜与空和合。此中未广说。多说与第四俱生和合。此如前说，生心远离，是为通达心真实义。故四空时，皆须乐空和合也。若三智乐，不与空和合。由未缘无我，不能现起离戏论相故，则仅能白赤黑三相。若彼三智乐空和合者，则于定见前，必须灭除境与有境分离三相。虽三明相，于彼心现，然于定解前不现。譬如于分别心前，现起圣根本定离戏论行相时，虽于定解前，现为隐没二相之行相。然非彼分别，隐没二相也。

若谓近得暗相无念，醒觉无间，现起空相犹如晨时清净虚空，自低位即有者，云何心远离位，只说引生三智之理，不说一切空耶？答曰："实尔，然彼意说，幻身以下，不能引生胜义光明智，故只说三空，非亦不生譬喻光明也。若尔，说三智时，譬喻光明，于何中摄？曰：摄于近得。谓近得中，初有未失念暗相一段，中有无念一段。后有无念醒已，如离三种障缘，清净虚空一段也。若将譬喻光明，作一切空，分四空者，则前二段，作为大空。总前三空时，灭风之力，如何强大，则彼光明亦愈澄净、无分别、浓厚、长久。别于近得无念位，失念之力如何强大，则愈能遮心向余境散乱，而引向光明。

摄行论云："由无明钩，于任何识，俱不合杂，行趣光明，无垢为性。"光明现时，除忆空见，专住真实义外，于任何境，都不作意。乃至风未动识以来，须善安住。摄行论云："乃至识未动时，应当睡观光明。"此说睡光明者，仅是一例。若能生自意识为大乐体性者，次由忆念无我义，即能将乐空心境和合。故不须余和合之法。所说三智乐空和合者，是远离所依之心。从执彼相，及未成大乐体性还灭者，是远离义。心远离时所说此等诸空建立，前后诸位，皆当了知。

【科】子五　明不知彼之过患与了知之胜利

摄行论说，若依如是所说诸续，未能依八十种本性及三种明相，如实通达自心，则由我我所执，发起诸业烦恼，如蚕自缚，受毕二种宿业果后，转入胜义死有光明，渐舍旧蕴，另受法界死有光明等流果位，唯风心成中有之身。次由二业随一策发，于五趣中，如水车转，数数结生，受轮回苦。其由本性三明渐次，通达心远离之智者，于顺行时，由融能动善恶本性分别之风，渐现诸空，悟入光明。至逆转时，依明相风动摇之力，通达本性动摇，趣向我加持门，便当解脱。总当了知，我执，能使流转生死，安立所知障习气。故当破彼境，决断无我见。若未生彼为大乐体，犹未完具智慧法身不共诸因，故当融化动遍计风，引发大乐。又彼诸乐，若未如死有次第，由诸风融化生起四空体性，则不完具受用身不共因，犹如中有，所修幻身。故当依如是次第，引生心远离也。此即解释续说"前未入此道，虽经无边劫，终不能得通达心真实义之不共智德，及不能证世俗幻身"之义。

【科】壬二　学二谛三摩地之理分二

癸一　二谛各别圆满次第

癸二　二谛无别圆满次第

初又分二

子一　世俗幻身圆满次第

子二　胜义光明圆满次第

初又分二

丑一　正说幻身教授

丑二　说彼所属教授

初又分二

寅一　听者如何请

寅二　说者如何说

今初

五次第论说：弟子成就四法，为得幻身教授故，先赞师德，而正启请。四法，初者，谓随行生起次第，已得灌顶。即得灌顶后，随行生起次第，修学彼行。第二，谓成就智慧能知四续之意趣，即学习四部续，成就智慧。第三，谓具三种远离之闻持，即善学习三金刚道。第四，谓增上胜解二谛，即于各别二谛及无别双运之圆满次第，胜解坚固也。具斯德者，先应长时承事师水。师喜之后，当献会供，及十六岁印，以"尊身无空隙"等称赞之后，以"遍知大智蕴"等文，启请。此处旧译五次第论：于得幻身教授之后，得花鬘等九种灌顶及秘密灌顶，乃说此赞颂启请。然卡师译为，为得幻身教授故，于得九种灌顶及秘密灌顶已，称赞启请。极为妥善。拉弥疏中亦如是说。昔人多执前文显示，具三种远离之闻持者，受秘密灌顶。妄谓若圆满得瓶灌顶后，即未得以上灌顶，亦可修三种远离，极不应理。以于未得造成圆满次第法器之上灌顶者，不得显示圆满次第诸秘密故。论义亦是说，具三种远离之闻持者，为求幻身教授，称赞启请故。若不尔者，论说：具三种远离之闻持者，得九种灌顶及秘密灌顶已，称赞启请。应先未受花鬘等灌顶者，亦可修学三种远离。太过失故。

拏热巴说，得秘密灌顶，成幻身器，即此论义也。先得圆满灌顶复请此教授者，谓作承事师长等三事已。当称赞启请。以彼是受灌顶与请教授二者之共法故。如是请已，弟子请问师长，幻身教授之理，如摄行论所说应知。如彼论云："始从生起次第，乃至身远离究竟，三金刚等，亦唯增上胜解其相。故身远离中全无天身，彼身唯是微尘所集聚故。语远离究竟，亦唯遍知，入等次第，金刚念诵。彼中亦无天身，以诸音声如谷响故。心远离究竟，亦唯遍知，本性明相。彼中亦不能得，具一切相，最胜天身体性。以心唯显现故。由此道理，全不能得，依世俗住。故愿从师教，通达唯智所生天身。"

如是问者，谓始从生起次第位，即说将一切庸常境执，于光明中净治，生起自心为天身。智者观察时，从某道界限，非仅由心胜解，应有唯智所生天身。然从生起次第，乃至心远离圆满，终未生起。由此道理，于彼诸位，未得依止，世俗幻身，安住彼定。以是因缘，其非唯胜解作意所起天身，唯由内智所生幻身，要依师长教授通达也。依次成立彼诸因相，谓始从生起次第，乃至大密一部，金刚身等三，等摄增上胜解五部百部等天身，唯属胜解作意所起。故身远离中，全无幻身之天身，以彼身唯是微尘聚故。义谓心虽胜解为天身。然其实义，胜解所依想为天之色身，唯是以前微尘所集，大种与所造之身故。此等即说：幻身之天身，要非唯胜解作意所想天身。瑜伽师起慢所依之天身，要非此粗身之色身也。又非止此，乃至语远离究竟，亦无幻身之天身。亦字表示，此亦如前，唯由胜解所起天身，无余身故。

若尔金刚念诵何用？谓以入住出三次第，抉择金刚念诵所依之风，令极有堪能，了知一切音声如谷响故。摄行论于次第时，说由金刚念诵，了知命力。金刚鬘续亦说由彼了知风相。唯字，简别彼位，除胜解作意外，别无天身。乃至心远离究竟，亦未获得，具足一切殊胜相好幻身之天身。亦字援前因相，如前。若尔彼何所作？于此应知，本性明相，是明相名，明相本性是分别名。故彼仅知，本相明相，唯三种空。诸瑜伽师于此位中，仅知自心，为遍计所空之明相故。

昔集密学者，有释“五天身”，谓无双运天身，乃未知时位也。其说:后三因相，成立身语意三，全无天身。及说：以世俗虚假有分别意，修三远离，不能得双运身。皆非论义。卡师译为未依世俗。然旧译较善。若未彻底了知，摄行论中所问诸义，亦不能知，此最胜派，显示幻身扼要，所答诸义。故当善知。

【科】寅二　说者如何说分二

卯一　幻身前如何说

卯二　正说幻身次第

今初

师长已闻请示幻身，当于弟子悲愍开示。然此教授，唯从师受，余莫能得。五次第论云：“加持我次第，说为世俗谛，此由师恩得，非余所能知。”摄行论亦云：“天真实义不可思议，一切佛说，由师传来，尚非十地自在之境。我当了知。”加持我论亦云:“如梦幻之法，诸佛所共说，虽实离持我，向外莫能解。诸识具足风，意性如虹现，自智未能见，愚蒙于幻喻。虽经无量劫，到闻持彼岸，若无师长授，不能证幻法。故求佛果者，当舍诸骄慢，乘于金刚乘，勤承事师长。”十地等义，若如摄行论与五次第论，说得心远离，住第十地。谓于彼位，不能证此。若作波罗密多乘第十地者，谓以自道，不能证此。

灯胡论示云：“清净天瑜伽，超过一切分别，各别内证，诸佛行境，住五蕴宝箧中，远离有无二边。非随文言分别转者所知境界，唯依师长教授，乃能了知，”此说清净幻身，未用六边解说续义，绝非随文字行如言取义者之境界。要依师长教授乃能了知，谓此是龙猛菩萨所说。既清净幻身，要依师长教授乃知，则第三次第幻身亦应然。其要依师长教授了知幻身之究竟教授，乃五次第与摄行二论。诸余弟子论中亦略宣说。此复五次第中不明显者，摄行论中明了宣说。故当依摄行论了解。虽尚有多细分，彼诸论中均未说及。然主要义，彼皆说讫。若善了解论所说义，则教授中最重要处，不致紊乱。若不于彼等中勤求，仅求诸余细碎教授，且未能见“要依师长教授乃知”之教授方所。若能将诸巨细教授，配合观察，利益极大。故亦须彼等。咒中难处，多说要依师授。其中幻身教授要依师授予余不同，尤须依师。

若必须依师教授通达者，其通达之胜利与不达之过患云何？如五次第论云：“若未能获得，加持我次第，于经续诸教，勤劳全无义。若得加持我，一切佛本性，即于现生中，成佛定无疑。”此说，若未从师长，获得此身修法，则不能得勤劳所求之佛果。若了知修行，则于现生，决定成佛。其能一生修成佛果之速胜道中，有乐空无别道，与幻身二事。后者尤难通达。彼复须此胜宗中求得，持八余处也。

【科】卯二　正说幻身次第分二

辰一　如何奠定幻身教授之基

辰二　解说依此正修幻身之理

今初

修幻身者，先应了知此所修事，于因位中如何安住。此如五次第论云：“众生无自在，非自在而生，其因为光明，光明一切空。愚夫由何心，系缚于生死，行者由此心，趣证善逝地。此中都无生，亦复全无死，心本性安住，当知即生死。”初颂显示，诸有情类，未以死有光明为先，不能自在而生，故从光明一切空生。第二颂显示，诸有情类，由死有光明风心增上受生，流转生死。善权方便诸瑜伽师，即彼风心，现起幻身，而成佛果。此颂之义，五次第释，虽作异说。如上所说乃是论义。摄行论说：“异生中有流转之因，具教授者，转成幻身。”即可证知。第三颂显示，除风心本性外，别无作生死者，故唯尔许流转生死。加持我论，明修幻身所依云：“地等四大种，如是与四空，应知此八事，是为生灭因。光明起大空，从空生方便，从方便生慧，从慧起诸风，从风出生火，从火有水生，从水生地大，有情如是生。”次如前引：“地界融入水”，及至“三有如是灭”。次云：“如是从无始，流转三有轮，如幻三摩地，乃至未见我。以幻唯自证，非分别行境。虽住自身中，薄福莫能得。”此亦显说修幻身之所依。乃至未以如幻三摩地，亲见自我，而流转三有轮。此所言流转生死中，有漂流生死，与生死习气相续不断之二。为灭前者，所须之如幻三摩地，是显密相共之如幻三摩地。

为灭后者所须之如幻三摩地中，复有共不共二种。其不共中复有乐空和合，与幻身二种。此说后者。论说修幻身之所依时，谓除风心外，无别流转之补特伽罗者，施设补特伽罗名言之假义，虽非风心，然施设彼之所依，则许为有情之本身也。金刚鬘续亦云：“心要除自命，三界更无余，幻风成三界，见如梦中境。”此说诸有情之心要，为各各命风。除此更无余三界身。故由风所成三界幻身，如梦中身。此处文中虽多分显示，修如幻天身之所依，然亦可配说彼身。故灯明论，引证唯从风心，生幻天身也。以是金刚鬘续云：“生住及死灭，并安住中有，乃至世间观，皆心风变化。”此说众生生死住三，及中有等，皆唯风心之所变化。授记密意续亦云：“有想及无想，施设有情处，彼皆从风生，亦复从风灭。未通达此心，恒住生死海，由心颠倒故，为犬牛野干，此心亦成马。”此说风心二法，能往诸趣。明一切众生皆唯风心之身者，是说施设有情名言所依之根本身，乃唯风心之身，别无异体之根本身。非说都无外身，及粗异熟身，非有情身也。

如是有情有二种身，一分位身、二根本身。初谓离风心之身外，是余异熟大种身等之粗身。第二谓唯从风心所成之身。初于胎中，结生相续等位，粗身虽未生，然非无有情身。如是死时，大种粗身虽舍，然不舍有情身，故彼非根本身。如水中暖性。风心之身，于彼一切位始终不灭。故是根本身。如水中湿性。即于现在粗色身位，其根本身，亦唯风心身。其粗色身，如彼房舍。如是宣说，虽有余用，然主要者，是明修幻天身所依之根本身也。其中心者，非诸根识，唯是意识。其风亦非命四根本风及五支分风，乃持命风。其中复有粗细二种，此是细者。唯此所成因位有情身，其具手足等相者，如中有身，及梦中身，现似别体。其无手足等相唯此所成之身，即如前说。意谓有此修所依身，故云“虽住自身中”。应知现在识所依身，虽有大种极粗色身，与极微细风身二种，然不成为二体相续，及不须离粗身位外有细身处。施设补特伽罗名言主要所依，虽是风心法，然说粗身是彼所依亦不相违。

卷十二

【科】辰二 解说依此正修幻身之理分三

巳一 父子论中如何宣说

巳二 明说修法及诸功德

巳三 诸师教授如何解说

今初

若修幻身之所依，于因位中如是安住者，于修道时，当如何生起彼所依而修耶？如五次第论云："彼性成就风，则由三种识，复生行者身，说彼名幻身。以是此中说,众生皆如幻。住如幻三昧,见一切同彼。"卡师译为："由正成就风，即彼三种识。"其文较便。其中初颂,显由修内外命力之方便,令修所依之意识，生为心远离位明增得三之心及所乘风，生起为瑜伽师之身者，说为幻身。言复者，谓彼瑜伽师，不但初受生时，受彼风心之身也。其次二句，谓幻身修法既然如是，故此无上乘中说一切众生如幻者，有不共波罗密多乘，下三续部，及生起次第之幻义也。

言如幻者，金刚鬘云："若见如镜像，如梦幻水泡，等同幻术者，说彼为尊上。"五次第论似录此等。由此显示余无上续凡如是说诸不共义，皆应如是了知也。其次二句,说已成就幻身之瑜伽师,见一切有情,皆同彼者,谓如上说,是见彼等之根本身如是也。见一切器界如同自己之幻身者，谓视彼一切亦是风心所变也。摄行论中宣说之理，如云："如实遍知自心，于蕴界处中都无所有，唯智唯现，具足一切相之天身，以幻梦等十二种喻之所表示。此是诸佛意自性身。”如实知心者，是心远离。蕴界处中无者，谓除心远离之风心外，从诸余身，皆不能修成幻身。前唯字简分别，后唯字简从粗蕴修成。唯从心远离智，乃能修成十二种喻所表示具足相好之幻身。

此中问云：“经说：若无所依身者，亦无心性。若无心者，亦无身可得。云何唯由自心即能完成具足手足等一切相好之天身耶？诸有可得见者，若无教理难起信解。故诸易证无可得天真实性之方便，维愿世尊金刚上师慈悲宣说。”前说唯智能成具足一切相好之天身，误解唯字简余非心物因。谓唯心完成具足手足等相之天身，不应道理。以经中说：所依身与能依心，随一非有，余亦无故。可得见者，谓有疑惑分别者。若无教理，不能获得断疑之定信。无可得者，谓无相天真实性幻身。现证此之方便，请除疑宣说。答曰：“诸已趣入经等道理，及已安住生起次第，诸修行者，虽能喻说，一切诸法如幻、如梦、如影像等，增上信解，然彼不能由喻了知，唯由内智，以意为性完成天身加持自我之教授。故我当随瑜伽续行，令汝了知，金刚萨埵圆满固缘。”

其中说已趣入经等，宣说一切诸法如幻，思维彼义虽能信解，然不能知幻身加持我者。是为破除，有谓究竟了知中观所说如幻妄义，由修彼义远离实执，为幻身者，以彼虽是总义之如幻三摩地。然彼全无第三次第秘密义幻身，及第五次第究竟义幻身之义故。说修生起次第者，虽能信解一切法如幻，然彼亦不知幻身加持我之教授者。是为破除，有谓天身，显现无性，安住彼义，都无贪著，为幻身者。以生起次第时，虽有多种，澄净鲜明，显现无碍，犹如虹霓之坚固三摩地，及与尔时，空性正见和合，都离实执。然说尔许犹不能知，唯由内智完成天身加持自我幻身教授，则下三续部中，不能得彼教授，固不待言。若能善解彼义，则诸妄说：先于镜中天影系心，后将彼影融入自身。由修此故，唯明净现，安住定中，全无执著，误执彼为加持自我幻身正行，皆无余灭。

如是既说，不修天身，仅达虚妄如幻之智德及彼智德与天身合修，生起次第之天身。并诸已得圆满次第大乐三远离位之天身，均非加持自我之幻身。言依瑜伽续，能得彼教授者，谓集密本释等续。其通达完成金刚持幻身因缘之理，即彼论云："实尔，心唯显现，离显形色，性同虚空，如胜义谛，极难触证。虽然如是，由依唯现三明诸风，共故轻利。故是由风系缚于识。次由般若方便二相俱诸光明，出生具足种种功德如幻天身。此乘云何？所谓诸风。其心金刚如乘骏马，驰趣所欲。"其疏中云："若真实者，谓如幻因缘应胜义有。曰：心虽非胜义有，然世俗中三明与风同时转故，风系缚识，令识流转。"是依二谛为答。于断前疑全无利益。且云：风令流转毫无关系，故无心要。故是说心，离形显色，如同虚空，全无体相，如胜义谛，极难通达。言实尔者，谓实如是。心远离时亦作是说，故可证知。心虽无体，然心远离之三明相，依止于风。故是由风力，系缚摄持其识也。诸旧译本，多如上说。有本："成共与轻和合。"卡师译本："三明相风，成轻界已，彼所依轻利。"其前义有谓："由风识和合，如风是轻性识亦成轻。"然彼轻义，若作是较余大种微细，故能与识和合之共法，解者，则与摄行论心远离时相符。由心风二法和合，次经般若明相，方便增相，俱五光风，出生具足手足等相功德之如幻天身也。

总摄彼义，谓若无风唯心，虽不能从彼修成具足手足等相之天身，然五光风与心同一体性，故能成就天身都无过失。此亦即说，若单有现天行相之识，虽有色相，然彼不能成真幻身。此处虽仅言，般若方便二相。然彼前文，既说三种明相，故修幻身所依，与五次第论同。言因缘者，谓成就幻身位，内心之亲因，谓前念心，风为助缘。彼身之亲因，则为风，其前念心，乃身助缘。言三智意金刚乘所乘风，犹如骏马，驰趣所欲者，谓从心远离风心二法之根本身，修成幻身时，离于粗身。若于身外或于身内，随欲能趣。摄行论中说此义云："转识经中亦显了说。"谓如彼经说，死已无间成就中有。其手足等，如水中人影，全无寒、热、苦、乐、疲劳等触，亦无肉等，界不能坏。卡师译云："此识弃舍先有身壳，转作余形。"引彼文后，次云："如是名为异生中有，成流转因。"如前所引。彼经虽非显说幻身，然说唯从风心成就支分圆满色身，及离旧蕴等，明示抉择幻身之喻。意谓无方便者，现起中有之风心。善方便者，能现如幻天身。故说彼经，显了宣说。摄行论于幻身时引毗卢遮那成佛经云："犹如虹霓身，修实性当得。"彼文虽非说修幻身法，然总成立修真实义，能成如虹霓身，则亦成立别修心远离之真实义，亦能成如虹霓之幻身。故可引证。

【科】巳二　明说修法及诸功德

如是修幻身者，要以修力，能将粗细二身，各别分离也。此复若是以识上行，及转入他舍之瑜伽，分离彼二者，则如三补扎教授穗所说，先善修瓶相风等加行，数数观想，乘风之识，脱离识所依处之心藏，此非修彼，是以余胜方便令分离也。此复譬如，从地入水，乃至死有光明，次第现前时，由彼次第，任运分离粗细二身。如是由修金刚念诵等内外命力，凡心远离前行诸法皆到究竟。如地入水等死有次第，圆满生起心远离时，即以彼力分离二身。唯从诸空之风心，修成加持我之幻身也。言我者，谓施设我名言所依之风心。将此生为金刚持身，是谓加持。此与以转舍功能，分离风心细身，由胜解作意，观想自成金刚持身者，有大差别。此非唯由胜解观想，是即风心生为天身，故与修时唯心显现彼相之天身不同。其得有学双运幻身，以后，则彼种类恒无间断，故说为实事。金刚身之名相完满。第三次第之幻身，于胜义光明现前时，仍须消灭。故虽名金刚身，然彼名相不具。以彼不如前者常住，唯就瑜伽师心前安住，故名智身，亦不相违。若未分别真实随顺，除说第三次第幻身之名言外，谨就意前，从粗身中，分出细相之天身，莫执为真实加持我之幻身也。除说"从心远离三明风心，修成幻身"之外，其于顺逆诸空何时，修幻身，则父子五师论中均未明说。

拉弥等说，如水中鱼，从光明中，顿起金刚持身者，名顿次第。其从光明，现起近得，次起增相，次现明相，从此现起金刚持身者，名从近得等渐方便。自宗于双运时当说。其从旧身分离，非决定须远离旧身方位而住。如前已说。灯明论说，安住清净幻蕴箧中，亦可了知。若得心远离之瑜伽师，由粗细二蕴转依之理，修幻身者，则父子论中，说唯从风心，修成幻身，不应道理。如从众纱编织成布，不可于中仅说从一二纱编织成布。

初修成时，虽必从诸空风心修成。然成已住时，即明增得三智不现在前，亦有多位能有幻身。故非彼三灭时，幻身随灭，有幻身定有彼三也。

由何种牵引力，修成幻身之理，父子余论中均未宣说。唯摄行论说中有成佛时，"当起是念，弃舍常蕴趣入光明，当以加持自我次第而起。"依此道理，应当了知。此于随顺幻身时，皆当例知。

如斯天身，集智金刚续，以十二幻喻表示宣说。十二喻者，谓幻、水月、光影、阳焰、梦境、谷响、寻香城、变化、虹霓、闪电、水泡、镜中像。虽仅取一幻喻，而言十二幻喻者，以彼初喻，亦例余喻，或约是幻身之喻而说。其中唯从风心，所起金刚持身，虽亦完具一切支节，然除风心更无余物，故如幻人。遍一切处，犹如水月。无骨肉等，故如光影，即入影像。刹那变动，犹如阳焰。以是唯从风心所成身，如同梦中离粗身外，所起梦身。虽与异熟身同体所摄，然现似异体，故如谷响。此身之能依所依曼荼罗，如寻香城。虽是一体现似多身，犹如变化。五种身色无碍无杂，犹如虹霓。安住异熟身蕴之中，如云中闪电。从空性中突然现起，如净水中突起水泡。圆满具足一切支节，犹如镜中所现金刚持像。此等是表有学幻身之理。其表无学幻身时，第六喻与第十喻，当顺彼位配释。

加持我论中，言如影者，即光影义。其变化喻以云代替。诸名异门，即彼说名加持自我。如云："由说如幻相，定表诠此性，世俗谛、幻性，亦圆满报身，即寻香有情，亦是金刚身，金刚萨埵体。"得此幻身之胜利，谓于现生定当成佛。

又五次第论云："一切乐为性，大萨埵行坐，住处衣食等，刹那于空得，当断截诸有，于众现胜身，诸天咸供养，数数勤敬礼。"摄行论说，当得诸佛灌顶。根本续亦云："身语意金刚，善修金刚妙，展向身语心，当同金刚妙。金刚盛光焰，周遍百由旬，众庄严所饰，现为欢喜体。梵猛等诸天，终不能睹见。"灯明论云："金刚妙者，谓以意为性之幻身。不但于自身语意修彼，当修展布到三界一切身语意。故当与金刚妙相同。遍百由旬金刚炽盛，即自身光明，照耀广大无量世界。有三十二相等庄严身。获得如斯智慧身者，大梵等天尚不能见，何况余人！是不退转所行境故。此妙吉祥大三摩地，由诸异生不见不触，故名不现三摩地。"此后又云："此幻性身，由光明净治，所修习故。"说此幻身，由二种静虑，令入光明。未说双运幻身，由二种静虑令入光明。故是第三次第之幻身。由住此位未得圣地，至下当说，故此中言：异生不能见者，谓除自身，余不能见。此如前说：大梵天等所不能见。即未得幻身之异生所不能见。有诸三摩地，全无此等少分功德，而妄指为，已得真实智慧幻身者，是于修此身界限，修此身法，及修习有何功德等，全无所知之过失。生起次第之咒身，与圆满次第之智身，二种天身生起之理，诸余论中均未明说。故余派诸师，多将宣说生起圆满次第时，天身之理，皆执为生起次第。学习此派者，虽分二种天身差别，然能善分彼差别者，亦极稀少。为想令此最秘密处，不致隐没，故显了说。

【科】巳三　诸师教授如何解说分二

午一　教授中如何说

午二　依经论释彼义

今初

玛派教授，色顶巴所作，明幻身根本义者，如四义论云："幻身者，以圣父子，许为幻现、无性、身作天骨。故是现为天身都无自性。引生彼身之因，谓从生起次第修习天身，及以三空，净治执著生起次第为实天身，无间而起，如水起泡，或鱼跃渊，顿时现起智慧方便之天身。此复是由不定性四字融入不坏点，点现为天身。母表空，父表明，和合表明空同一乐味。如短阿画具五光明，是风心之体，当收入彼中而修。又彼幻身之天身，是于外白内赤之法生中而修。”有轮论云：“内层莲花，收入中央不坏点，即修此点，现为父母天身。如镜中像。”

五次第一座圆满论云：“心住明点而修，有学光明。临休止时，从点空中现起天身，作诸威仪。”此与彼派二大教授、诸小教授，均不相符，定属错谬。五义论云：“如短阿画具五光明，是诸法真理风心之体。故当于彼收心而修。由彼离诸实执，故名非有。无性显现，故亦非无。此明幻身。圣提婆说：身为天身。故说天身明空显现都无自性，离一切执。是为幻身。说彼以十二幻喻表示，故说如镜像等。若能识彼，即识幻身。”此中虽说真幻身，为不坏点，实是点所起天身。即由彼论可知。由此亦可知，一一小教授，说短阿及吽字，为幻身之理也。

五义论云：“修幻身中，有幻定与幻解脱之二。初者，谓于住室，东西开窗，以紫草水充满锅器上竖宝剑安置见处。面前安镜，绘金刚萨埵像，映照镜中，于彼影像，注心修习。于彼不起实执，故能认识幻身。说此是修生起次第之教授。”意谓是五次第论“善绘金刚心”之义。依此破除实执之理，色顶巴，三续幻身教授中’，说有定幻、梦幻、中有幻之三幻，初中复有取、净、合一之三幻。初者，“谓观镜中所现天身，于彼赞毁，有无喜怒贪恚。若见无者，取置面前，如前明想，复作赞毁，观彼有无贪恚。若亦无者，令入自身，修观自成如幻天身，则对自称赞，及香涂右胁，并供诸珍宝，当无喜贪。或对自毁谤，与刀割左胁，并夺诸财宝，亦无恚怒。”有住持此派教授者，幻定之名如前，修彼之法，“谓由身要与视相，令心专住不散，故能持心。由心持故，即能持风。从此起证。地、水、火、风、心、心所、无明、一切空等。由前前融入后后，始从阳焰乃至暗相，依次现起。次一切空，如无云虚空。次从逆行三明三心及风，引起如幻天身等无量证德。若作是修，不甚增进。增进规则，谓广如五义论说。若不能者，可于镜中现天身像，于彼心中，专住修习。初现影像，为明相。次彼像如别有体为明增。次彼不显渐趣黑暗，为近得。次一切澄净如净虚空。引生如前所说证德。”其中初者，是将前引，无垢光疏与胜乐上疏，说以别摄支，于虚空中现种种境，名自加持。与此宗之幻身自加持，妄执为一事。其增进法，则系依据藏地先觉，有说任观何境，初显为明相。次渐细为增相，后不显将灭，为得相之义也。

学幻解脱，五义论说："有昼间觉时所修，与夜间梦中所修之二。初者，谓明想天身，于彼喉中，由乐空相，修习风心，引生风力，趣入关要之证德。从此引生如幻解脱。睡中起梦，此位不起，故不相同。出世解脱，谓能往色究竟天，得师长加持，现见无量化身佛，闻正法等。学世间解脱，谓能见三十三天，睹史天、色究竟等天，及能往彼，受彼天子天女供养。从彼能任持明点，示现种种神通。”此说先起诸解脱欲，决于喉中修瓶相风，便如梦中现彼诸事。幻定教授云："专住心间明点及短阿画，修和合风，若生游行虚空等觉，即是生起如幻解脱。当于彼境，无喜无著，于诸悬险，无碍而过，渐次净修。”四义论说："明想天身，从毫相等，放诸光明，供养诸佛，随宜现身调伏众生，净治二障。将光收入自身，及将所作天身化成光明，由二静虑收入自身，依此引生前说解脱。”

【科】午二　依经论释波义

五义论与四义论，说短阿画具五光明，为诸法真理风心之体者，非说于修习意识前，所现阿字形。是说彼所表示微细命风，与乘彼风之意识，为风心本来身。复说此是从现起诸空之乐空觉中，无余间隔生起幻身。故是从三空风心，无余间隔生起幻身之义。以是当知或说明点现起天身为幻身，或说点字为幻身等，教授之意。是指从彼等，所表本来风心细身，生起幻身。不可妄执意识所现明点字形，转变所生天身，即为幻身也。

如是五次第略论，说安布咒轮修金刚念诵之后云："庸分别习气，咒性缘自心，身净分别净，风净故无垢，由风净现证，智世俗幻身。"此说先修咒轮，以金刚念诵清净风已，引生幻身之理也。其中于彼轮叶所布诸咒字形，表示庸常八十种分别心，及鼓动心之风。由能表字形，渐收摄故，分别及风，皆当清净。由鼓动分别之风清净故，便当现证智慧身之幻身也。又彼论云："从唯风心起，幻身俱诸明。"与说从八十种分别及风清净之唯风心，修成幻身，亦相符合。即校本释诸续与圣父子诸论，亦是彼义。

又以十二幻喻表示幻身者，略说少数法喻相同之理，言识彼义，即识幻身者。由法喻相同之理，抉择幻身，虽极妥善，然将所说修生起次第不明显，令其明显之教授，误为幻身位，五次第论所说"善绘金刚心"等义，说先缘镜中影像而修。次以心力，将彼取出，安置中间。后入自身，谓自起天身，即幻身者，既违前文自说，从空智、乐空定中，无间而起幻身，亦与一切定量教典不符，更违自宗根本颂文。玛巴所传一一教授中，均有多师所说多种不同教授。非彼一切，皆是拏热巴所传教授也。

若尔，五次第论云："俱离有无性，善绘金刚心，如于净镜中，明现其影像，具一切胜相，此身观无厌，示贤善弟子，是名自加持。"其义云何？曰：彼义是说，俱离二边之金刚持身，如同所绘像，显现于清净镜中，彼身具足一切殊胜相好，观者无厌。如是以镜中像，与真幻身，法喻相合，开示弟子，为自加持。非说先缘镜中影像而修，次以心力取出融入自身之天身，名为幻身。若不尔者，则诸余喻亦应同彼。

十二喻中，五次第论解说三喻，其影像喻，是说所绘金刚持身之影像，非说一般影像，以是一切身分，顿时圆满之喻故。虹喻者，谓无障碍颜色不乱。水月喻，谓一幻身，能随所化，分化无量。加持我论云："以彼等修身。"说以彼三喻修幻身者，义说，由彼表示而修也。若如所说，缘镜中像，修习幻身之二种理，则修彼身，实不须究竟生起次第，及三远离也。若依无垢光等，说别摄定中所现身，名加持我。说为幻身者，则应许，始从阳焰，乃至如罗睺黑暗之八相，皆是幻身。唯说彼后，逆起之天身，乃名幻身，不应正理。时轮中，于别摄位，说阳焰等八相者，是诸根风，于一般境，将近退灭及已退入内时之相。其心远离等位，所现阳焰等四相，乃四空后所现之相，是则必须将风融入中脉，已多次宣说。以是应知，别摄位中，所见月日罗睺之相，与三空中月光等相，亦不相同。

总之，若善了知，由金刚念诵究竟，引心远离诸空时，融化分别及动被之风者，其诸根识，于彼之前，早已融入，则不复疑修幻身时，是否更以目视而修。总于后得位，随所见境，皆现妄幻者，于三远离及幻身位引大乐已，必须殷重，使与空见和合而修。其后得位，观于影像有无喜怒，破实执者，全无价值。此复若由理智，于内外法，尽破一切实执境界，获决定已，其后任运见境如幻者，则须善解中观正理也。五次第论说：得幻身已，随作何事，皆应观如幻者，虽亦有共波罗密多乘之幻见。然彼是说，不共幻义，谓观一切有情之本来身，唯风心等。如前已说。其修风者若已善习，随欲现起佛土等境。彼愿为先，和合持风，则彼彼境如幻显现。然圣者派未说，如是修法。修幻身时，亦未说收摄，二种静虑之境相。亦无彼义。

【科】丑二　说彼所属教授分二

寅一　兼说教授之依据

寅二　正说睡梦等教授

今初

此派所说，睡梦教授，及死殁中有教授。此等依据何续，及圣父子何论耶？此中廓师，于中有成佛，说死有合修，中有合修二种。于经生成佛，说睡眠合修。

此师教授，未说梦中合修。现法成佛中，俱未说彼等合修法。彼等是引摄行论而说。拏错所传拏热巴之教授，此等合修皆未宣说。玛巴所传，则多宣说，四种合修。现法成佛中，说睡梦合修。中有成佛中，说前二种，及死有中有合修。经生成佛中，俱说四种。此论所说，略示方隅，皆未明说。五次第略论云："为净梦身故，由表示幻时，所见境世俗，是世幻次第。"至"梦幻同修习。"此说修梦教授。又云："合修三中有。"及如前引，配一日夜，与生有死有次第，修五次第。是略说合修睡眠，与合修死有，中有之教授。

龙猛菩萨论中，除五次第论，于幻身中，说为中有。可说彼二合修而外，诸余合修，皆未明说。龙智菩萨。除将圆满次第，顺配死殁次第外，全未配合中有、睡眠、梦境。于生起次第，却说配合生死中有。月称论师说中有成佛者，合修死有、中有。第十五品说一切法如梦时，除为证明梦醒诸法，皆无实性，引证摄行论外，皆未正说睡梦合修。以十五品中，说如梦故，便谓此宗，说持梦等教授者，实非论义。除摄行论，说睡眠与四空合修外，余圣父子论中，皆未宣说。

摄行论云："次经多生展转修习，学无我法，了解合修加行，与本性明相合杂为一。由此次第，缘胜义谛。其次第者，谓令蕴等，入微细界。细界、入心、心入于思，思入无明，如是睡眠。尔时心思，趣入无明一刹那顷，忘失诸念。其后都无妄念智慧自体，即光明性。复从彼起，风得本性，起余梦境。乃至识未动摇，应睡观光明。是名各别内证，离身语意，真胜义谛，内证菩提。由此次第，杀害身轮如来众会。悟入真如，得善成就。义谓不待，有戏论无戏论行，即能速疾，改换自身。"卡师译为："风动本性，若未起余梦。"较为妥善。彼后又云："此义如授记密意大瑜伽续云：观色等内法，名毗钵舍那，如不动等数，观名奢摩他。此等无体性，真如名寂灭，行者将诸佛，入真如坛轮。"此说将睡眠，生为四空三摩地自性者，是行极无戏论行之瑜伽师。彼身，有睡眠时与醒觉时，二种生起四空之理，此非唯说睡时起法。是说彼起四空，即如是起也。又如摄行论云：“以此次第，行唯补苏姑行。”谓仅作饮食便利等事。除此之外，即睡修光明。若能知此，说除睡眠，无修光明之要义，则余合修法之究竟要义，亦能了知。

若尔，授记密意教文，虽说瑜伽师，将蕴等诸佛，入光明真如坛轮。然云何证知，由睡眠四空次第，将蕴等入光明耶？彼续文中，虽未明说瑜伽师，将睡眠起为四空体性。然圣提婆，由龙猛教授，开显彼义。故能了知。如是悟入光明之理中，亦完具授记密意续所说，将蕴等入于光明之义。如云：鼓腹为瓶相之语，虽未联合所别事与鼓腹，明说，青玉鼓腹为瓶。然彼所别事中，已完具彼语所说之鼓腹也。言“杀害如来众会，得善成就”者，与根本续说：“若杀如来聚，当得上悉地。”全无差别。故彼教文，由相相同门，可配睡眠光明。依圣提婆教授，由说睡眠光明依据何续，余亦当知。如是任持睡眠光明者，是于现世成佛之行。故睡眠与光明，合修之最胜教授，虽正为现生成佛之上根补特伽罗而说。然中有成佛与转生成佛者，亦须此教授，实如诸师，教授所说。若教授中如是宣说，及依彼法，未能生起睡眠四空。由见摄行论，说极无戏论行者，乃如是行。误解为彼补特伽罗别法。现在补特伽罗，弃舍不修，则失大义。如摄行论所说，睡眠与四空合和法，下根补特伽罗虽不能如实生起，然非不能起睡眠与四空合和之总三摩地，须善分辨诸道差别。故摄行论教，亦可配合现在补特伽罗，任持睡眠诸空也。

若尔，修梦教授，有何依据？曰：续与余父子论中虽无明文，依摄行论当可了知。如云：“何故长时睡眠？何故舍此身躯，而于梦中或往三十三天，或往余处，受五欲乐，仍回此身？何故获得梦中所见善不善果？如是睡未睡位，为有异耶？为无异耶？”此间梦事。言“何政长时睡眠”者，问未现梦前长时睡眠之因。言“何故舍此身躯”等者，谓如前睡已，次现梦时，离此原有身外，另起梦身。往余境已，仍回此原身。言何故回者，问重返此身之因。如卡师译云："梦中一切根往三十三天。"谓另起梦身，完具同分诸根也。言"何故获得梦中"等者，是问梦中所见善恶征兆，醒后受果之因。言"睡未睡位，有异无异"者，是问梦境虚妄，醒境真实，有无差别。答云："为除诸执无始性身实有疑故，为显所说加持我故，请问梦相，善哉善哉。故由梦门，说为影像一切天身各别内证，随经续行，当善通达。一心谛听。若将蕴界处根等，及二种识总摄已，由大空故入睡眠，以风力故见梦境。梦醒都无余差别，由妄分别计梦果。众生昼夜恒眠睡，由地厚故极长眠。因所作业果未熟，其风仍当入此生。若果已熟诸风性，速趣他世而死殁。如十方界诸胜王，其身虽无骨肉髓，为利有情入粗界，以诸化身作佛事。由此次第睡觉心，分别网者计诸果，是故诸法皆如梦，都无真实与虚妄。"

言诸执身实有之疑者，谓未通达现在身，中有粗细二身。唯执粗身，为身实体。疑依彼身能否修成如虹之幻身，为除彼疑故。卡师译为"如影像"。其由梦喻门，随续部通达者，谓"若将蕴"，乃至"觉心"。随经部通达者，谓引业障清净经，说梦觉位，都无真妄之差别。随续通达者，谓引根本续，与集智金刚续，宣说幻身。初句之义，如金刚鬘说，前四种蕴，地等四界，色等四处，眼等四根。等字摄诸余法。彼等摄入此身者，谓识随境转，皆不自主次第收摄。由如是摄，而生明增二识。此二亦前摄于后，融入近得成大空性，入于睡眠。言"地厚"者，如集密释续，四天女请问经说，于身中安布四轮时，心间为地轮。余续亦说心间为地，故风摄心间成为厚重。由此力故，长时睡眠，不现梦相。此等即总说睡眠之因，别明长时睡眠之因。由风力故见梦境者，谓无念近得，醒已无间，现睡光明。从彼解已，乃现梦境。此中光明摄于近得。言"众生"者，如旧译本，应连于睡眠（成为副词）。卡师译为"众生昼夜恒起梦"。

言“其风”者，是说风心所成梦身，往他处者。由问，可知。言“果熟未熟”者，谓彼风心，与此粗身，系不系属之业力，尽与未尽。以是言彼未尽，仍当入此生者，即说明重返此身之因。答第三问，由与宣说，另起梦身，仍返原身，是一续故，即可了知，“梦醒”等二句，与“分别网者”等三句，即说明梦醒二位，都无真妄之差别也。卡师译为：“一切诸法皆如梦。”言“如十方”等五句，谓受用身，虽无骨肉等事，然为令有情见故，入粗界身中，以变化身，作利有情事。由如是次第，当知睡眠位往余处之梦身，临醒觉时仍返原身。此说梦身，如受用身，证知幻身。及说彼身仍返粗身，如同化身，证知受用幻身，摄取粗界化身也。卡师译为“如是次睡觉心”。以是当知，由梦前睡眠三空，表幻身前之三空。由梦中身，表正幻身。梦后，表幻身摄取化身。故十二喻中，梦喻表显幻身，最为无等。由圣天教覆，应当了知。余喻，仅能法喻相合，令于幻身引生定解。不能即从喻上，引生譬喻幻身道体。其梦喻上，即有彼义，故最殊胜。此复既说诸瑜伽师，将梦前睡眠四空生为三摩地体性，是睡眠与光明合修教授。则将彼后所起梦身，与幻身合修之教授。理可推知。

又生起次第与圆满次第，皆说道位三身，与所净事之三身，以此关要亦可了知也。以是当知，此最胜宗所说梦喻教授，其理如是，复是三类补特伽罗皆所共需。其伪造无二尊胜经云：“具风往生处，众生喉间起，有嗡字安住，诵阿努达惹，持转及增长，忆幻及印证，第二静虑道。”虽说持梦等法，然不可信。其与死中二有合修者，摄行论等，说中有成佛者修。依此则知，经生成佛者亦可修。如与睡眠合修也。此二与梦喻，依据续等之理，亦可由前比知。

如是若能善释，此诸合修教授玛师别法，依据圣父子论者，则可知为无上胜法也。如是，由摄行论，于幻身时，依于梦喻，说喻幻身。故梦喻诸教授，属幻身位。故亦可知，任持睡眠诸空之教授，亦属彼位。然依事实，从醒位能引最低四空时起，即能入睡眠诸空。其后可修诸梦教授。故身远离位、语远离位、意远离位，皆能生起也。其与真实死有中有合者，唯彼等时乃有。若于彼二随顺位，亦名彼二合者，则醒时、睡时，皆容生起也。

卷十三

【科】寅二　正说睡梦等教授分二

卯一　说与睡梦合修

卯二　说与死有中有合修

初中分二

辰一　与睡合修

辰二　与梦合修

今初

若作是念，如所修事，先起无梦睡眠诸空，后乃起梦，次第决定。于修道时，为亦先修，睡眠与光明合后修梦与幻身合，次第决定。抑不定耶。此中玛派末学，有见五次第论说，幻身为第三次第，光明为第四次第。遂将彼二合修分离，于第三次第时，修梦幻身，于第四次第时，修睡光明。然五义论说："先于睡时任持四空，其后乃起梦受用身。"极为善说。以梦教授之心要，谓起梦受用身，彼须先起诸空故。与所修事，睡梦次第，亦极相顺故。第三次第幻身，亦须先起心远离诸空，双运幻身，亦须先起光明空故。要从死有空后，乃起中有，及将胜解诸为，摄入光明，乃起初依怙等。一切次第，皆如是故。以是当知，言睡光明等，虽有光明之名，然幻身以下，仅有譬喻光明。前已说讫。

若修梦幻之前，须任持睡光明者，云何任持耶？此中，将睡眠生为三摩地体性，总有二法。谓诸已得大小显密诸乘所共坚固奢摩他三摩地者，纵不特修睡眠为三摩地。只于临睡前，令醒时三摩地现前，于彼后入睡，即无通常睡眠，任运能入妙三摩地。复有临睡时由风趣入中脉之力，现起阳焰等四相之后，以如月光明相等三空为先，次生睡眠为光明性，如无云翳清净虚空。其中初者，虽能现起，不以阳焰等四相，与月光等三明为先之明净空相。然无睡眠光明之义。引发如是空相，亦不须修，咒中所说任持睡眠光明之方便。故生彼相，不须先入此乘。故此所起睡眠光明，乃是后者，要由风入中脉之力，始能生起也。故是醒时，善修专注身要教授，待能引发最低四空之时，次乃将彼诸空，与睡眠诸空合修。

若不尔者，虽欲与睡合修，然无事可合故。其睡眠位，微细出入鼻息，多不能灭。故睡眠本位空，虽无如实，断绝微细出入息，融入中脉之空，然非无四空。此复未现梦以前之睡眠，与现梦睡眠。其摄风入心间之大小与融不融粗风，有大差别。其能将醒时诸空，与睡时诸空合修之瑜伽师，于睡眠空生起之时，要全灭绝微细鼻息融入中脉也。如是将入睡时，阳焰等四相初虽未能依次现起。熟练之后，则定能依次显现。以是未经依次现起三空为先之睡眠，生为三摩地体者，犹非睡眠光明。以现起光明一切空者，必须先起空、善空、大空等三空故，是因果故。是以玛派，强起光明之教授中说："闭关一月，注缘心间四叶莲花蕊上，有白赤二点，任持睡眠诸空。"若经一月，专注彼境，昼夜恒修。易摄风者，容可现起。此是修心间不坏之命力也。此亦是先能引起醒时四空，次乃与睡合修。若昼夜余时不修，唯临睡时乃修，非能现起。此复临入睡时专注所缘数数修习，纵能认识，因位睡眠诸空。然不能起，由风融摄真实诸空也。

五义论说："梦合修前，任持睡眠空者，于喉间安布阿奴达惹四字。梅村许于喉间修，粗敦许于心间修。若修光明，应于心间。若修梦中幻身，应于喉间修。缘叶上四字，以一一字，配一一空。"其说梦合修前，任持睡眠诸空，极为善哉。如是连续任持时，莲花及点，如粗敦所许，应于心间修习，不宜于喉间修。由修光明，与心相属。故须于心间修习。若不能由融入风力，与梦合修。唯由愿力任持梦者，则于喉间修习相关。似须辨此差别也。其修阿奴达惹，说是无二尊胜续义。虽印度人亦有许者，然拏热巴教授，于心间修咒轮者，亦非修彼四字。故任持睡眠光明，如玛派教授，说缘心间赤白点修，方为善哉。此是系心于心间咒轮中央不坏点。若欲开广者，安布咒轮次收摄等，皆如前说。

五次第一座圆满论说："缘心间四字及中央点，修金刚念诵，任持睡眠光明。"须否安布四字，前已说讫。其缘心间明点，修金刚念诵，任持睡眠光明者，实是殊胜教授。以是授记密意续之义故。如授记密意续中，说四曼荼罗风念诵之后云："正说为十八，彼亦住此等，犹如诸新酥，遍住于乳内。如是寂灭性，住于白衣等。"次云："观色等内法"，至"入真如坛轮"。其后云："行者出入息，和合同一性，住般若方便，勿失咒支诵。行者于眠等，遍一切所作，无名无言说，超三世常诵。"其初六句，说十八空性之光明，安住白衣等金刚念诵中，如从乳中，出诸新酥。故说由金刚念诵，引生四空也。言"色等"乃至"入真如坛轮"者，说将蕴等入于光明。其义亦有睡眠光明，前已说讫。"行者"四句，说修风咒无别和合念诵。其后四句，说于眠时亦修彼念诵。如是说于夜间眠时，由金刚念诵引生四空。此义复是由金刚念诵，引生睡眠光明故。总之醒时，由何方便引生四空。于临睡时，亦须以彼方便引起四空相合。醒时之最胜方便，即修心间不坏点，与金刚念诵故。前已多说。如是玛师教授所传，二种任持睡眠光明之方便，应知即是本释诸续及圣父子无上密意之教授。诸散教授互相和合，亦极重要。若知此者，则见摄行论说将睡眠现为四空体性。遂疑何处宣说任持睡眠光明之方便，亦善解除也。

总任何道，若将本位所有法，方便善巧，取以为道，则成速疾。此睡眠位，本有由风自力收摄，所引诸空。若以合修教授取为道者，尤为速疾。本位虽有诸空，然因空相不甚明显，及由睡力失念太甚。故乃至未能取为道前，不能引起决定认识也。此中念力若全不失，则亦无睡眠。若念失太甚，则不能定解睡眠四空，故须由教授，令既入睡眠，复非失念不能定解诸空也。其中由无睡眠障此善行者极少。破除彼障及睡眠太厚之法，诸教授中所说极多，亦有彼中未曾说及之除障方便也。薄厚适中，现起睡眠诸空之后，入光明时，当忆正见，长时将护。若速醒觉或速起梦，成彼障时，破除此障之基础方法，下当宣说。

诸瑜伽师虽能由风融入中脉引发四喜四空，若不了知如是合修教授，则不能知，将诸证德与睡合修，或于现法道证胜进。或于此生未得胜德，临命终时，即以死有四空为道，非仅无诸死苦怖畏，且使道证胜进。故当善巧合修教授。以善知此者，即未能获彼德。由数数作意，亦能植坚固微妙习气故。如是其不能起睡眠为三摩地体性者，有能否定解本位睡眠诸空同分之二类。其能生者，亦有能否生为睡眠诸空体性之二类。如是引生之方便，亦有真似二种。当知此善说，即植粗分了解，任持睡眠光明教授关要之不错方便也。诸余微义如余广说。

【科】辰二　与梦合修

如是能由风力摄持梦已，与睡眠空相合者，则睡眠诸空，依次现时，能定解彼彼睡明相等。故由了知睡光明后，现梦之理，即能善分睡空与现梦之界限。此中不须知梦为梦之其余方便。故提婆菩萨除任持睡眠光明之方便外，亦未说余任持梦相之方便也。其未能由风力持梦，而任持梦者，则不能先了解睡眠四空而任持梦相，故教授中说余持梦之方便。此中不待修道，初于本位，亦多能了知，梦为梦者。又于日间随于何事，数起猛利欲念，彼事亦多现于梦中。由此关系，知梦为梦，并非难事。故于持梦，亦赞日间，修猛利欲念也。此间虽亦容有数日无眠无梦者，然因彼障碍与梦合修善行者极少。虽亦容有睡眠太重，不现梦相，或由日间太修住心，不现梦相。或虽现梦相而醒时不能述说者，然彼亦极少。倘有是事，其除障方便，如教授中说。其理亦易例知。如是既非无睡，亦非睡时无梦。故任持梦者，日间所想、现前所见，皆是梦境。特多发愿，当于梦中了知是梦。正于梦时醒，彼种子，最为切要。此中梦多且久，倘不明显，则仍不能醒彼种子。故梦明显亦极重要。

此复初即梦明显者，则易任持。若不明显，须修明显方便。谓于睡时，系心喉间及眉间等处之明点等。若才知梦，或知未久，即便醒觉，障碍与梦合修善行者，须知延长梦境之方便。此虽有多说，其主要者，如余续说："由住心间及摩尼之点，起重睡眠位。由住喉间及脐下密处之点，发起梦位。由住额上及脐中点，起醒觉位。"依此当知，临睡眠时，由于心间及摩尼中摄风力强，便起无梦睡眠。住彼处时，当如是住。由彼二处所收摄风，略为分散，升至喉间及隐密处，即现梦境。住彼时长则梦长，彼短则梦短。由彼二处略为分散，至余二处，即便醒觉。若知此上，制醒之理，最为扼要。任持睡光明后不能久住，其令久住之方便，亦由此可知也。

玛师教授说任持睡眠光明，心为要处。任持梦境，喉为要处。是为睡时二要处。又说醒时修猛利火，于脐间修最为切要。依前所说即可了知。言"任持梦境喉间最要"者，意说不能以风力持梦，而学任持梦者。于等至位，系心顶上明点。是说醒时二要处也。其以愿力任持梦者，虽不能于未现梦前，定解睡眠诸空。若任持梦坚固熟练，玛师派中，有于梦位任持睡眠四空之殊胜教授。若能尔者，由于睡时久修坚固，则易收摄醒位诸风。故于引发醒时四空，助力极大。应知此是，前说例外。如是上者，先由风力引发睡眠四空，次起梦受用身。下者亦以前说方便，发起睡眠诸空，次起梦身为受用身。若未知此与梦合修教授，则无持梦教授之殊胜心要也。玛派教授五义论说，若知从睡眠法身中，现起梦身，为受用身之理。及能起此，则定能与中有合修。且极重要。然诸后学，多未详察。即观察者，其能知有二种不共起法，特知由梦合修教授，引发中有合修不共定解之理者，极为稀少。此是与梦合修诸教授中，最胜功德。

其通常德，如教授所说能起化事，及见染净诸境相等。所见染净境相，若非由风入中脉力，任持梦境，而以余力任持梦者，犹如醒时所见佛土及诸尊等，无量境相，均非实事。唯属彼等类似相貌。如是见瑞相者，亦仅见净土等类似境相，非见实事。此中教证，现在诸佛现住三摩地经等广说，然恐文繁不录。其由风力任持梦者，所见境相，虽与前者有太差别，然合修力未到最高界限以前，亦唯净土依正行相。与前相同。是以记莂过未等事，容有少分不错谬者，然谬误居多。故难可凭信。若由风力持梦修习坚固，至一界限，有胜方便记莂去来能无错谬。此与梦合修诸通常德，虽诸定量大论未见明说，然于现代有情有诸裨益。如是主要，谓由风力任持梦境。故于彼理当勤修学。若勤修彼太难生者，可由余法任持。次再依彼，勤修风力任持，不可以彼为足也。若不了知与梦合修诸不共教授，则不了知修醒时譬喻幻身之证德。即知彼证德，亦不能增进。及未获胜德而死时，必不知与中有合修之胜法，故亦须善巧此等，均如前说。任持梦境，有因道二时，后者复有与余乘共不共二种。后者复有正副二种。若能了解此等，则善分别梦与幻身合修之正副等义，于教授粗分要义，不致错谬。此合修法未说及之诸余细义，余处当说。

【科】卯二　说与死有中有合修分三

辰一　中有成佛者之合修法

辰二　经生成佛者之合修法

辰三　明合修法之开合

今初

总如因位，死有次第，中有次第，生有次第。如是发生道时，或名持生死中三有为三身，或名与生死中三有合修也。如是即生、中有、经生，三种成佛者，皆可安立三种合修。其道亦可安立生起圆满二种次第也。其真实死有与光明合修者，摄行论与灯明论，皆说是中有成佛者。若尔此补特伽罗，应于现生得几许道证耶？摄行论云："已见谛理，通达圆满次第，知真实义。"灯明论云：

“通达圆满次第。”廓派说彼，已得双运未及修习。彼生已断，犹未断死。然第三次第说：若得幻身，即生决定成佛。第二次第亦云：“善得证菩提，即往净居处，于佛土不退，现成一切智。”此说若得第四次第，现生成佛。故中有成佛者，未得幻身与光明。又说：“已得第四次第，则三明相清净。”故是现证法性。宝性论云：“圣者永拔除，死老及病苦。由业惑所生，彼无故无彼。”此说波罗密多大乘之圣者，尚已永断业力之死，何况密咒大乘圣者，宁未断彼！然此亦非永断业力之死。

又摄行论说此有二类：一类，谓因缺乏修密行之资具。若已得幻身，说衣食等于虚空中刹那取得。则相违害。菩萨地说，得极喜地不乏资具。大乘圣者，决定不致缺乏资具，亦成相违。故非证得后二次第。以是当知，言“已见谛理”者，是说金刚念诵究竟后，以心远离智通达真实义。见真实义者，不定现量见故。此亦如摄行论云：“有者因务农、经商及供事等散乱，未能修行。余者因资具缺乏，未能圆满仪轨，如经所说。”既说因未能修行，故中有成佛，则亦显示：若能修行则即生成佛。故知是圆满次第位，已应修行者。此最低亦须已得心远离。此已应修行，而未得幻身，故知是为修幻身而修密行。若如是解，则金刚鬘云：“知本性差别，次当修密行，弃舍业身已，当得金刚身。”亦得善通。由说如斯行者，若于现生不能修行，则于现生不能成佛，则亦显示，现生成佛，必须修行。及显代替修幻身之方便行者，即现生四空，与死时四空，合一之力也。

以是应知，总以修力，分离粗身与本来身，无须密行。如由转有及转舍瑜伽所作。然由于心间摄融心风次第，引发四空，由修习此妙三摩地，分离二身。及将所分本来细身，生为众相庄严幻身，金刚持身，极难修成，为修彼故则须密行。如斯行者合修死有时，摄行论仅说：发起死有与胜义谛合修之愿力。廓派诸师说临死时，由修金刚念诵，而合修。极为善哉。彼亦是缘心间不坏点，及以二种静虑收摄之方便也。如是修者，由三摩地所引，地入水等之融入次第，即是死有收摄次第。除此别无死有次第也。彼亦非于死有光明位现证真实性义，以彼以前未成就幻身故。其现证胜义光明之身,必须成就幻身故。五次第论云：“我加持正定，如是光明位，以因果差别，显示为二谛。由我加持故，当得光明位。”摄行论云：“由离通达世俗谛，不能现证真胜义谛”故。摄行论云：“由此生者谓世俗谛。”此说发愿时之世俗谛,即第三次第之幻身。灯明论亦云:“尔时从众生相续死已，起时现证如幻三摩地”故。彼非胜义光明为先之幻身故。

现证幻身之理，非是先起真实中有，后起幻身。是即由死有光明之风心，生为幻身。如余人现起中有之风心，此即起为幻身金刚持身也。此中有计，先成真实中有，次由修习，转中有身，成双运身。余有计谓成中有已，修自为金刚持身者。此皆未善知修幻身之理，而成过失。摄行论云：先正通达，死谓胜义谛，生乃世俗谛。次发坚固心，设入光明，弃舍凡蕴，当以加持我之次第而起也。若能如是作意而住,则余生中亦不失彼作意。以是当得一切种智。故经云:由彼彼意乐，诸人意随转，故成彼体性，如杂色摩尼。”此以教成立，若临死时于二谛发愿，即如是成就。此生有位已无可生。故言生者，是如余补特伽罗现起中有之风心，发愿当起为世俗幻身。既言如愿成就，故定应许，即彼光明风心，不起中有，而生为世俗幻身金刚持身也。若尔此中，既无中有，则不可说中有成佛。若尔，增上胜解收入光明，实无光明可入。由五种证菩提，起初依怙，亦无金刚持。则彼等法，亦不应立彼等名。此类甚多。以是如死有光明之后，现起中有。此则唯从风心，现起成佛，故名中有成佛，都不相违。若计死有光明之后，成就真实中有。后乃修道，中有成佛者，则与此派及亲教轨，俱不相符。

如是死有光明之后，乃修第三次第之幻身。由此关系，当知此补特伽罗，于死有光明时,非现证真实义。要成就幻身之后,次于彼身修后二次第乃得成佛。由此修幻身之理，则于现生成佛者修幻身之理，亦予极大定解也。然此中脱离原有之粗身。现生成佛者则不决定。此中不可计，中有寿量仅四十九日，且能往诸佛前听闻教授也。如口教论云:“加持自次第,瑜伽师应经劫宣说,”至云:“承事师已，善得灌顶三昧耶律仪，从师口授获得真如，了知秘密与最秘密。如所说事若未能修,当以此真实义次第修习。”谓数数修彼中所说之转有教授。继云:“由意乐因缘，我心入法界，明喜达如空。次具神通力，成五龄形时，证无喻大乐。次以发愿力，往余生处时，正达变化身。是故诸有情，由彼彼意乐，诸人意随转，彼彼如经说，犹杂色摩尼。法身喜等空，死闷绝睡眠，欠伸交会时，刹那能领受，有情意善修。”

言“我心入法界”者,谓入死有光明,尔时能达真实义。言“成五龄形时”者，谓如余人成就中有时也。尔时证得无喻大乐者，谓得受用身，如前说。如余人受生有时,此得化身。是为道位二身。摄行论中虽未说此后者,应当补足。以修幻身者，即能摄持肉眼所见之化身也。言“是故”等，与摄行论相同。言“法身”等五句,明根本五位,能现根本光明,当取彼为道也。余人成就中有时,此则成就受用身者，谓不受真实中有，即起幻身也。又彼论云：“设未成三身,当为持明主,渐修成大印。”此说,若未成就如是三身,亦当成就咒行殊胜所依,持明主之身。未说不成就三身者，中有修道之理。彼身不须更受后有，即能往生佛土也。

【科】辰二　经生成佛者之合修法

本释诸续及圣父子论中，对经生成佛者，死有中有合修法，虽未明说，然以摄行论与灯明论，所说为例，亦知可修彼二合法。此派诸师教授中，如是说者亦是善说，与睡梦合修相同。其与真实死有合修者，现在须有几许证德耶?曰:此中，善得灌顶，防护三昧耶律仪为基，已修生起次第者，于现生、中有、经生成佛三者，俱极重要。若彼由修专注身要方便，于中脉内摄融诸风，引生四空，已得坚固。复能与通达无我义正见和合，则能会合死有诸空。若于死有光明时，忆起正见，亦即通达真实性义。若无正见，仅有前者，虽亦能与死有空合，然非尔时证真实义。有此二理也。

若能如前者合修，尔时断除粗分二相戏论，极为有力，故通达真实义，最为殊胜。即如后者，亦极殊胜也。若未获得尔许功能，现在数数忆念死时所有次第，相续修习。由修习力临死能忆，即能认识死有诸空。以瑜伽师地论说，现于何法多所串习，临命终时即随彼转故。此由有无正见相属之关系，其认识死有光明，亦有通不通达真实义之二类也。此等临终时之教授，谓当作意，由地入水等融入次第，所现阳焰至灯焰等相。次当忆念三空教授，及以道引发诸空方便，修二种命力与二种静虑之教授也。卢伊巴之修法云："心息瑜伽师，非即入涅槃，转时饮血等，瑜伽瑜伽母，手持种种花，及种种幢幡，种种伎乐声，种种歌舞事，分别以为死，导往空行处。"拉瓦巴等三部注释皆说此义，谓诸瑜伽师临命终时，有诸瑜伽瑜伽母等手执种种供物迎接。导往空行处入光明义。故说外界，亦有如是助缘，作入光明之方便也。

初二句义，谓非涅槃胜义死有，是如从此舍往他舍，心略休息耳。胜乐中说此仅是一例。凡能清净三昧耶律仪，恭敬师长，殷诚专修本尊生起次第者，临命终时，各各本尊皆当摄受。是为现法胜利。若死有光明之后，未成幻身，现起真实中有，彼中有位，不成佛者，云何五次第略论云："得光明成佛，勤者于现生，懈怠者临终，下于中有位，得胜身利他。"彼论是说：通达光明便当成佛之光明，上者现生通达，中者于死有光明位通达，下者于中有位通达，而得胜成就。非说于死有光明时成佛，及真实中有位成佛。以下根者，要经生后方成佛故。

中有合修者，若能与死有合修，则中有位，由如前说之愿力，亦能合修。然彼是现起真实中有后，由胜解作意自修为天身也。任持中有之殊胜方便，谓由修习力，能引发醒位及睡眠四空已，其后引生譬喻幻身之教授。若无尔许功力，能由愿力任持梦者，亦有一种善方便也。若无彼等，则于思维死有教授时，当数作意，死后现起中有之理，及修幻身之相等。

【科】辰三　明合修法之开合

五次第略论云："当合三中有。"应知此亦表示，合三死有与三生有也。此诸合修名称，圣父子论中，虽无明文，然有其义。三中有者，谓实中有与梦之中有相顺。玛派多说："生死中有。"其所说义，谓先已生，现犹未死之现在诸蕴。若作二根本中有，一道位中有，共为三者，极符父子论义。如五次第论说幻身名中有也。此有真实与随顺二种。三死有者，谓通称之死，及梦中身名中有之关系，则彼前睡眠诸空，为睡眠死有。并圆满次第中依次引发四空，名道位死有。是为二根本死有，一道位死有也。三生有者，谓中有有情，受胎生之生有，及梦中中有，仍还粗蕴醒时之生有，并幻身中有摄受粗蕴之生有。是为二根本生有，一道位生有也。其中初三，是中有报身合修，名幻身合修法。中间三种，是死有法身合修，名光明合修法。最后三种，是生有化身合修法。此等略名，三类合修，开则名为九种合修。

此中五次第略论云："风替猛瑜伽，缘心谓大乐，梦与幻同修，当合三中有，烦恼为智道。速道谓转有，转舍为支分。"依据此文，色顶大师于集密教授中，将修猛利配五次第，复作转有与转舍等教授。然五次第略论所说，是明瑜伽母续所说之修猛利，代替父续五次第中何事。如是说者，亦是为明二续中之一切道，皆归真实五次第或彼代替中摄也。如是应知，其代替金刚念诵风引生心远离者，即猛利瑜伽。代替心远离者，即由猛利从风入中脉所生之大乐四喜。彼二是为瑜伽母续所说。于彼再加父续之幻身、光明、双运，成五次第，乃是彼论之义。若作余解，则非论义也。言"梦与幻同修"者，谓诸修梦教授皆摄入幻身教授中。言"中有"者，明三种幻身合修。二种根本中有，与一道位中有合修，能转不净成净，故云"烦恼"一句。若于现生及中有位，未得胜果，修成他生行咒胜身，道不迟缓，谓转有法。转有之殊胜支分，谓转舍法。瑜伽母续，明说彼二。又于现生，将自他身妙坏更换，速修道之支分，谓转舍法。此处叙说彼二法者，或谓父续应添彼二。或于能起父续喻幻身时，若修转舍教授，有获功力殊胜方便，亦为令知彼故也。九种合修中已说多种合法，余有极难通达之要义，当另抉择。

【科】子二 胜义光明圆满次第分二

丑一 释五次第与摄行论所说义

丑二 释后续所说任持之义

初中分三

寅一 次第决定成熟法器

寅二 为破解说光明教授

寅三 说余道后亦生彼次第

今初

如前次第决定时说，若未先起幻身世俗谛，则不能证此光明。其理云何？圣父子派说现证法无我真实义，尚共二乘圣者，则波罗密多乘极欢喜地证彼胜义，固不待言。其修幻身，乃无上咒部不共胜法。故仅现证胜义谛光明，不须先引发幻身。是说，以俱生大乐，现证极微细真实义之胜义光明，则须先修幻身。后当详说。其余乘派，虽有以智法身正因，通达空性智，为色身之助缘，及以色身正因，无边福德资粮，为法身之助缘，然无以二正因，合为同体无别之方便般若，于一定中一致修道之法。此无上乘中，乐空无倒和合，及与幻身和合一体，前已说讫。发菩提心、学六度行，总道虽同，然各别学无边差别福德资粮，则不相同。又彼亦为渐次增进达空性慧净所知障之功能，亦如前说。由此关系，经说小乘，速者三生能尽烦恼种子。波罗密多大乘，现证法性得极喜地，要经多时，至第八地，乃能断尽烦恼障等。经时长短差别极大。复说彼等是否特为断除烦恼等，有多差别。以是此道，亦非仅为，以俱生乐现证真实性，为引彼智，而起幻身。是为增进胜义光明智，净所知障之功能而起。以是色身不共正因故。由俱生乐缘空性境，约能缘门，虽有增进净所知障功能之门，然代替余乘无边福德资粮者，此圆满次第位厥为幻身。故杂修彼二，乃究竟关要。

如是为欲增进智法身正因净所知障之功能故，虽亦须修色身之因，然以何为二身正因，有大差别。以是余乘诸地，虽得相好庄严之身，若彼身定中唯修空性者，则诸佛必令起定于后得位修广大资粮。此中已得幻身，则不须尔。此二差别亦可了知也。

此诸次第决定因相，要于余乘、余续、及二续诸道建立，并彼微细关要，皆须久习，不可易满。由此极难通达之理，故有妄说幻身犹有幻执之垢，为净彼故须入光明等，许多谬说也。

以是第四次第云："此自然世尊，唯一大性天，由赐诸教授，金刚师尤胜。正承事彼师，经年或经月，待彼师欢喜，当尽力供养，随所有明印，当善教奉献。于资粮坛中，如仪而供养。"此说由亲传教授之因相，故视师长较佛尤胜，当长时承事。其后复以密供及余供具，供养传此之师长也。摄行论亦云："若无师传教授，不能通达光明。既得师传诸能诠因，与所诠果，真理无别之教授，则当如前供养师长。"此虽是为灌顶而说，然传教授，二者相同。当知即由意化此等而供，亦赞为修胜道之因缘。五次第论与摄行论说："其后师长，当以九种灌顶为先，而传秘密灌顶及第三灌顶。"此成熟法器之灌顶，若先得一次，不须第二成熟法器也。第四次第，说于半夜传灌顶已，于将明时，弟子当以供养赞颂，承事师长。其供养同前。赞颂，谓以"已解脱三界"等四颂半，赞颂之后，又以"解脱业及生"等三颂，劝请师长也。如幻身与光明时，说顺尔时之教授，赞颂祈请师长。诸余次第，亦准此理，修师长瑜伽，及以彼理祈祷。极为善哉。非但听闻教授之时，余一切位皆应以彼理祈祷也。以是当知，总一切乘，特于此乘，要不失坏师长三昧耶。观师如佛而兴供养。以一切事令师欢喜，励力断除师不喜事，最为切要。

【科】寅二　为彼解说光明教授分三

卯一　说内外二种证菩提

卯二　说证彼方便二种静虑

卯三　说彼异名及诸赞颂

初又分二

辰一　正义

辰二　释难

今初

次对如是祈请弟子，发悲愍心，而宣说者，第四次第云："夜间明分为明相，日光初现即明增，中界乃是明近得，诸本性动非一次。非昼非夜非中界，所有永离诸本性。即证菩提一刹那，是师所许瑜伽境。中界之后非灭坏，诸黑暗聚尽过去，日光未现刹那顷，说名无垢真实际。最胜教师离翳障，为弟子示外菩提。内心安乐离浊秽，刹那当得佛菩提。"此说内外二种菩提。卡师译为："彼诸本性非一具。"及云："黑暗之后皆永尽，中界威德咸过去。日光未现刹那顷，说此无垢为真际。"摄行论亦云："证菩提有二，外证菩提者，谓黎明时，过无明相，乃至日光未出。此是光明一切空。"此所说义，如五次第论云："已过得明所表二时，乃至日光未出，说为黎明。日光已出为明增，日没中界为无明，月光现时为明相。"其说内证菩提云："初如阳焰见五色光聚，第二明相见如月光，第三明增见如日光，第四明得见如黑暗，次离黑暗一刹那顷，是为光明。相极明了，恒常光显。胜义谛自相，唯智眼能见。"此处师长为弟子宣说外内二种菩提。

其中初者，若将外界一夜，分为四分即说为四空者，则说第四空，即证菩提之刹那，及唯是瑜伽师之境界等，不应道理。若以彼时四种虚空为喻，显示四空者，内时四空亦唯如是，则不能分内外差别。以内证时，亦以月日黑暗为喻而宣说故。若谓四时，引生四空智者，则彼四时一一时中，应无一时发四空者。故内外二种菩提之差别，当由何分别耶，此中廓师，叙述两派，一拏热巴所说，二有妃师与黑三昧耶金刚所说。初谓一夜四分为四空者，是法性之喻、时、相、表。故外证菩提，乃不了义。其真了义，谓内证菩提。由与羯摩印等至之力，引菩提心降至金刚根际、中部及金刚瓶。于彼三乐，以三空印证而修，是道位三明相。及彼二点，相抵住时，息灭自性分别之乐智，是为光明一切空义。第二则说，以四外喻，表诠四种离分别障，为外菩提。以二种静虑，将幻入光明，由内证表诠，为内证菩提。

拉弥则说：一夜四分为四空者，许为彼等名称之内四空义。其依羯摩印之第四空，及依智印，或经阳焰等五相次第所得之第四空，说为内证菩提。月光疏、显义论、三昧耶金刚疏、能仁祥等，亦说外时所说四空，即内四空。皆未明判内外差别也。若作如前观察，则诸分判内外差别者，固不能解答。其诸未判差别者，亦不能解答。此乃极难通达最切要处，故须研究。此须依据第十五品灯明所说乃能了知。如根本续云："净行及王种，商农四种女，金刚法性修，此能得秘密。金刚日没后，遍发起修习，明相出现时，胜修得成就。"疏解彼义谓："圆满次第者，于四种中，随觅一印，即依彼印。金刚不坏法者，谓圆满次第。彼体性者，谓成就彼证德。如斯行者，修习能得金刚秘密金刚持位。此复要由证菩提次第，乃能圆满。金刚等四句，明彼方便。其中有外内二种菩提次第。若如初释，金刚日者谓实日轮。没后者，谓过黄昏界后，当以尽所有之资具，供养师长。次由师恩，于中夜分获得灌顶。明相出现时，谓已过表示明相之夜分，于日未出时，传授证菩提之次第。得成就者，谓能清净。此是外证菩提之次第。若如内证菩提而释，金刚日者，谓方便智等至为相出现之后，没者谓现般若自性而灭。如是明增二相没已，即当发起能修光明之近得也。明相出现者，谓无明已过之时，其修行者，由三空因缘。胜修，谓现证光明。由此即能成就大印。”其大印谓双运。

既说光明能现证此道，故知内外二种菩提，是胜义光明。临证彼之近因时，依止外印者，是初颂义。其依止法，谓师长于中夜分，依羯摩印，传真灌顶，表示光明。次黎明时，传光明修法，后传修双运之教授。故先得胜义光明，其后成就双运。如是现证胜义光明，要待黎明殊胜时分。故名外证菩提。彼复由内心，四空次第而证。亦名内证菩提。是故一夜余三时分，为三空者，如前心远离时所说，虽是以尔时虚空为喻而显，然无不能分内外差别之过失也。其无学双运，如摄行论与五次第论说，亦是于黎明时证得也。

【科】辰二　释难

五次第论与摄行论，皆说成就幻身，求光明者，于中夜分传灌顶已，于黎明时，显示二种菩提，与二种静虑之教授。然彼于黎明时，能否引发胜义光明耶？若不能者，则与前说灯明论相违。若谓能者，则未得如斯功能以前，应不可说光明教授。是则未得幻身以前，虽已具得四种灌顶。应不可听受，以六边四理解说续义之圆满次第也。若可听者，则前文说，幻身究竟者，乃听受光明教授之理，是何意趣？兹当解释，五次第论与摄行论，所说者有二位，谓初成熟法器位，及得幻身具如斯功能位。灯明论文，意说后位，非约一切而说也。具足德相之弟子，纵具得成熟法器之灌顶，先已解说续义，生起了解。然有相续已起道位现观之具德师长，为令弟子相续，渐起道证，传诸教授，则彼弟子尤须依待，岂先已说光明教授，此便不须复说耶？

以是应知，得幻身之弟子虽无边际，其堪为彼师长者，尤为无边，非以现在师徒为限也。又非得幻身尤间，于一夜中，即能发生胜义光明。如集智金刚续云：“世尊，三空光明后如何耶？世尊告曰，如火焚薪，化为灰烬，如是光明以般若智长时净治。如多罗叶所化灰尘，如是以方便智净治。如焚兜罗绵，如是以明得智速疾清净。”于究竟光明时，作是说故。五次第论云：“经年或经月，善承事师已。”亦作是说故。是故得幻身者，从师长处听受光明教授已，以二种静虑，多修悟入光明方便之后，当如灯明论所说而作。其以俱生乐，现证真实义之胜义光明，与未亲证之譬喻光明，当善了知，分别其相也。

卷十四

【科】卯二　说证彼方便二种静虑

如前所说，已善成就幻身者，为令身中生起胜义光明故，更须励力。其中须说，现证胜义光明时，内外二种证菩提之理，及以前先修整持，及随灭二种静虑之理。前者已说，故此当说二种静虑也。此如第四次第云：“得教授弟子，次学二瑜伽，谓整持次第，及如是随灭。从头乃至足，几时至心间，瑜伽入真际。说名为持整。诸动不动性，先令成光明，后我如是作，是随灭次第。如镜上气息，周匝遍收摄。如是瑜伽师，数数入真际。”摄行论亦云：“如是现证一切空已，由此次第缘二种静虑。其次第谓，如净江湖中所浮大雪团，瑜伽师常思，如是渐随灭。当观镜上气，渐次消散尽，此持整次第，亦应如是观。”其言已证第四空，与缘二种静虑者，是说前述二种菩提及二种静虑。

言“得教授弟子”等二句，亦是说已得教授，善学习者。其持整者，谓自头下摄，及自足上收，最后俱至心间，故云：“几时至心间。”黑行师说：“从头至足，收入心间种子。彼收入明点，点收入空。”如是收入心已，则瑜伽师入于光明真际。“如镜上”等四句显示彼喻。谓如镜上，吹以气息。彼自周围，收入中央。如是自身上下前后左右皆收入心中也。随灭者，谓先将情器收入光明，后将自身收入光明。言“我如是”者，黑行师说，如持整而作。是为善说。言“数数”者，义谓彼二须修多次也。随灭之喻，谓如湖上所浮雪团，渐次消化。此处卡师虽译为点，然旧译为善。自蕴渐次消灭，二者俱有。唯先有无收余情器，是其差别。随灭名义如说可知。

无畏师说:“整谓自身，以空收持彼，故名持整。”实是使身入光明而持也。由二静虑收入心间为究竟处，而证胜义光明者，乃圣父子，最胜意趣。此中因相，前已多说即当了知。此收摄次第所缘中，虽未明说，收摄风息，然作彼所缘应知实际即成无上摄风次第。如四天女请问经云:“恒住心中央,盛光明炽然，乃至于九次，从额至足心，唯收入彼点，安住于脐中。”额谓头部，乃至足部，皆当收入心中明点。安住心间莲花蕊中也。以是当知，语远离时，修三种命力，皆是于心间收摄风息与菩提心，引发四空之方便。由修彼之力，故此时所缘收摄次第，亦能将风及菩提心收入心中令入光明。

故得幻身者，修入光明之方便，说二种静虑，即此理也。又不仅彼，集智金刚续说，须与外印等至。彼之作用，与此相同。其说由二种静虑，使幻身入光明者，亦是于心间数数收摄风心，引发四空。由修习力，证胜义光明时，幻身亦随消灭。证幻身者，修二种静虑时，玛派诸师虽未说修三金刚之三重萨埵，廓师教授说修彼三,乃第十一品本释之义。是续疏中义,由教授显出。极为善哉。此如根本续云 :“住诸佛坛中，自身住毗卢，心中想嗡字，于咒修神识。灭金刚心性，若时彼生起，持诸佛胜德，如如意吉祥。住诸佛坛中，修不动金刚，心中修吽字，心住为明点。住诸佛坛中，善修无量寿，心中想啊字，金刚住明点。此胜三昧耶，修三坚金刚，灭三昧耶智，当得佛悉地。”

此言“佛”者，如云“佛陀谓了解”。谓所了解，所知曼荼罗，即三界之身语意也。彼中者谓彼自性。住彼者，谓胜解为自己之身语意体性也。言“住毗卢”及“修不动”“无量寿”者，谓二身无别，即修毗卢。二心无别，即修不动。二语无别，即修弥陀也。如是修三尊三昧耶萨埵已，于彼心间，修嗡啊吽三字者，即修智萨埵。咒谓于嗡字，神识即三摩地萨埵明点。及于吽字，三摩地萨埵即自心成明点。并于阿字，三摩地萨埵，金刚即自心，住为明点。如是修行之瑜伽师，为令自心，入于灭金刚光明中，即所修明点亦令清净。若时生起究竟光明，尔时任持即修成诸佛之胜德。如能满足一切心愿之如意宝珠，及具足二种资粮之吉祥也。此修一切有情之身语意三金刚，与自身语意三业，无二无别者，乃胜三昧耶，胜过于生起次第。故谁了知，任持灭金刚光明之教授，发生妙智，彼即当得，诸佛即诸蕴之成就，谓离此凡身，当得甚深广大之智身。是灯明论所释也。

此说得幻身者，为令自身语意三业，入光明故，先修身金刚，次修语金刚，后修意金刚三重萨埵已。非仅前二萨埵，即所修三摩地萨埵明点，亦令清净入光明中。三摩地萨埵，三明点者，谓短阿字。若所置处，谓三角形明点中。是廓派所许也。其后，续云："金刚住空界"等，说修三金刚。有谓此乃说修随灭。前者为修持整，然论说即是前义，后更以余相显示。故应知前文，即分持整与随灭二义也。其修法，谓从心间种子字放光，三昧耶萨埵，自头往下，自足往上，渐次收入心间智慧萨埵，其智萨埵亦渐收入三摩地萨埵不坏点短阿字。彼复摄入光明，持心不动。二种静虑相同。其随灭，先将余情器收入光明之法。如灯明论云："于动不动法，作康字虚空，以随灭次第令成无事，自亦渐次摄入，由如是修，则金刚智与虚空等。三重萨埵体性，成为一体。康谓光明。"跋曹与卡师，译为"由随灭故令一切不现，渐令彼入自身。"故是从自心种子放光，遍照一切情器，化成光明，令彼光聚渐入自身都无所现。通执虽是顶上修嗡字，喉间修阿字。此处说三字，均于心中修之因相。如前所说。

拉弥师等，说从脐中所布轮毂诸字收放者，非是论义。此之胜利，说离凡身得智身者，虽已离凡身，别得幻身之智身，然先未得离凡身之双运金刚身，今得彼身，故不相违。五次第论云："如幻三摩地，由真际清净。"摄行论亦云："其世俗谛，由胜义谛，令清净已。"灯明论亦说："由二种静虑，令幻身入于光明。"此处则说，所修三金刚身，入于光明，应成相违。以幻身是金刚持身故。莫作是思，所成就之幻身，虽是报身金刚持身，然将彼所修三金刚化身，数数摄入光明。由修彼故，现证胜义光明时，则其幻身，亦如彩虹于虚空消灭故。其由胜义光明清净风息所成之身，胜义光明现在前时亦不消灭。其由譬喻光明清净风息所成之身，则不相同，是其差别。

此中若未由二种静虑及依明印，数数现起第四空时之大乐，与究竟真理之空性，合为能缘所缘而修。仅于收摄风心次第所起四空，任何修习，终不能证胜义光明。故须善巧乐空和合之理。又彼清净粗显二相，虽数现起如黎明时洁净虚空，然不能灭微细二相。其能缘大乐，与所缘真实义，乃至未成一味现证空性，则其幻身非于光明清净，皆须善辨此等差别。若未善别彼义，则尚未得心远离时初自最低现起三空，便以为得，真心远离。其后意前，现起澄净明显如虹天身，便以为得真实幻身。次由修二种静虑，将彼清净，如净虚空，消灭现行执著，得坚固时，便以为得真实光明。其后现起天身，便妄计为得真实双运也。若将此等摄入心远离等四次第之随顺分中，不分真假，虽可立彼等名。若计彼为五次第中，真四次第者，则全未能以究竟教授，五次第论及摄行论之宝钥，启本释诸续之关键也。以是当知，本续、释续及圣父子论中，多分是依正所化机如宝补特伽罗，说彼究竟前道，及学彼已趣入后道之理。先应善知，彼身如何生起之理。次于无斯功能，余四补特伽罗，别如现在补特伽罗修时，如何发生随顺前道之理，须善分别。不可将一切五次第随顺证德，与真实五次道，妄执为一也。

如是由二静虑多修习故，若得临近现证胜义光明之相状，则于中夜灌顶，黎明开示教授，定当现证胜义光明也。

【科】卯三　说彼异名及诸赞颂

以俱生乐现证真实义之胜义光明，有多异名，谓曰光明，及一切空等。第十二品中，六如来说为菩提心。余无上续云：“超过修诸支，离寻思分别，亦出诸韵点，此是胜坛轮。”摄行论云：“总之，八万四千法蕴中，言义难解，名称无定之语，皆是依胜义谛而说。”如是说者，是为断除，于诸异名执有别义之执著故。第二次第亦云：“诸经诸续中，凡显示实性，皆依一切空，彼未说余义。”谓诸经续中，凡宣说真实义者，一切皆说一切空光明，未说余义。此所说义，谓多有不说大乐智，但说真实义者，故非彼一切，皆说俱生乐证真实义之光明也。然除彼智所缘胜义光明，及大乐外，说以余智证真实义之光明者，意谓波罗密多品宣说真实义诸经，及下三续部，亦皆宣说。如斯光明，是为总义之光明。其由大乐证真实义者，如其所应，是秘密义与究竟光明。故与真实义同一味转之智，有是否圆满次第智之二类也。

如是弟子，于二种证菩提，与彼方便二种静虑教授，及光明异名，断诸疑已，对如是宣说之师长及教法，赞颂之理，谓舒颜合掌，如第二品所说：“希有佛陀，希有法，说法更希有，真义清净义，敬礼菩提心。”如是赞颂。二希有者，如其次第，依世俗谛与胜义谛称赞。第二句义，由说二谛双运称赞。真义谓光明，由彼清净义谓清净天身，敬礼成就如斯功德之大金刚持也。此即表示，说余次第之法后，亦如是行也。

【科】寅三　说余道后亦生彼次第

宣说光明教授之后，摄行论云：“由此次第，一切如来弹指警策，释迦牟尼世尊，起不动三摩地，坐菩提树下，于半夜时，现证光明。起如幻三摩地，为众生说法。从此时起，乃至正法住世以来，师师口传。”卡师译为：“以如幻三摩地起，为所化众生，转正法轮。”言“此次第”者，摄行论中，先说于夜半灌顶，黎明显示教授。或指其前无间所云：“当授般若及智灌顶。”义亦相同。第二次第亦云：“故从净光明，现起三种智，持三十二相，具八十随好，备一切种胜，次得一切智。”

说无上咒部，以自道成佛之理后，又云：“如大游戏经云：释迦牟尼佛，初欲成菩提，意谓由大空，便能得佛性。于泥涟河侧，住不动三昧。时胜空金刚，充满如麻壳，弹指同一音，警策于佛子。此静虑非净，不能得究竟，当缘彼光明，最胜如空际。获得光明位，当生极喜身。极喜金刚身，得一切自在。闻如是说已，即舍不动定，佛子于中夜，即缘真实义。”又云：“一切空、希有，净明广大智，唯由师长恩，次乃得见彼。”又云：“由金刚喻定，明相初现时，水月阳焰等，众幻德庄严。住于菩提藏，降伏诸魔军，释迦王善得，无上真实智。救护利生故，宣说此真理。”此说于波罗密多大乘道后，以无上道成佛之理。卡师译为“从彼净光明”。又云“如是大乘经依云”，此后者尤善。义说如自道，由光明、双运成佛。如是余道之后，亦当以彼方便成佛。非是引经，证前说故。释迦牟尼等六句，说释迦牟尼，欲以大空成佛，便于泥涟河侧，住不动三摩地。唯此是大游戏经所说。非说其余“时胜空金刚”等，亦彼经所说也。

言大空者，五次第论疏虽有说为近得者，然彼经说住第四静虑遍空三摩地，指彼最善，彼亦名不动三摩地。摄行论中，仅说：警策释迦牟尼。“时胜”等四句，说住河侧时警策也。摄真实经仅说“一切义成菩萨，坐菩提树下，诸如来警策。”未明了说，为色究竟，抑为欲界。金刚顶经说是色究竟厚严佛土。一音警策者，谓“此静虑”等四句，谓前静虑，不能净一切障，不能证得最究竟道。故当缘彼光明也。次四句劝令现证成就八种自在之双运金刚持位。策发之理，卡师极显。摄真实经说警策时，仅云：“未证一切如来真实义，唯修苦行，能成佛耶。”此论所述警策之理，及策发后证果之理，摄真实经与金刚顶经皆未曾说。故是引余无上续中所说者也。“闻如是”等四句，与摄行论说“起不动三摩地”，至“现证光明”，二义相同。故是住河侧时策发，从彼起后，坐菩提树下，于半夜时，依印灌顶，现证光明。

“一切空”等四句，即广明“缘真实义”也。“由金刚”等四句，说黎明时得无学双运身。“住于菩提藏”二句，明降魔。“释迦”等四句，明得果已，为他宣说真理也。辨业论亦云：“纵经无边劫，施头珍宝等，未净明相故，不得菩提果。纵经无边劫，如是戒忍等”，后二句如前。“纵经无边劫，咒身三摩地”，后二句如前。“清净三明相，一切智无碍。”其中初二颂，说波罗密多乘，次一颂说唯生起次第，及下三续部道，不能清净三种明相，故不能得无上菩提。意谓三明相时，有二相错乱。乃至未净二相错乱习气以来，彼必不能毕竟灭尽。故欲毕竟灭彼，须修俱生乐证真实义。此除无上乘外，非余所有也。

解脱点论亦云：“虽释迦牟尼，修集无数劫，由未证此义，于泥涟河侧，住无所有定，时一切如来，遮彼顽空心，为说深明净，无垢如虚空。中夜如闷绝，修真至黎明，刹那证真理。”与前二论相符。注解中谓：“无所有，即顽空。由俱生阿遮利耶加持，犹如闷绝，乃得真理。”阿遮利耶，说即明妃。教授穗论亦云：“应言最究竟时，亦定依此方便，如释迦尊，住菩提树下，为证菩提，于中夜分，必待尽虚空界诸佛传授般若灌顶。及如唯此世尊，从胜点佛母，于金刚藏，传授灌顶。皆可广说。诸了知教授者，即当明了此差别。”欢喜金刚续云：“现起炽然鬘，晃耀曼荼罗，金刚藏灌顶，钩召胜点母。”是为第十地菩萨，依真实明妃灌顶之根据。

若谓波罗密多大乘说：若于色界色究竟天未先成佛，则不示现于欲界成佛事。又说：释迦尊，无量劫前早已成佛。建立次第论说，一生补处菩萨，不以报身，利益人趣，为任持化身故，示现入胎。故于大游戏经所说示现苦行等前，释迦牟尼早已成佛。此说修波罗密多道后，以咒道成佛，是于河侧行苦行后，云何通耶？答曰：修波罗密多乘道后，先于色究竟天，依报身成佛之最后有，与复于欲界依化身成佛之最后有，二时俱有，如前策已，真实成佛，与示现成佛也。是故后者，虽非先未成佛今方成佛。然如是说者，是显波罗密多乘第十地最后有身，总须生起密咒之道，方能成佛也。

金刚鬘经疏说：“一切义成菩萨，由诸佛化现曼荼罗，传预备法及四灌顶后，开示三三摩地，百部身远离，及五次第教授。于中夜分成佛，黎明降魔。”此中后者，与五次第论、摄行论，二俱相违。其前诸义，亦与仅说光明及双运教授，未说余者相违。廓派诸师说波罗密多道，能至第十地。彼即代替生起次第，乃至心远离。如五次第论云："由初业加行，能得第八地，得三种明相，善住于十地。"故波罗密多之最后有，可从幻身起修。于初夜分传密灌顶，现证幻身。中夜传授第三灌顶，现证光明。后夜传授第四灌顶，现证无学双运，许一夜中便得成佛。彼说波罗密多乘后，入咒之界限，谓第十地。彼复有一生所系与最后有二类，此是后者。由说一夜成佛，即可了知。传入之理，非弃自道而入。是于彼道上，更加咒道也。所加添者，生起次第至心远离，此不须生，如廓派所许。亦不须第三次第幻身之因相，由说初即入无上部之补特伽罗，为证光明故，须先修幻身之因相，即可了知。既传第三灌顶，则亦表示第四灌顶。故唯传彼二灌顶。传第三灌顶时，先起明增得三，次由近得入于光明。微细二相皆悉清净，便证胜义俱生。虽此菩萨始从初地便证法性，然先未以俱生大乐现证空性。此起彼德。次说由修彼义，于黎明时，如幻三摩地，成就水月等幻喻所表身者，谓由胜义光明俱生智，与彼所乘风，而成无学双运清净幻身也。波罗密多乘，始从初地，即得相好庄严身，次于诸地渐转殊妙。最后以彼规，虽得有学究竟相好。然无上规，唯由彼相犹不能得无学色身。由此因相，故于彼前，仍须发起，彼身所从成之不共修事、光明智及风。若知此者，则已善知，第三次第，与有学双运时，离粗异熟身外，修不修幻身也。彼即显示乃至未修以俱生大乐现证真实义时，必不能得断尽所知障之法身。乃至未从胜义光明所净风心，修成幻身，必不能得无学色身。故乐空和合、与修习幻身，乃无上乘之究竟心要。乃显彼二，即二身之不共因也。

此中第三灌顶依印而修，即代替密行。故不须修余三行之理，由前因相，即能了知。如是此中，未先传授瓶密灌顶，即传后二灌顶。未先生起第三次第幻身以下，即从后二次第发生者，应知是例外事。前说二次第之次序与数量决定，及咒道中必欲界身，须有二根交会之贪等，是依最初即入无上道之决定种姓者说。言欲界天等，无如君陀之菩提心等，意说通常之欲色诸天，非约最后有菩萨之殊胜身而说也。如虽不许究竟三乘种姓决定，然许暂时三类种姓决定。如是虽说波罗密多乘，最后亦须入无上道，然第十地以下说于自道种姓决定，都不相违。如阿罗汉与不还果，虽于衣食离欲，仍须寻求衣食。如是十地菩萨已断烦恼，虽于二根交会乐已尽贪爱，仍生求彼乐欲，亦不相违。若不尔者，则诸外道，执有欲者即有贪爱，由发语故比度有爱，应不能破也。若谓戒经，说离欲与未离欲者，根势兴起因缘各别。故于欲尘已爱尽者，不可依印。此是于显密教俱缺多闻之言。初由波罗密多乘，经三无数劫后，次依咒道成佛之十一普光明地，与初即入咒乘，一生成佛之普光明地，虽无少分胜劣差别，然二道差别，非全无义。以有极大远近差别故，波罗密多须更加余道故。如斯之道，最后虽须依无上道，然说三无数劫成佛，亦不相违。以彼亲得正等觉时，是在三无数劫后，方加彼道故。

金刚顶经亦云："昔于过去时，受持菩提心，具方便般若，成菩提萨埵，希有大勇进，行无量难行，彼如是渐次，乃至得灌顶。大慧究竟地，得依灌顶已，可乐色究竟，大慧安住彼。"此说，究竟有学地，住菩提树下，由诸佛策发，修五相证菩提，而成正觉。又彼经云："经三无数劫，修施及施果，得遍空珍宝，是珠宝灌顶。经三无数劫，修诸余苦行，及精进得果，金刚业灌顶。"又云："由四密灌顶，得正等菩提。次由名灌顶，彼成毗卢佛。"此说，由金刚萨埵、金刚法、金刚宝、金刚业灌顶，如其次第，得自性身、受用身、相好化身而成正觉。彼即前说之菩萨。说修彼道，经无数劫。如无上派，有初即入自道，一生成佛，如宝所化，与于波罗密多道后更加余道之二类。瑜伽派中，并未明分自道他道，而以前说配波罗密多道，亦未明说自道之后有余成佛之理。故前所说，究竟地后，由诸佛策发成正觉等，似是彼派自道。应善观察。

如无上续说，于相续中乃至未起如前所说，所添二道，不能成佛。又彼二道，亦非下三续部道中所有。故修下三续部道者，亦须增加也。二续俱说：地究竟后，须依月轮金刚等，五种证菩提相，成佛之意趣，如五次第论说，生起次第者，以月轮金刚等生起咒身。代替圆满次第者，由四种空生起清净天身也。如是依何而说之意趣所依，虽是无上瑜伽部之不共道，然依彼意趣，而以余声宣说了义，通下部道，亦不相违。此乃多处解释经义所极须者。观察余道后，须加此派圆满次第诸主要法者，乃于自道胜法，获得不共定解，及依彼解决定此道种姓功能，不退他道之希有方便。然极难得，故今广说。

【科】丑二　释后续所说任持支之义

五次第论所说第四次第光明证菩提次第，后续说为六支中之任持支云："自根宝灭取，说名为任持。心成灭金刚，现起诸相征，相界有五种，菩提金刚说。初相如阳焰，第二如浮烟，第三如空光，第四如燃烛，如虚空无云，常明为第五。坚固金刚路，放射虚空界。"大译师所译灯明论中，解释初二句圆满后即云："此名任持是第四支。"跋曹所译亦尔。廓师所译，解释"自根"至"放射虚空界"圆满后乃云："此名任持支为第四。"将彼全文皆作任持支文。卡师所译亦尔。如是梵本似有二种，然以廓译为善，由释论可知也。自谓色等境，根谓眼等根。彼二灭后，宝谓心及命风。彼息灭之取者，谓任持，即光明真际也。心风灭者，谓三心渐次息灭。根境息灭，亦如死有次第而灭。甘露密论云："言自根者，谓著二取，未达远离生死心之过失。若知自心远离二取，即引生宝贵佛智。故言为宝，即远离凡常。言"灭取，说名为任持"者，谓由金刚莲花等至。菩提心行至金刚根、腰、顶端，发生三种明相，即明远离瑜伽师之心远离也。"非是论义。灭金刚者，谓光明。心成彼者，谓入彼中。心入彼时，现起阳焰等诸相征。其所现相说有五种，从阳焰至虚空光之三种明相，是地水火风四界，由前入后而起。虚空光者，是如跋曹所译"如萤火相"。有计为"见少分虚空"

者，不应道理。

灯明论说：“由微细界入三明相，现如燃烛。”微细界者，谓扰动自性分别之风。由彼融入，即现起如无风吹动之灯光也。摄行论云：“蕴等入于细界，细界入心。”所说初者，即从地至风，前入于后。后说：细界入心。与灯明说：细界入三明相，都不相违。以前者是粗说，后是详说故。如辨业论与金刚鬘经，不分别三识，总说入于光明，摄行论则分别说近得收入光明也。诸旧译本多说：“由本性明相，融入如无云虚空，常时光明，是为第五。”虽有译本，作“融入于明相”，然前者为善。以现起光明，须先融灭三明相故。灯明论中作是说者，是总略说。若广分别，应如我加持，及摄行论所说，谓心入心所，心所入近得思，近得入光明。三明相时，现起之理，如前所引，摄行论云：“第二谓明，犹如月光”等。摄行论云：“初见如阳焰，具五色光。”未说烟等三相者，是总略说。若广说者，应如后续及灯明论，俱说四相。由彼五相，当得涅槃胜义光明。为证地入水等，灯明论引辨业论云：“如昔如何生，即此次第灭，初地入于水，次水入于火，火亦入于风，风则入于识，识任持逝已，次入于光明，从此成寻香，业驱使而生。如是多千生，生生恒无已，性流转迷乱，非诸分别境。乃至知明相，众生无所得。”此是引龙智论文，非福缘称所说辨业经也。

识入光明者，谓明相融入光明，非本性融入彼也。此虽是说因位死有次第，然彼与道位，入光明时现阳焰等相同。故有说：中有成佛，则实现阳焰等相。现生入光明次第，仅是有相识，坚不坚固之量，与阳焰等五相相同，是其差别。又谓摄行所说，乃坚不坚固之量，灯明所说，是现阳焰等相，是其差别。又亲教论疏说，是后相较前四相明显，非与彼等相同，皆非善说也。又此诸相，是于还灭地界等，及诸根风，将向内返，正于内返，已返时现起。彼中复有因位、道位。后者复有，身远离等上下多种，当善分别。此复融息动遍计风，现如燃烛。明相智时如月光现，故彼二种次第决定。于顺行时，从明相智，乃至光明；

于逆行时，从光明起，乃至明相，皆现阳焰等四相。前者于明相前现，后者于明相后现也。此位虽是由二种静虑，数数收摄，专住心时而生。然于三种整持各别摄时，别配诸相，及于一一整持三重萨埵，各别摄时，别配诸相者，则非善说。譬喻光明位，是于心前，所现境相，如净虚空。胜义光明位，唯由微细二相息灭，无戏论垢喻如虚空，非有如斯行相显现。

若生真实道位三空智，随所见境，都无界限，明如月光等。其现圆轮如月光等者，非是三空智时，所现月光等相。又如月光之明相，收已无间，非定现起如日光之增相。其间可能安住。此复容现如净虚空。故彼与第四空现起之理，有大差别。由金刚路者，谓由不可违越，五相次第，入于光明。坚固谓清净，虚空谓诸世界，放射谓以法身之理周遍一切。如卡师所译而说。放射于世界者，义谓由心力，令遍情器一切法性也。既言，五相次第不可违越，故初修时虽无定准，若善了知顺逆修诸空者，则定依次显现也。此中正说胜义光明，未到彼前，于譬喻光明，亦应数数修习。所说此等，于下道位亦应了知。

【科】癸二　二谛无别圆满次第分二

子一　释五次第与摄行论所说义

子二　释后续所说二支

初又分二

丑一　问

丑二　答

今初

摄行论云："世尊，入胜义谛成无性已，复云何起？此中现前所证云何？何者不退？何为解脱义？何故解脱？解脱者谁？"为抉择双运次第故，先设六问。其中初者，谓问第三次第幻身，入胜义谛既清净已，复出光明之次第云何耶？第二谓问，此无上乘中，由初地等次第，现前所证，趣向果之道证，生起次第云何耶？卡师译云："此中受用妙乐云何？"前译较妥。第三谓问，退不退生死之界限云何？第四谓问，解脱之义，为从何解脱耶？第五谓问，如是解脱之因相。第六谓问，补特伽罗自体，能解脱者为谁耶？卡译无后二问，而云"从何解脱"。然旧译较善。

【科】丑二　答

教令听闻云："金刚阿遮利耶告曰：大士，善哉善哉。从光明中起出次第，非离如来教授，向外缘者之境界。应随胜集密了解，一心谛听。"

【科】次答所问义分四

寅一　答第二问

寅二　答第三第五问

寅三　答初问

寅四　答第四第六问并余义

今初

摄行论云："此金刚乘，已学生起次第，得第八地。乃至未得圆满次第，尔时犹应亲近善知识。现证身语意当得十地，获得如幻三摩地。已证如幻三摩地后，当得三相清净之光明。从无相光明起已，由住双运次第，现证佛事。当得金刚喻三摩地一切功德庄严而住。"卡师译为："现证身语意远离已，证得十地，当得如幻三摩地。"又云："现证佛身。"较前译为显。仅言十地。父子论中均未说地名与名义。金刚鬘经云："十一瓶灌顶，及上三灌顶、十四灌顶，各配一地。"仅说十四地之数量，未说一一地之名义。授记密意续云："诸佛所依住，其地第十三。"亦全未说十三地之名义。根本续及余释续，亦均未说。由此因缘，起诸异解。

摄行论疏云："如云：若时从下暖，至忍第一法，上中十二行，极喜第十三。又云：极喜至法云，随彼后所得，由双运修治。谓暖顶忍世第一法一一加行道，各分下中上三品，为十二地，极欢喜地为第十三地。金刚念诵，得第八地是中品忍。心远离得下品或中品世第一法。幻身得上品世第一法。光明得十圣地之初极喜地。观待加行道十二地，为第十三。双运谓能修治已得诸地。”此说生起次第能至第七地。拉尔则说，十地乃极喜等十地。生起次第及身远离，得第八地。义显金刚念诵，得第九地。由见三明相，智自在故，得第十地。幻身乃彼后得，无地次第，故唯属第十地。光明得第十一普光明地。双运乃彼后得，故唯属第十一地。由修梵住等，得初发业地。即生成佛，谓第十三地。月光疏中，虽说为极喜等十地，然未明说，别配诸地之理。

昔集密派智者有说：十地谓极喜等。言生起次第究竟等，得不动地及法云者，非由圆满彼地功德而得。意谓能代替彼等也。藏中智者有说：于极喜等十地之上，加温爵喇嘛所说："无比及具智，金刚地十三。"此义如无畏师说：波罗密多乘所说第十地中，有住第十地与胜进道、无间道之三。其第十地，即住第十地。胜进道即无比，无间道即具智，普光明即金刚地。如斯之第十三地，即授记密意续所说第十三地一切空光明。摄行论意，亦显幻身为第十一地，光明为第十二地。此即从胜解行地所计之第十三。金刚鬘续之第十三地，亦是光明。释为彼续之意趣，许彼诸道，实得彼诸地也。若如此说，则双运应为第十四地也。

此中波罗密多大乘中，多说圣者学地，为极喜等十地。无学普光明，为第十一地。亦说异生，有胜解行地与初发业地。咒中说地数，有十二、十三、十四数。其立名者，如金刚庄严续说，普光明、甘露光等十二。欢喜金刚、三补札等，有说住等十二。名不相同。亦有说极喜等十地，立名同者。教授穗论等，说胜解行地、及普光明地，乃义中所有。前之十二地，似与后者相同也。十三地立名，有三种不同。如无畏师说。故知彼等皆是圣地。若加胜解行地，则金刚地为第十四。如是诸地数量，虽较波罗密多为多，然非许过十一普光明地，更有上地也。

根本续于双运位云："安住于十地，菩萨彼即成。"灯明论释彼义云："十地谓十光明，安住彼中。"虽亦有彼说，然前说十地，应作极喜等十地也。言生起次第，得第八地，金刚念诵，亦得第八地者，初者配才得第八地无间。第二配波罗密多之第八地。由此亦应知，配第九地。意将圆满次第之身远离，摄入金刚念诵中也。五次第论说，由见三明相，安住十地。摄行论说：现证身语意即得十地。如第六品灯明论说，身语意为明增得。彼二义同，故心远离配第十地。黑行论师解释见三明相，配第十地，说是得我加持者，谓依心远离进得幻身。以彼配第十地，乃摄行论义。此配波罗密多乘第十地上段。于第十地后半，安立光明与有学双运者，由前所说，波罗密多乘十地菩萨，加修无上道之理，即可了知。无学双运，立为十一普光明地，亦可了知。前二续说光明为第十三地者，亦是待胜解行地而说。此亦表显有学双运。

若配诸地之理如是者，则生起次第等，各别道究竟时，为圆满得极喜地等功德耶？抑如十四灌顶各配一地，修法一座配合五道，增上胜解诸尊收入光明等配合三身，唯由相似同法而配合耶？曰：虽得第三次第幻身，若未证光明，说由烦恼力仍退生死。故仅究竟彼道本位，非但未得第十地，亦非得圣地。故彼等配法，非由圆满极喜等地功德而得。若究竟生起次第，即立为实得不动地等，尚多余难。应知如说，波罗密多乘到第十地者，能代替此道生起次第乃至幻身，是由此乘诸道成佛者，能代替余乘证得彼地。故得彼等，说为得十地。非须所得诸道功德，完全相等也。此复能圆满成熟圆满次第证德者，乃生起次第。故彼最后成熟，配无间得第八地。以前诸能熟，配前七地。未说生起次第某差别，配七地中某地也。若究竟生起次第，则随意能入，通常坚固无分别三摩地。由得情器世间，现为宫殿诸尊，已善清净，亦与第八地相同。以此为先，依身远离修语远离，如摄行论说，亦如应而得无生法忍。由语根诸风，清净自在，与第九地说法语清净，得智自在相同。依语远离究竟，修心远离，从彼风心修成幻身。于诸佛所获得灌顶，与第十地诸业自在，转下劣身因，恶业习气，成圆满身因，得大光明灌顶相同。以转通常身因之风心，成受用身因故。如第十地时空性证德增强断障功能势力之因，圆满道位资粮，更无新学自道。由得幻身转入光明，其后修成双运，亦与彼同。故彼等配第十地。

若由现证未证法性，安立已得未得圣地，而分异生圣道。异生道中，复分资粮加行二道者，则从修共道，乃至未以修力，将风融入中脉，直接引生空智以来，是资粮道。能引之后，乃至未以大乐，现证真实义之幻身以来，为加行道。胜义光明后，未得双运前，是为具道极欢喜地。从有学双运，乃至未得无学双运，可配修道九地也。

卷　十五

【科】寅二 答第三第五问

摄行论说："诸得幻身者，乃至未现观胜义谛容退。其因相，谓乃至三明清净以前，是识遍计。彼有几时，尔时即有烦恼习气相续，及由彼故当受后有。"言未现观者，谓未现量亲证也。未如是证，即不能尽断烦恼种子。故未永断烦恼增上受生。即是说由烦恼习气相续，当受后有之义。言彼习气者，即烦恼种子，非立为所知障之习气。若得幻身，即生决定成佛，非由业力，先生生死。言未现观真实义者，乃假设辞。如云，净饭王子义成，若不出家当为转轮王也。说彼乃至未得第四次第，未能现观真实义。故知此位，三明清净者，乃微细二相皆永清净，智于真实，如水注水，同成一味。前文之后，摄行论又云："若离余思，彼乃清净处。"引证云："祥胜第一续说，三毒清净处，即菩提心处。冈跛罗论师内我修法中，说声性粗，思或思已性细，离思或思已，乃瑜伽胜处。"卡师译云："若离一切思，彼是。"其义谓三明清净之光明。彼是烦恼种子清净之处。故得彼已，不复由烦恼业力重受后有。故不退生死。小乘虽亦现观空性，然乃至未得阿罗汉果，不能永断烦恼业力受生。其大乘人，现观真实义后，即断烦恼业力之生，二种大乘人相同。

第二次第中说，生起次第得第八地，三明相得第十地之后，又云："善得大菩提，已证清净处，不退于现生，佛土一切智。"说光明后乃不退转。即显彼前仍退。清净处者如前所说。卡师所译此文较善，旧译已引讫。若尔，今此乘中，从现观真实义界限，即解脱烦恼业力受生，因相云何？于引冈跛罗教后，又云：“由此正理，以此证菩提次第，正得光明。彼身语心无垢自性即一切空。故于三识清净般若波罗密多自性中，无思无议，即涅槃界。无色难了，解脱业生，如日月火珠之光性，最极明显。”此即示彼因相。言由此正理者，谓由三明转入光明之方便。彼者，谓修成幻身者，依二静虑及外印，修入光明之方便。此即显示，由能代替无边福德资粮之幻身，及以大乐殊胜有境现证真实义。故以彼道，能灭烦恼增上，受生三有。此与小乘现观空性，所观真实义，虽无差别，然有境之功能，则极增上也。如是应知，波罗密多大乘见道，与小乘见道，虽俱现证真实义，都无差别，然大乘入得见道已，能灭业力流转，及生十二类百数功德。

小乘不生者，是由于资粮道与胜解行地，学不学习无边福德资粮增上，引不引生如是功能。现观空性，虽有极大迟速差别，然得彼之功德，有如虚空与手掌许。故大乘人，不如声闻速证真实义之因相，亦可了知。此中现证真实义性，则极速疾。不仅速疾，其所得功德聚，亦较余大乘殊胜。故知此道最为希有。如以此道，与其余道，断所知障，有经无数劫，与浊世一生之差别。其尽烦恼障，亦有迟速极大差别。此复由有断除诸障最为优越殊胜功能，为余道所无，故如余道所说，见道唯能断分别障，断俱生障必须修道之建立，亦不必同也。如是依波罗密多乘说，虽有小乘速断烦恼，大乘不速断之差别。然今此中从能多分修习俱生乐空界限，由专修真性，则与余道不同之理，如前已说，故断烦恼最为速疾，亦与余大乘不同也。故说第四次第光明智能断烦恼种子。得双运者，有由无漏，解脱一切烦恼习气之功德。所言习气，即烦恼种子。又彼非唯分别烦恼，亦是俱生烦恼。余宗说为所知障之法我执。又非但此，即较彼微细之俱生法我执，均属烦恼。乃是圣父子之意趣。此如辨了不了义论等，已广抉择。

【科】寅三　答初问

初入第四次第胜义光明时，前之幻身，亦清净消灭。复如何起双运身耶？摄行论云：“从胜义光明起近得，从彼起如日光炎热之增相，从此起如月光清凉之明相。”后云：“以是四空合一之明聚，如虚空光明遍照一切世界。与细界俱生犹如影像，不可断、不可坏之金刚身体性，无转、无漏，解脱一切烦恼习气，随欲自在，如水中鱼，或如睡中速觉现起最喜身性色，以色为体，名曰大金刚持。由已脱离生死系缚，故名解脱。”根本续第九品，以钻木出火为喻，如寻求手等悉皆无火。“如是一切如来之金刚三昧耶，随顺应知，去来等事。”灯明论解云：“彼说从光明中，起金刚身之方便，不共余乘。言一切如来者，谓一切空。金刚谓大空，三昧耶谓善空，彼三后随顺了知者谓空，以三空渐次入胜义谛谓去，逆返三空谓来。等字显示，于圆满位，无入出去来。”此明，成就双运时，逆现三空。于无学位，四空顺逆都无去来也。第二次第亦说，成就双运时，从光明中，现起三智。其文前已引讫。

此中从第四次第胜义光明，起已无间，为成就不成就双运身。若成就者，则与前引，成就双运位，从光明中逆现三空，成相违失。若从逆起三芝之风心，不成就双运身者，则如是说全无用故。第三交第中，说从三明相及风，修成幻身，亦不应理，以修交身，须三明相为因，此则不须之差别，不应理故。若如第二，从第四次第胜义光明起已无间，犹未修成，要逆次三空现已，乃修成者，应唯从初空之风心修成，云何说从三空修成耶？摄行论说，四空合一，亦成无用。初明相时及彼无间，俱无胜义光明。故得双运不应道理。又与因位次第，从死有光明，无余间隔，成就中有，亦成相违。若谓最后明相，重入光明时，乃成双运者，与五次第论云：“从真际起已，当得无二智。”

又摄行论、灯明论中多说从光明起已，成就双运。皆成相违。若谓从彼起已成就者，过失如前。以是当说，从光明中成就双运之界限云何？曰：欲善通达集密之主要所诠双运者，先须彻底通达有学双运。于此列举如斯疑难，由断余疑而决定者，极为善哉。此中随行圣父子之五次第注疏等，均未如是断疑。廓师依据，前说逆起诸空。谓从光明，逆现三明及风，成双运身。如拉弥说，从逆现空中，修幻身之理。余于余处亦列彼义。然若详解此难处者，如五次第论云："具本性光明，彼彼识及风，加持我次第，有时为利生。如从净水中，诸鱼速跃起，如是一切空，现起幻网事。"谓此身亦由加持我次第，唯从风心而起。及从如净水之光明中，现起如鱼跃之清净幻身。如斯法喻，与从光明无余间隔者相符。

摄行论说：如从睡眠速觉之喻。睡眠喻光明。醒觉喻从彼现起双运身。此亦符合无间隔者。四空合一，于顺行时，前融于后，最后于光明合一相符，于逆起时则不符合。与所净因位次第中，死有光明无间，成就近得，同时成就中有，尤相符顺。故是从第四次第胜义光明起已无间，成双运身。说从光明中如前起近得等，亦不相违。以成双运时，虽说逆起三空，然非说从彼修成彼身也。设作是念，双运岂非胜义光明之意，与清净幻身，同时和合耶？从第四次第光明起已无间，纵已成就清净幻身，然于尔时已无光明之智，云何安立为双运耶？曰：虽实如是，然此应知，五次第论所说多种双运之理。如云："生死与涅槃，俱离二分别，若时成一体，说彼名双运。"乃至"有色及无色，俱离二分别，行者达寂灭，彼即得双运。"共说二十一种双运。若将其中："整持"一颂明二双运，"等引"一颂明二双运，共诠二十三种双运亦可。

如是所说之主要双运，如卡师译云："知真实如次，自加持光明，唯彼二和合，是双运次第。"谓自加持与光明为双。彼二和合，说名双运。又云："世俗与胜义，差别了知已，若时正合杂，说彼为双运。"谓世俗胜义为双，彼二合杂，说名双运。此中未得胜义光明之前，其有从五光风所成幻身时，而无心与胜义谛等同一味之光明。于未得双运之前，其有乐心与胜义等同一味之光明时，复无身成幻身之世俗。各别起故，皆无双运。若时"身自加持"，世俗幻身究竟。"心成光明"，胜义谛究竟。彼二同时聚合一身，平等和合非各别起，乃得双运。如是主要双运初证得时，虽须彼二同时聚合，然安立双运，尚有余理。非凡得双运者，皆须以彼理安立为双运也。双运之梵语，为瑜伽那底。瑜伽名双，那底为不二。非是两分各别安住、同时和合，即前述之双运。此从逆次最后明相起后，重入光明时，乃能获得也。五次第论多说：于生死涅槃等二法，断二分别，不为彼分别所破，成为无二双运者，是除前理外，更以余理安立双运也。若谓彼诸分别，于现观真实义智前寂灭者，彼于第四次第光明时已得，则说依彼为先，修此双运，不应道理。若谓尽断一切分别者，乃至未得无学双运，必不得彼，则彼不符有学双运。故是断尽缘于入法，一切实执分别种子，彼无二智，乃是此中双运。

若尔，此双运道，于第四次第胜义光明初现证已，起已无间，即得成就。仅由一座胜义光明，云何能得摧坏一切俱生烦恼之功能耶？曰：其发生胜义光明智，有如是断障功能之因者，谓由幻身及于彼位行诸密行多修譬喻光明之力。彼复于第四次第时，犹未已断。初得有学双运时，乃为已断俱生烦恼。现证如是光明者，能经长时住定。非仅一刻。其前于譬喻光明，尚能久住，况得胜义光明故！亲教论亦云：“于有贪离贪，中间不可得，智天刹那显，其受用此智，经八时一日，一月或一年，一劫至千劫。”此说修俱生智之时量，顺彼补特伽罗能力大小之次第。以是五次第略论亦云：“由得光明处，超度于生死，一时或一日，月半月一年，经劫或千劫，住一一刹那，常起智加行。”亦屑善说。

摄行论所说：四空合一之义，前已说讫。言“明聚”乃至“遍照一切世界”，义谓从光明风心，所成身光，充满世界，犹如日光遍照虚空。第十五品之灯明论中如前说，黎明现证胜义光明后，说成就双运时云：“续说光明照百踰缮那者，仅是一例。说彼光明，能照三千等世界。”言彼能得十力等者，有学双运位仅得随顺。于无学位得真实等，如应当知。五次第论与摄行论所说双运，亦于彼二有须共说及各别说。言无转者，显得彼身即不间断，乃得真实金刚身。言无漏等者，谓已断尽一切烦恼。灯明论说：无学位中，不从光明逆起三空。此中既说逆起位，故是有学双运。

【科】寅四　答第四第六问并余义

言“以色为体名”，卡师译为“以名色为体，大金刚持。”月光疏亦说：色为色蕴，名为余四蕴。此复显示，双运金刚持，以风心为体。即答前问解脱者谁。言脱离生死等，谓断尽一切烦恼系缚，为解脱义。即答何为解脱义。此等说明，初得有学双运时，即有永断烦恼之圆满断德。此双运身初成就时，是离原身异位成就。第十一品灯明论说：此成就双运者，摄持常眼可见之化身。虽尚有余摄持化身之理，然入前身摄持化身者，与中有生于胎中受生已，要降生时，乃为众眼所见相同。此极难通达，故应于彼上了知。初品灯明论说：得双运已，重入蕴等，摄持化身。义即如是。灯明论说：“清净天身住蕴箧中。”龙智亦云：“正依怙将此，勤藏护安置，诸蕴宝箧中。”以是如龙猛菩萨之双运身，唯诸不退菩萨行境，非常人能见。然彼前身，则常人亦见。如是幻身，亦是从譬喻光明逆次起后成就。

言从三心成就者，谓从余二明相，及近得上中，间接成就，从近得下分，直接成就。其受用身，初离原身异位成就，次入前身摄持化身之理，亦如前说应知。若善知此，则于修三重萨埵之了义，得大定解，并于幻身及双运者要住前身而行密行，以金刚念诵修羯摩等，当能断除无量疑惑也。又说安住双运报身，修化身胜曼荼罗等，非净除受用身相而修。彼现证光明时，彼身亦不净灭。此理除幻身入光明时外，皆当了知。五次第论与摄行论，虽说得双运已，则于自道别无新学，然非不重修已学者。如五次第论云：“安住双运位，正学大瑜伽，由修双运故，行与彼无别。”说修双运，及说住彼修习密行。龙智亦云：“无分别甚深，诸佛身广大，说此名二谛，先各别了知，世俗及胜义，其次应修习，合一无尽道。”又如前引文后云：“故应仗师恩，努力求通达，由此意明显，次应修密行。”五次第论及摄行论，说学无学双运之异名曰：幻网成佛，已到生死海彼岸，所作已办之大瑜伽，安住二谛理等，乃至广说。

【科】子二　释后续所说二支

如是五次第论与摄行论，所说修成双运之理。集密后续，以随念三摩地二支而说。如云：“修习诸随念，应同彼开放，说彼名随念，从彼别显生。方便慧等至，总集一切法，以团理收已，于中修色身，须臾智圆满，假名三摩地。如是自体入光明中，修习证已，随念曾经如阳焰等相，与证光明实际相同，即以彼次第，开放发起。无间所说者，说名第五支随念应知。卡师译云：“修已所随念，应同彼开放，应知名随念。”与释论所说次第相顺。如前顺次入光明时，以阳焰等相而入。如是逆次起时，亦应如次而起。故从光明生起近得，乃至明相后起烛相，次萤火相，次如烟相，次起阳焰相。

言“别显”者，即正摄持。谓从彼后生随念支，非余时生。如二古译本所说，卡师译本，亦如是说。跋曹译本：“言从彼别显生者，从彼谓随念支，当生正了正受。”虽作是说，然前三为善。以是明随念，从光明生之时故。若谓“说彼名随念”以上，随念支已圆满，故此是显从随念引生双运。曰：彼仅是宣说次第。若依义次第，则第三句，应在第四句之后也。故殷重说：随念从正了别光明发生。非余时生者，谓入光明有顺次逆次二时，或疑随念为配彼二何时耶。为令定解须说是从光明逆起之次第，非配余顺次也。灯明所释此义。当顺摄行论而说。言方便者，谓世俗谛清净幻身。慧者，虽说为胜义谛，是与彼一味之光明智。等至者，谓体性和合无别。一切法者，谓动不动法。总集彼等以团理者，谓以天身大印色像合集为一。于情器中央，修双运金刚持之色身也。以此次第，于须臾唯刹那顷，圆满智身者，说名第六三摩地支。是灯明论意趣。二谛为双，彼二体性和合无别之双运，是主要双运。此亦表示诸余双运。总集一切情器，修为一双运身之理者，谓一切情器，唯属风心。彼复生为一双运身。

言此次第者，谓从光明中起，如鱼从水出也。言唯刹那顷之唯字，遮从光明起有余间隔也。已说此双运理。由如是通达，释论所说义，则能了知甘露密论等作余解说，不应道理。故不述彼理。此处灯明论，引证幻网所说："加持、遍计、色身圆满三种天瑜伽。"其初二种，谓顿起天身，及由种子等渐起，并起双运身之智身。庆喜论师虽将此续作瑜伽解。此不许尔。如集密续。其中初二，如前所说，是唯以胜解作意，起为天身。非如二种幻身，生为天身也。后者，主要虽是清净幻身，然亦是第三次第幻身。故说，凡能修俱生大乐圆满次第者顿起之天身，皆是前说二续及相同余续所说须臾圆满之智身者，实非善说。引证毗卢遮那成佛经说，净不净二种天身者，是依无上部所说咒身与智身二，是净不净天身之分而说。或是意依无上部天身，于行续中，作如是说。然彼续中修天身理，除言诠外，更无余义。如前说应知。

【科】丁三　增进二次第之方便行分二

戊一　诸行总建立

戊二　别释无上行

初又分二

己一　总释诸行差别

己二　别于胜行会违教难

今初

佛从兜率降生人间，示现相续缘起等四事已，现离欲身，令胜解下劣诸小乘人证四圣谛，说离欲行。为广大胜解波罗密多乘人，说八识等，令证法无我，开示地波罗密多行。复现转轮王身，对增上胜解甚深法者，说贪欲行，证前说二谛，示欲法行。凡不以贪爱欲尘为道，所有一切趣证解脱及一切种智之道，皆是离欲行道。摄行论云："为小乘人说离欲行。"仅是一例。下三续部，虽不说与羯摩印及智印和合。然有缘面前所修天女五境，贪欲为道。故彼等道，亦皆摄入贪爱欲尘为道中。对能遍行不共二谛义，爱悦大乐胜果之机，则不宣说声闻相应，及波罗密多经理相应之离欲行。以彼所化机，不能通达贪爱欲尘为道之大乐圆满次第，唯以十二杜多等苦行，经历长时，求大菩提。然彼究竟菩提，不依余道不能得故。

以是金刚空行续云："若住苾刍性，或尔诸分别，若已成衰老，不说真实性。"谓离欲道所化之出家众，不能信解贪欲道。种子衰老者，已无乐空和合能力。爱乐外道分别者，则不入此法。故皆非胜道法器。是故应知，其殊胜果，要从殊胜因出，故果位之大乐，亦要从因位受用欲尘之妙乐出生也。诸余苦行，不能获得大乐心一境性，以融解乐，要从长养身生，而彼诸行，折伏同分五根身故，如金刚空行云："由诸如幻事，生殊胜受用，由大乐转变，当得殊胜果。何故不乐许。情器非有实，唯显现为相，诸殊胜修行，得可意乐果，无上明慧力，求果而修因，谁舍诸天女。故当遍策励，普供养一切，猛暴苦行律，身枯受诸苦，由苦令心乱，心乱不成就。若身心坚固，一切乐安稳。"根本续云："苦行律猛暴，修彼不成就，受用诸欲乐，速当得悉地。"言苦行者，谓令身疲劳加行，如修建寺院等。律者，谓树下坐等十二杜多功德。猛暴者，谓跳崖赴火等。若修彼等受诸热恼，不成菩提。以彼诸行，令身衰枯受诸苦恼。由彼衰损如郡答之菩提心，令离大乐三摩地向余散乱。故不能现生得胜成就。摄行论中，引胜祥初品如前说之义者，是约总说，或如前释而说。不可如言而解也。

又根本续云："若身语及心，乐住得菩提，余者非时死，堕地狱烧煮。"前二句义，为后二句兼显受乐之胜利。后句正明修苦行之过患。有说，彼指外道苦行之过患。有说：是得灌顶及三昧耶，通达此道真实性已，弃舍此道而修苦行，犯第八根本罪之过失也。无上部道其能即生得菩提者，要依乐空和合。其乐要从长养自身菩提心而生。此须长养同分根身。为彼义故，说令诸根随欲受用五境之行也。第十七品灯明论云：“所有一切三昧耶者，谓莲花形等诸母邑。彼等为三金刚三昧耶者，谓以自身语意行，供养欢喜。言不毁意金刚者，谓不令彼意离欲。意谓心是身本故，身是菩提心之根本故。”此说依莲花形等之身，增长自菩提心。彼身之根本，即彼内心。故损彼心，即损大乐之根本因。障碍大乐三摩地增长。

故说守护彼心。其制第十四根本罪，亦即此意。即由此理不可损恼自身，应善长养之理，应知亦尔。故灯明论二新译本，云“心为身本，身为菩提心本。”乃为善说。倒译不妥。如是如云“行六度行”，虽有于所学道，说名行者，然此是说于大乐因五欲由知本性而行，说名为行。故若三业不乐住欲尘，即不能得心一境性，意不正住。言为彼义故行乐行者，非仅为坚固心一境性之等引。是为修俱生大乐三摩地故而行也。

【科】己二　别于胜行会违教难分二

庚一　列摄行文解释彼义

庚二　释余妨难

今初

若说随欲受用五欲能成佛者，如何经云：“贪瞋痴三法，是世间三毒。”说贪著五欲，为所断之毒耶。又诸经说，受用五欲为烦恼因，是恶趣因。显示五欲过患，岂不相违？摄行论中答此问云：“诸烦恼者，是声闻等有缘见者，烦恼因缘，以不了知烦恼本性故。若知彼本性，即成菩提因。”胜祥初品云：“贪瞋痴三法，由执故成毒，令此毒息灭，即毒成无毒。渐依止甘露，即成甘露性。”宝积经说：如城邑粪秽，肥益甘庶等田，如是菩萨，诸烦恼粪，能益成佛。如以咒药制服诸毒，不能为害，如是方便般若所制烦恼，不能颠堕。调伏不空成就经亦云：“若法缚愚夫，智者即解脱，由修菩提故，此一切颠倒。若法缚愚蒙，后堕号叫中，即此成解脱，慧力得安乐。”以此正理，策发殊胜，由殊胜转变，为引发可意殊胜果之因，为得无上大乐果故，无余能立。以是义故即以食住等乐，能证具足八自在等一切种智。

幻胜乐经亦云："由乐得安乐，得佛一切智。"言烦恼因缘者，摄行论二新译本，译为"恶趣因缘"。较为妥善。其中难云：受用五境引生烦恼，是恶趣因。分别答云：受用五境所生烦恼，声闻等人由未通达彼真实性，成恶趣因。其通达者，即成佛因。并未宣说，受用五境不生烦恼。总如前说，于五欲尘已离欲者，于衣食等欲尘亦生希求，并不相违。故于可不可意中庸三种欲尘，五根略为受用，及意识中略求欲尘，非成染污。然此主要是说于五欲尘未离欲者，于欲尘中，复是观察，以二根交会贪欲为道，应不应理。若于欲尘全未离欲，又未通达真实性者，于诸欲尘随欲受用，彼等必生贪等烦恼，且必成为恶趣之因。彼全不能转诸烦恼成解脱因。故无听许。证真实性诸小乘人，亦不能转任何烦恼成菩提因，以彼全无波罗密多及诸密咒二种大乘所说如是转变之方便故。如是转变，要待殊胜方便般若二分故。故说了知烦恼本性能转为菩提因者，是显如是人，有转烦恼成菩提因者，非说凡是知真实性者，皆能转受用五欲之烦恼成菩提因。

若不尔者，则离空见外，说须无量方便分，全无用故。引胜祥教者，明三烦恼，有可成毒及成甘露之二类。故说三烦恼非一向为所断之毒者，是对一类补特伽罗，非对一切也。宝积前段，明菩萨有些烦恼，可生佛法。故非凡是烦恼皆障成佛。其第二段，明殊胜方便般若所制烦恼，不能牵堕恶趣。故不善方便者，障碍善趣之烦恼，善方便者即不能障。宝积教义，谓波罗密多乘菩萨，虽能断受生烦恼爱，故留不断。由此烦恼受生，满足菩萨诸广大行，故说为成佛因。又如星宿婆罗门童子，殊胜所依，若不受欲，彼境有死亡过患。若忍受者，便能如欲令修善行，为彼义故，说开许欲邪行烦恼。虽转如是烦恼成菩提因，与此道中以贪为道之理，完全不同。然是以方便善巧制服烦恼可成菩提因之依据，故亦能通，受用欲尘引生烦恼牵堕恶趣，及成菩提障碍，诸教互违之过失。

猛利长者请问经中，为不能断居家欲者宜说菩萨居家行法。然非信解，贪乘行道，是以过患想，受行诸欲，与无上道所化有贪者不同。瑜伽续胜祥教文亦非显示，为增长自身菩提心，及依他身作增长自菩提心之方便，善权方便摄持受欲，以贪修道，全无过失。是总显示三种烦恼可容为道。故可引证。若尔贪欲可容开许，瞋恚、愚痴，云何可开，如杀逐等猛利羯摩，因等起位虽无瞋恚，时等起位，起粗猛心。又如初修护轮等时，因等起位虽发悲心，时等起位说于魔碍发损害等瞋恚。及彼分摄，容有开许。凡是贪瞋，则与染痴相应而起，是于开许余烦恼时，兼带开许，非别开愚痴。

言"若法"者，谓总贪著五欲，及别由二根交会贪欲。系缚愚夫者，谓愚真实性义，缚于生死，令堕号叫等地狱。即由彼贪，令诸善权方便者，以通达真实义之慧力，得大乐解脱。故修乐空菩提心者，凡不巧便系缚之因，皆成巧便解脱之因。喜金刚亦云："贪爱缚世间，由贪成解脱。"故贪爱欲尘之烦恼，容成系缚解脱二因。金刚鬘云："舍应不应作，亦可行所遮，如泥于莲花，知性不能染。"亦是说虽贪爱欲尘，然不为彼过失屈伏，说名不染。非说不起贪爱也。

若尔，余乘以诸烦恼作菩提因，理如前说。余三续部，以贪为道，不修和合，唯缘所修天女五境，以贪为道，则无上续以贪欲尘为道云何？谓由善见，以溶乐俱生智，修所决了真实义道不共功德，起大信敬牵引其意。为修真实性故，引发大乐。其引彼方便，当与外印或智印和合，以贪彼欲尘为道。又非仅此，亦为修成幻身。此等如前已说。其为引发修空性之殊胜智故，以贪欲尘为道者，除无上部，非余所有。言"以此正理"等者；跋曹译为"由此理趣，增益殊胜。"与真实成就论亦相符。义谓境依生为天等。言"住"者，译处较善。等者，亦摄威仪。由内外身专住方便，溶菩提心，引生内身胜妙触尘。以彼为所缘缘，引发身识胜妙乐受。以此为无间缘，引发意识殊妙乐体。尔时忆念所解真实性义，令乐空和合。既说由引发意成乐体之方便，修习空性。则诸智者，依此可知，空性虽无差别，然由有境殊胜为此道之关要也。

根识意识生乐之次第，如正理王云："有时由贪等，长养苦乐生，复由界调等，内义相近生。"又云："从内义差别，起意转变故。"由此道理亦可证知。故亦应知，由大乐意为无间缘，亦生根识成乐体性。

【科】庚二 释余妨难

若摄行论，说声闻等为有缘见。又说，为令广大胜解者证法无我。与说小乘证法无我，应成相违。曰：声闻中，有证不证真实二类。故简别说有缘见之声闻。如入中论引圣者云："未通达无相，佛说无解脱，故于大乘中，佛广说彼义。"谓二藏中虽俱说法无我。然大乘中广说。故说大乘，为令通达法无我义。如是释菩提心论亦云："诸欲利益者，为诸声闻众，说色受及想，并行识五蕴。两足尊常说，色蕴如聚沫，受蕴若水泡，想蕴同阳焰，行蕴似芭蕉，识蕴犹幻事。为诸菩萨众，如是说诸蕴。"以彼诸喻，为诸菩萨，说五蕴无自性。意谓小乘藏中，不多宣说，非说小乘经中全不宣说同彼五喻。入中论中，引声闻经，宣说五蕴如五喻故。若说小乘人，不通达无自性空性为彼宗者，即彼论云："若不知空性，彼即无解脱，诸愚者轮转，六道三有狱。"则不应理，以小乘人亦能解脱三有狱故。如是摄行论说，佛为广大胜解者，说八识等令通达者，亦仅显示经有是说。非自宗许，离六识外，别有异体阿赖耶识。如圣派集密，说死有光明一切空心，为死心。从彼逆起近得心，为生心。彼二非是阿赖耶识。释菩提心论虽说阿赖耶识之名，然义说意识，为一切染净法之根本。此于集智金刚疏中已广释讫。

若作是念，以贪爱欲尘为因，依印之乐，修真实性义，为能断尽一切烦恼否？若不能者，则空性证德到最究竟，而不能断尽任何烦恼，实属相违。以彼能尽一切实执，若尽无明实执因，而不能断贪等果者，不应理故。未能断尽一切烦恼，即得解脱，尤相违故。若能断者，其尽贪道须贪为因，光明应成黑暗因故。彼道能断实执无明，以贪为因，亦成相违。反用彼果，为根本断尽其因之因，实相违故。诸余烦恼，皆由实执无明发起故。此于余处，已广说讫。

复次，若以贪为道之贪，是于余善法，假名贪者，则摄行论以烦恼为基础，有能不能转成菩提因之二类，并引证成立，应成相违。说余补特伽罗，彼贪能为堕恶趣因，亦不应理。若转善法成菩提因，非恶趣因，宁有方便善巧，胜出余乘。若实是贪者，则应说彼为道之理，谓此对治某种烦恼。由行相相违门，为能害所害，不能说故。故言无上乘方便善巧者，唯信心耳。答曰：第二品非所许。许初品义。然无所述过失。言由依印之乐，修真实性义，能尽烦恼者，谓能尽无明一切余烦恼因。由彼灭故，烦恼皆灭。非由修习贪爱欲尘之贪，行相正相违道而断。故无过失。其实执因，乃至未得有学双运，亦不能尽。故修实执行相正相违道，与贪爱欲尘为道，于一身中暂时俱转，亦不相违。其于欲尘未离欲者，随欲受用欲尘差别，由爱欲尘及依止印，所生二乐，虽属因果，然是分位因果，未以彼爱为先，彼乐虽灭，然依印之乐不灭。如以乳浸青果之甜味，无乳则不生，然青果本味非无也。此无上乘中，尽断烦恼，有受用二根交会欲尘者，前已成立。

三补札后续云："贪爱要修与自行相相违之不净而灭。答曰：作为贪性而离贪爱。"如是说云："世尊，善男子希有，佛贪无浊。由贪欲摧坏离欲，施一切乐。"又说，预流受用诸欲而非性罪。又如香象食格达迦花，转成麝香，余象食之，即成粪秽。如是贪等烦恼，由相续清净差别，生殊胜果。静命论师于真实成就论亦明说彼义，故非于无贪假名为贪也。又以欲贪修为道者，于因等起位，由菩提心及俱生智，引夺心意，为生彼故而修，不杂烦恼。由彼增上，使身语业成善不善，非由余事。依此意趣故，修我论等，说行此业时，无染污意乐，非依时等起位说。修此贪为道者，非说彼贪，由行相相违，损害余烦恼。

若尔云何，谓彼殊胜所依，能映蔽彼贪，牵堕恶趣等过失，能转成速生上道功德，由此为道。其中初者，谓由坚固共乘二种菩提心，及清净灌顶，造成法器，如法守护三昧耶律仪，由善修习无我见义，坚固如幻胜解。于境依二身，三轮不可得中，生起天身大印，以咒印加持胜解等力，制彼过失。其境亦须备护持十不善戒，以妙灌顶净治相续，如法守护三昧耶律仪，勤修初次第三摩地，善巧技术论等众多功德。其第二者，唯由彼贪引起乐心五分别住，假名修空，犹非完足，要善决了无我深义，住彼见上起大乐心，修俱生智，乃能速得菩提。此复以印因缘溶解菩提心，用余方便阻令不泄，犹非完足。须由彼加行，令左右风最初融入中脉所起俱生。故俱生乐之方便，要由融风力，任持所溶解如郡答之菩提心也。如是修贪为道者，虽未修贪欲行相正相违之不净观道，然最后亦能断尽贪欲，以是与彼根本因，行相正相违量，随行之道故。若无了知生死涅槃性空之空相与和合，仅修二根交会不泄菩提心之乐者，全不能害三有根本实执无明。如受几许彼乐，则由实执所引贪爱，亦渐增长。如渴爱者追逐阳焰误以为水，极可呵责。若其能修如前所说乐空和合，而无彼方便者，则亦不能满足三地众生愿望速疾成佛，故极赞速道。

萨惹哈云：“若不了知一切性，滚都茹位修大乐，犹如渴人追阳焰，渴死虚空宁有水？安住金刚莲花间，由何大乐而游戏，若不能修如是乐，宁能满足三地愿。”真实成就引经云：“诸智者所行，应极善观察，余者虽入火，不及十六分。若了知真性，复依止天女，此能得悉地，余堕大地狱。”密成就论亦云：“清净宝性体，离一切第二，由舍善方便，违犯三昧耶，若别修余事，彼堕号叫等。如然大火聚，投之以草木，随投皆成灰，终不生芽等。如是无真实，妄见为希有，乃至虚空尽，死后堕地狱。”此说智者须善审察而行。若不善抉择，离一切戏论之真实性义，唯以总别欲贪为道，遇患极重。然诸了义甚深教义，依龙猛等微细理路修习抉择，极希少故。此间咒师，能知此处粗建立者，亦极希少。

如方便般若成就论云："心住菩提爱境乐，现生即能得悉地，本性一切咸清净，常境无我如幻事，亦如阳焰及影像，无住永离分别名，若时善士广大意，以无取心遍通达，尔时俱生智所伏，此诸境力不能缚。"此说由受用欲境所生溶解乐，及一切法，虽无尘许自相所成，能作所作皆极应理，如梦如幻之理，无倒了知二谛，以乐空和合俱生智，制伏能引不善巧者大怖畏境。故具智者，当以微妙广慧，常应观察，引生乐空和合俱生智之方便也。

卷 十六

【科】戊二　别释无上行分三

己一　续说诸行差别

己二　三行别相

己三　学行仪轨

今初

根本续第六第七品相时，如次宣说，胜遍行与胜咒行。灯明论解释彼义，谓遍修自他利之殊胜行，与诵咒者之三行。前者亦是三行之通称。第九品说菩萨与如来二种行。灯明解释彼义，谓不论违越不违世间，若由何相，能成满有情义利，诸诵咒者即以彼相尽力而行，是为初行。如宝咒师，证圆满次第，由不住定之加行，即于现生，转变自体之行，是第二行。初乃菩萨之总行。第二说圆满次第，仅是一例。言如宝补特伽罗，是依主要者说，实是无上部受用欲尘之一切胜行。第十六品说受明禁行，灯明论解释彼义，谓自与明妃，作诸尊服饰而行。第六品疏二旧译本，及跋曹译本，皆云："三行中，受行与解脱行最胜。"卡师译云："彼诸行中，补苏姑行最胜。"此译为善。非显余行。后续中说遍行与咒行二种，初乃三行通称，第二如第七品所说，是护世出世间三昧耶律仪也。

摄行论说，贪欲所起菩萨行，谓有戏论、无戏论、极无戏论三种差别。第二次第与灯明论，亦说三种。所受行之主要欲尘，谓明欲尘。此有真实明，与所修智印明二种。其受行初明者，立初二行。受行第二明者，立第三行。摄行论与第二次第论，说彼为圆满次第三行者，仅是一例。二次第中各有三行。第十品灯明论说："诸修胜果及住本相，恒行有戏论等三行之瑜伽师，乃至未获成就以来，尔时应策本尊心要。"此说二次第诸行，各为修本位悉地而行。彼若未成，二次第各策其心要也。第七品疏中，说总义行有戏论，密义行无戏论，究竟行极无戏论者，是依发趣诸行之修意而说，非总义行中不许有余行。第十五品疏中，说有生起次第五如来之无戏论行故。生起次第者，由修意门，虽不安立极无戏论。事等极无戏论，亦可安立故。

修欲尘贪为道之行，总有二种。谓作成修二次第法器之灌顶时，及成器已，修诸道时之行。后者复有二种，谓未生道令生起故行，及已生道令增长故行。其中初者，始从修道，乃至未得无学道时，皆有。如总略论云："勿弃舍五欲，以苦行逼恼。瑜伽续随行，安乐修菩提。"说从修生起次第，即如是行故。其第二者，黑三昧耶金刚，说唯有究竟粗细生起次第，为修共悉地而增长。及已成就三种远离及二谛之圆满次第，为修最胜悉地而增长之二位。故于二时修行。有妃论师依"知本性明别"等，说得幻身后，与得有学双运后，皆可修行。故圆满次第修行有二位，共为三时。自宗修二次第增长行，总有四位，谓生起次第位如前。圆满次第，得心远离后，为修成幻身故须修行者，前已成立。得幻身后，为得所得有学双运故，及为尽所断诸烦恼故须修密行。

第十六品说行三部无戏论行之胜利时，疏云："言生三金刚智者，谓由身金刚等，引生金刚身等。佛菩提者，谓胜义谛。善入彼者谓证得，即得光明清净智身。"说得以光明所净之智身，为彼胜利。得双运已，则幻身不复被光明所清净故。得有学双运后修密行者，如前引五次第论及龙智教，即能了知。摄行论说，修禁行者，证世俗谛，亦可证知。以彼俱配，第三、第五次第之世俗幻身，二所依故。又摄行论云："若无禁行，则不能尽无始烦恼习气。"故烦恼真实习气所知障，不修禁行，则不能无余永尽。即于现生不修彼行，亦必不能尽彼习气。其烦恼种子假名习气，亦依彼行方能速尽。故知为得学无学双运故，须修二行。

若从灌顶时，即可修欲贪为道者，三行主要，亦唯尔许。何须离彼外，别修密行耶？此中圆满次第之增长行，是为现法证得菩提故修。如第二次第云："知本性明别，依第四真实，若不学三行，不能速得果。如火处木中，未钻则不发。若菩提离学，现法亦不生。"摄行论与灯明论，亦说修行，即于现法得上成就。此理，如风瑜伽究竟增上，能发三智。若无外印相助，终不能生德相圆满之心远离智。为此义故修行，前已说讫。如是由专住内身力，收摄诸风，然猛利火，溶解菩提心，能力究竟，犹有依印于彼诸德得大胜进，令真实义智，渐趣极胜之次第。故专住内身之方便力究竟后，专意受用印欲，及诸支分，而修真实义者，是修圆满次第增长行义。如专住诸内轮，引生安乐有无量差别，如是由印之体性、数量、趣别、功力大小等差别，亦令行者，发生种种安乐差别。尔时由彼增进修空性智德之理，应知亦多也。若不修此行，便不能得共悉地者，下三续部说有无边共悉地，即由彼中所说道而成，应成相违。若是为共悉地而修者，则修密行，于成就彼，有何利益耶？虽有众多微细共悉地，不须修空性。然修下续部所说多种殊胜悉地，亦说修空。有者，无彼智则不成。有者，有彼智，则易成就也。

无上生起次第所修之共悉地，亦有多种，为前者所不能成就。如共悉地中诸究竟者，及余多种，说由三根次第，有七日、半月、一月、月半以内而得成就。其于极短时内即得成就之方便，厥为修密行。生起次第究竟，已得见触相状，由于密门修泮字等，亦能阻止泄菩提心。与印和合引发乐智，由此修空，即能发起殊胜功能，速成悉地也。仅由此力修习乐空，生起次第道中亦有。前已说讫。有一类补特伽罗，微细生起次第究竟，亦能使风趣入中脉，及由了知外印和合修命力之关要。依此亦能使风融入中脉，引发四喜。彼二虽是生起次第位所起，建立道时，应立为圆满次第道。未修道前，于灌顶位，起如是俱生智，亦是圆满次第。如亲教论说。此生起次第位，为共悉地故修密行者，非是最上如宝补特伽罗，乃如芬陀利迦等下根补特伽罗，为共悉地引夺意者也。

【科】己二　三行别相

若说三种贪欲所起菩提行者，彼诸行为何续所说？其别相云何？摄行论云："如来及金刚持庆慰所说，一切如来广阿惹利者，是有戏论。依恒遍增上，游戏一类者，是无戏论。远离一切愦闹，唯以静虑食住，由与智印等至修习，是极无戏论行。如本柴、多罗叶、睹落棉，焚烧成灰，都无差别，如是三行皆得金刚持道。依下中上差别，及顺年龄，学习三行。"平等和合续所说五部，调伏有情之五种庆慰，为初庆慰。金刚萨埵调伏有情之庆慰，为第二庆慰。诸先贤依此，于行仪轨时，唯说六主尊转换也。言所说者，六庆慰时，虽无广阿惹利，然说是平等合续所说义。阿惹利，译为游戏。彼即摄行论说之印及答等。有诸行者，勤修摄真实经等所说之手印、歌供、行态、舞蹈等加行。有者修胜详等续所说之跏趺坐、九舞等行。摄行论说，亦是有戏论行，以是无戏论行，虽亦总须常作彼等事。然以所为增上，亦可暂舍彼等也。此中犹有，殊胜住室并诸坐具，修法助伴，及其服饰、饮食等众多戏论事。极无戏中则皆舍弃，故彼中戏论事极少也。三种譬喻，明三种行，皆能成果，故不须俱修三种。

诸先觉说：如木等三物，烧有难易，如是三行成就亦有难易也。下中上者，有说是资具上中下三，及智慧下中上三者，有说是贪欲上中下三者。然是依资具上中下三、年龄下中上三、好戏论之意乐上中下三而说也。资具不备者，非得幻身后，是依彼前修密行者说。如是初行，是平等和合经所说。摄行论说，集密续中但说后二种行。瑜伽续所说之印等，以无上密行观之，说是初行，非依彼续而说。意谓如前所说广事戏论，集密续中未说，故说集密续但说后二种行。灯明论说：集密教中明初行者，意说有戏论者，如欲受用诸欲，生起次第者，有修有戏论行之修意。故不相违。摄行论说，若资具不备，不能修平等和合续所说之有戏论行，及不能恒修者，如彼续云：“每日或一月，如是或一年，如实加持已，作佛胜乐舞。”则修后二种行者，谓于后二时修者明后二行。卡师译云：“如其所能办。”谓如财力所能办，即如是行者，亦意显后二种行也。此之后二行，与集密之二种行，莫执为一也。

此中诸先觉说，由意乐门，立三种行，有二种意乐，谓行欲意乐，与学习意乐。初谓贪欲增上，唯依根力，俱依根与三摩地力，唯依三摩地力，如欲受用欲尘之意乐发趣者，三类如次即有戏论、无戏论、极无戏论三种行之发趣意乐。根本续第七品云：“于一切欲事，如欲而受用，以如是加行，速得成佛道。一切诸欲事，当如欲受用，以本尊加行，应供养自他。”又云：“不食乞念诵，不应喜乞行，受用一切欲，不失咒支诵。”其初颂义，谓瑜伽师，随顺根力，如欲受用，谓行有戏论行。第二颂义，依无戏论增上，说随自欲受五欲乐，以自本性三摩地力，供事自他，皆令饱满。第三颂义，言食乞者，仅是一例，亦不应以寻求等行等同乞化而念诵也。不仅不贪乞化。亦不贪著饮食，随由几许能使身住便应知足。故行极无戏论行。谓是灯明论所释义。由初中说，随顺根力受用，作为“为何义而行”之三种意乐也。此中正为无二双运大乐智故，受用欲尘。三行相同，如前已说。由根本续云：“贪者为求智，常受用欲尘。”亦可了知。故非唯根行也。由受用何欲尘，成为菩提心，先无新生，安住不退，辗转增长之方便者，即不故意阻止应随自欲受用者，三行相同。故言“一切欲事”等二二句，与“受用一切欲”相同。然为显示无重复失，故说以彼理，修三种行也。言“不应喜乞行”者，是遮由增上贪著饮食故，寻求事务散乱，成为修道障碍。非遮由了知欲尘本性故恒常受用。故言由使身住量，便知足者，是说不损诸界长养之身住，非说仅能存命也。然彼理非第三行之别法，由第十六品明无戏论之饮食时，即可证知。非仅存命者，总观经说常受用欲尘之所为，亦能了知也。

学习意乐者，诸先觉说：五根受用五欲，于初行时，学为本尊。第二行时，学为唯心。第三行时，学为空性之修学意乐。计为第七品灯明论，解释受用欲尘有总义、密义、究竟义三种，配释三行之义也。正修道位，如其次第，始从一念，至初发业修行，从身远离至幻身，光明与双运位。学有戏论行者，其趣欲尘之修意，修欲尘为本尊。从色至触，修为毗卢乃至不动，供献本部诸尊。五境各有上中下三，虽皆修为本尊，然以五胜供养，或修为佛眼等天女，或修为五金刚母。一切皆视为金刚持之受用，而受用之，是灯明论所说。说如是三理者，或问诸贪欲者志求智慧，一切威仪受用欲尘，复何为耶？答云："当承事菩萨，应爱菩提日。"灯明论释彼义谓："菩萨即眼等诸根，当善承事。菩提谓四大，日谓五蕴，应令饱满。"是为长养自身根大五蕴也。言供献本部诸尊者，是以毗卢等为主，非唯彼等。修时，随是何境皆修为天。正受用时，如受用悦意境长养同分诸根，余境不能如是长养。故说以胜者供养。若修五境为佛眼等四尊。摩么鸡，通金刚与宝二部。故声与触尘，皆修为彼。如是虽有三说，然欲尘之主，谓般若欲尘。故修后二为主。修彼之理，如第七品云："于色声味等，心常时加行，此摄一切佛，最秘密心要。"

灯明论亦说，修境为本尊者，昼夜恒起心行。此是能得佛道之秘密方便，故摄心要。其修五境为天，常视天色等者，须先特别相续修习，发起坚固感触也。此复内外一切色处，转成色金刚母，手软如莲，捧持明镜，目神和静，项挂珍珠璎珞，乳房高满狭迫，衣服略缓，下身端美。由恒视彼色，能引生大乐也。如是诸声转成声金刚母，口唱歌声，手奏琵琶。诸香转成香金刚母，体态舞动，捧摩尼器，满盛郁金、沉水、蛇心栴檀、龙脑等香，其气香馥充满十方。诸味转成味金刚母，捧金刚等宝器，满盛众味，及天苏陀。诸触转成触金刚母，众相严饰，三纹微颦，腰部细微，脐广右旋，下体厚润，步态安闲。一切皆是面容微笑，爱目瞻视。既生起已，想由受用诸声香味，及拥抱触，皆能增长大乐也。此诸修法，于佛眼等亦同。于毗卢，似须修色相殊妙，中间三尊标相如前。第五持妙衣触，应善研究。彼等一一，似可修无量同类也。如是修时，意先生乐，由彼渐次，长养同分根身。如正理王云："现见若此变，彼等亦转变。"若心意安泰，现见身相光彩。又说：三摩地，是增长身中大种之长养因故。如是身长养者，由增长如郡陀之菩提心故，即能增进溶乐之三摩地。以此修空，能成熟善根，引生圆满次第之最胜智德。若此三摩地坚固，诸根正受用五境时，当能现起如前所修之三摩地，则能防止大乐逆品之庸常作意。故说为此道中防护根门之最胜尸罗也。此始从初修道，乃至未能，由专注身要修习之力，使风入中脉，引生诸空以来，是行欲尘之修习意乐。此复由其未能以修习力，令风入中脉引起乐空和合映覆相执戏论，故名有戏论意乐。

生起次第者，由修习意乐门，虽无后二行，然由境与事等戏论广略门，亦有三行。从始修生起次第，即应修此教授。于初发业者，极为重要。从能由修力，融摄风息，引生诸空，乃至未得第四次第光明以前，忆前定中诸空，于后得位，自起为金刚持，净治欲尘，俱以三空印证。由供养金刚持之理而受用者，相执戏论较前减少，然非现证真实义，故是学无戏论行之修习意乐。此复由修习意乐门，虽无有戏论与极无戏论二行，然由事务等门容有，故有三行。从得有学双运起，乃至未得无学双运，于后得位受用欲尘，忆念所证真实义，印证而行者，已解脱著实相执之戏论种子。故是极无戏论之修习意乐。此与前二，皆有现起欲尘为天之修习意乐。此由修习意乐门，虽无前二行，然由事务等门安立，与前相同。

【科】己三　学行仪轨分二

庚一　修有戏论及无戏论行法

庚二　修极无戏论行法

初又分二

辛一　共同仪轨

辛二　各别仪轨

今初

修二行之处所，旧译摄行论引平等和合续云："或于三有等，或园林等修。"跋曹译云："三地自园林。"卡师译为："处所或自有，园林等中修。"别译续文云："或于自住处，或园林等修。"故是于自住室或园林等诸顺意处，离诸恶缘而修也。修建殿室之理，谓用砖修造三层佛殿四方四门，具四牌楼，嵌饰众宝等具足种种庄严。或造土室，具足坚固围墙，种种庄严。彼二种房，虽有胜劣，然建筑三层则同。故后者，并非挖成三进土窟。其中供品庄饰次第，谓下层作厨灶等，中层安放琵琶歌乐等用具，上层以前所说宝庄严具，及铃拂宝盖等严饰。作为殊胜众善诸瑜伽师，瑜伽母等，集会之所。以上二行相同。

若是有戏论行，其中应设二十天女并主尊之二十一杂莲花座，用布盖覆。若是无戏论行，应随众数设座。改著瑜伽男女服饰者，是如平等和合续所说，集密中亦说。如第十六品云："身语意金刚，修习身语心，自理而修彼，如是得悉地。"其释论云："自理者，谓改著服饰而修，非唯观想而修也。"谓三金刚瑜伽师，修明禁行时，于自及印，俱作是说。像饰之质，大译师及跋曹所译之摄行论，并别译之平等和合续中，皆云："由诸界性，及命、根所出。"其后者，卡师译为："从有情、根出。"较为妥善。故是用金银等宝界，及人骨等有情所出。并用树根等，制造像饰。灯明论亦说，用木等制造，所造行相，谓或冶铸、或浮雕、或捶制、或绘曲，均可。此复面臂、身色、标帜等，均如诸尊。

旧译摄行论及卡师译本，云："向对于本尊，成就印围绕。"说此明妃须成就印。然跋曹译为："以本尊像饰，诸印出悉地。"义谓以本尊像饰之印，能出悉地，由彼围绕也。别译平等和合续亦云："成为本尊饰，诸印所围绕。"旧译摄行论云："冶铸或浮雕，捶制及绘画，有种种影像，善观为相印。"解相印为像模者非。以续中明说，相印，即标帜故。以是跋曹译为“有种种影像，及善观相印。”分断较善。旧译摄行论云:“与本尊相应，善教诸母邑，善者自印相，应观众会轮。”其初句义，如别译续中云：“与本尊相同。”相同之理，如跋曹译云：“以本尊像饰，善修诸母邑。”应如是知。然译善教为善。依曼荼罗诸尊数量，诸瑜伽男女著其服饰，各住其处，说此名为众会坛轮。平等和合根本续亦说于此中为弟子灌顶。此复曼荼罗中央，为修密行之瑜伽师。于第一层东南西北，四方如次，有四母邑，以胜乐幻、希有乐、明炬、沙希等四天女行相安住。后者，卡师译为“执兔”。此等是俱行母邑。自彼东南右绕，四隅如次，有四母邑，以佛菩提、法轮、胜三界、欲钩母等四天女行相安住。其外第二层，从火右绕，四隅如次，有四母邑，以管笛、多絃、一絃、厚絃母等四天女行相安住。后三为琵琶、圆鼓、腰鼓母，于平等和合经印时可知。其外第三层从火右绕，四隅如次，有四母邑，以金刚花、金刚香、金刚灯、金刚涂母行相，手捧妙花、香炉、灯烛、香水，充满螺钵而住。于第三层，自东南右绕，四门如次，有四母邑，作马面、金刚亥面、金刚明面、坏灰起尸母行相安住。此谓死已成灰，能令复活之义。余十六印，即随行母邑。以义可知。第十五品灯明论于生起次第无戏论行时，说以曼荼罗仪轨，造曼荼罗。廓师说为用诸彩色，绘曼荼罗。若是集密无戏论行，则用彩色，绘集密曼荼罗。依会众多少，各著服饰入坛，各住本尊处所。

【科】辛二　各别仪轨分二

壬一　有戏论仪轨

壬二　无戏论行仪轨

今初

圣者父子虽未明说，修集密者，应如何修有戏论无戏论仪轨，然许依集密门，修有戏论行。若修彼者，当如何行？有说：于平等和合续所说二十天女上，加二天女，以瑜伽男女服饰而入。然摄行论说："与一部所摄弟子同行。"故非平等和合，与集密续各别二曼荼罗之共同仪轨。以是若以集密规，修有戏论行者，其众会曼荼罗，当如集密诸尊数，加以余续所说之印，与印答等诸戏论事而修也。若如平等和合修者，则与第二层诸瑜伽师，同缘胜义谛，修习空性。次重叠诸大种，乃至须弥山。于彼顶上，起莲花羯摩杵为地基，于上生起金刚为顶之宫殿，并诸座位，众相圆满。次修金刚萨埵等随一主尊，用加持我次第生起。以曼荼罗主尊之相安住已，生眷属时，二十母邑，各生为彼尊体性。彼等亦应各如是生。摄行论文仅说尔许。其前须修护轮，及召请智尊等，皆应补充也。

次受用欲尘者，先应忆念，正定本性，为求满足自身轮中诸如来故，先应受用色声香三境。次受用味，先将食物净证增已，忆念内灶本性成就，想将焚物奉献三摩地萨埵而食。由此容易消化，亦成辟谷法。如是饮食，令身金刚身蕴界等皆饱满已，最后受用触尘。于俱行随行二十印中，随欲取一善巧艺术明印，安置膝上，念当依此圆满大印悉地。发起坚固胜解，从抱乃至策发脉等，结成本部跏趺，安住等至羯摩也。此处摄行论说，结如来、金刚、宝、莲、羯摩跏趺等，是各别转移主尊规。次由扰动金刚莲花、蕴等自性一切如来，从顶经过七万二千脉，如悬崖瀑流，溶解阿利迦利菩提心。渐次流注，引发离贪明相、贪欲增相、中贪得相，最后现起一切空光明般若波罗密多自性，诸瑜伽师各别内证。此中主要解释平等和合续规。故说菩提心，从顶至摩尼，领受四喜。然彼派中，非无如下所说，心间收摄次第引发四空也。

此处说得上悉地之瑜伽师，由六部门，即于众会曼荼罗中，能作折伏摄受诸事业者，多是已得有学双运者。彼等事业，如平等和合续说。如是依印引发俱生善修习后，从定起时。为显大乐自性之主要者，乃速能出生自他利法之大阿惹利游戏自性故。作佛乐舞之次第者，谓与诸瑜伽母等，主尊示印、明妃答印，如是手势答手势、供养答供养、舞答舞、歌答歌、身言、语言。摄行论说后二时，仅略示手势答手势、供答供，余均未说，须由余经了知也。如是作之所为者，摄行论说为使心不变异，互相喜慰故。是为令心于大乐不散乱，及互增安乐也。如是观察欲尘，定中修习俱生。起定后得位，则以前说修意，从印等无量戏论门，受用欲尘，遍诸日夜。

若以集密规，修有戏论行，谓与三十二尊量等之三十二位瑜伽行者，改著服饰，于三十一座如应坐已，依二次第修法，修习之后，如前受用五欲，后加示印答印等诸戏论事。仪轨之理，后当解说。

【科】壬二 无戏论行仪轨

摄行论说："无戏论行，若财力不足，不能圆满修略曼荼罗者，可同五印，以五真实义修无戏论行。若此亦无者，可同一印修无戏论行。"故与财力充足者，圆满修习略曼荼罗，无戏论行者，共说三理。言不能圆满修略曼荼罗者，谓如诸尊数量瑜伽行者，服饰等具，完不完全，非说修不修曼荼罗圆满仪轨也。第十五品灯明论，于不动部瑜伽师，同自印修无戏论行时，说修不动曼荼罗之曼荼罗诸尊庄严曼荼罗。故圆满修曼荼罗诸尊，三种无戏论行相同。

如是于彩绘曼荼罗诸尊处，设三十一杂色莲花，用布遮覆。二十三瑜伽师、九瑜伽母，著本尊服饰，安住彼处，是广无戏论。中无戏论，五密真实义行者，如第十五品灯明本释中说，行者于中央自修金刚持，令善学咒续之四母邑，于佛眼等四处，修为佛眼等体性，日夜安住。摄行论说：令四母邑，以色金刚等四相，安住四隅。令一母邑以触金刚相，住自身前。若仅五母邑者，彼二随修一种。第十六品说：三部瑜伽师以佛眼、摩么鸡、白衣而修。摄行论引彼文，为修一印无戏论之教证。故主尊之印，不一定生为触金刚。余二无戏论亦应了知。故修中无戏论者，或于中央及内层四角，设五杂色莲花，用布遮覆。或于第二层四角，设五莲座，亦变服饰。若修略无戏者，则座及服饰，各为二种。

次正仪轨次第者，摄行论云："于彼生起，金刚摩尼为顶之宫殿，净治外印，与一部所摄弟子，同修大印。其次第者，谓先应缘胜义谛，由加持我次第起定，出不动尊，随入内已，安住曼荼罗主体。”生起眷属之理，跋曹译摄行论云:“次起毗卢等曼荼罗诸尊，除遣庸俗分别，胜解不可分眷属，即自身曼荼罗之支分。承事一切曼荼罗轮。”次同自印，以整持及随坏次第，入胜义谛。次由佛眼等，以“汝是金刚心”等颂劝请。由加持我次第，刹那现起。为受胜喜味故，以九舞态，先受用色声香味四境。次取梅霞槿等随一明印入定，受用触尘。其初应修几许加行仪轨，未曾详明。廓师说始从护轮，至初加行，皆圆满修。有妃论师与云势论师说，生起次第者，三轨生起等，如修法修。圆满次第者，刹那生起。余论亦有说，生起次第究竟者，修自起等刹那顿起。如摄行论所说者，金刚持与不动尊二部行者可修。总则六部皆为主尊。二次第相同。于须弥山顶生宫殿者，是前母续所说，此中不须。此时之生起次第者，于初加行时，最胜曼荼罗后，入光明时，从彼起已依实印时。皆能以四喜次第，引生殊胜俱生。与生起次第余时不同。

最胜曼荼罗者，由与实印入定，于印莲花，生起能依所依曼荼罗。放出不动等后，回入自身，转成赎金刚者，是依二部而说。余者各随主尊而修。次出毗卢，至松跋等，融入自眷属三十一瑜伽行者。胜解与彼等成无差别。言自眷属者，谓由修天瑜伽力，除庸俗慢，不为彼分别所破坏也。转成自身曼荼罗支分之义，谓胜解彼诸眷属，即自身支分蕴等自性。自与眷属，皆如是修。五印及一印者，其实有者即入彼身。无者出已各置彼处。余者相同。言“承事一切曼荼罗轮”者，卡师亦译为：“随爱。”其义谓修最胜曼荼罗已，与实印入定，令诸尊欢喜。由诸尊即自身支分故。不仅入定悟入光明，加以二种静虑修瑜伽者，是为于心间摄风，引生四空。如前已说。此唯说圆满次第者，于余等至位亦应了知。入光明已以歌劝请者，是广无戏论。若内四角有四母邑修佛眼等，即实以歌劝请。

若修五金刚母，及一印者，可唯胜解修。或前者，由四天女，此时住佛眼等慢，劝请，亦可。从彼起已，说受用前四境胜劣中三品者，意谓齐此道界，虽诸劣境，亦能助内乐也。圆满次第三位中，从初得心远离道，为幻身故修密行者，即不由字形、标帜等生，须臾顿起。修宫殿前，发起智地，及增上胜解收入光明时，亦是由融摄风力而收。其得幻身，与有学双运者，虽亦如是修，然能力大小，有大差别。其从空中起初依怙身。若是心远离者，能从风心，起随顺第三次第之幻身。若是幻身者，乃至未证胜义光明，其入空时，幻身不灭。起定时，心从譬喻光明中起。身非新起。得双运已，幻身同类不断，唯心念上，入出光明，非幻身上。故彼二位，从光明起时，是将原有自身、意想，明显也。

摄持化身者，谓分离粗身，后仍入彼，将粗身生为化身。其得随顺幻身者，就自意前，亦能如同实事。由此等解释，则初加行位，及最胜曼荼罗后，同印入定引发俱生，及从彼起等，亦当了知。如第十七品疏说："由歌劝起定后，持毗卢等四部慢，与佛眼等四印入定。"此亦须修。二次第相同。此与说彼四，为主尊俱行母邑，亦相随顺。诸随行母邑，亦是主尊明印，故亦受用色金刚等。由此因相，应知中略无戏论行，亦是由明印眷属数量安立，非以男数安立。摄行论说：依梅霞槿等五印随一而行者，是依种姓无定之圆满次第者说。于生起次第者，说本部印。随二次第何者，其密行之正行，谓与自位明印入定，引发俱生喜已，乐空和合而修。非说生起次第者要将咒身，得幻身者要将幻身修为主尊也。

此密行仪轨，虽未明说一日修几次，然第十六品本释，于修行时，说与明印入定密供，于四时修。故应修四座。平等和合续，说依众会曼荼罗之众会仪轨，每年或每月修一次。摄行论于后二行时说者，非是说修行四阶段之行。故依彼文说于二次第至高道之行，有无时间戏论者，非是论义。若于受用触尘之后，有戏论者，示印答印等各以修意而作。无戏论者，则不须修。故旧译摄行论云："此中圆满作阿惹利。”跋曹译为“修阿惹利”，较善，言净治五肉五甘露等，于屏处食者，二次第一切行皆相同。摄行论说：不结手印、不绘、不献曼荼罗供、不作外灶护摩、不作印塔像等事业，不讽经典，离身疲劳，不礼绘画木石等像，不皈依二乘，不择日期等。此等一切，唯由内性圆满者，是说圆满次第者修密行时。不遮修密行位、结印、绘坛等。多有因集密续及诸余续、密成就论及朵哈等，亦说不作彼事，便误为从初发业位、利根顿悟者，即不作彼等。其钝根渐悟者，乃修彼等。

【科】庚二　修极无戏论行法

何种所依，修此极无戏论行，有妃论师说：唯圆满次第者修。黑行论师说：二次第者皆可修。廓译师说，后者为善。处所，如续中说，寂静山间、水边、河岸、尸林等处。此不须筑三层宫殿也。备办饮食之助伴，或药叉使女等备办，或殊胜修伴，若由大会备食。后者跋曹译为“由大臣备办饭食”。谓由大臣等有财富者，为施主。若能役药叉使女者，则可办修有戏论或无戏论之资财。故此不定，唯资具不备者乃修也。

意乐差别有四，初且行者，由念无始生死众苦，求涅槃乐，应当远离一切愦闹，甚于王位，亦修苦想。二者，二新译本云：“下至胡麻许财物，皆应舍摄持心。”谓应不集畜麻许资具，非不起著实之物执。三者，谓由信乐修习胜义谛光明，故于身命应无顾恋。四者，谓于世间微细悉地及八大悉地，应都不希求。以能散乱及退失故。

生起次第者修诸密行，以有德相具足之菩提心故，虽总有欲成佛心，然生起次第究竟后，不求引发圆满次第诸道，为共悉地所引而修密行。故除第二意乐外，余三唯属圆满次第者。

印差别者，摄行论云：“故舍外母邑，由同心中智印等至，速当证得金刚持位。作是念已，独修密行。”是依智印。有妃论师虽说智印，生起次第者，从心中出形状天女。圆满次第者，即修空性，名与智印等至。然圆满次第者，亦与天女相等至也。第五品灯明论说：若不得实印，则从心中出般若波罗密多佛母，与彼等至，并引证成立。第六品云："三字金刚定，由心想自印，如是定无疑，承事佛遍智。"疏说彼文，明同智印修密行。言三字金刚之静虑者，谓于毗卢等三金刚之瑜伽师，不观待外母邑者，应给自印即住心中金刚界自在母也。如是说不得外母邑时依止智印者，是依智印，不能如依外母邑，引发大乐三摩地者。其能得外母邑，说舍彼而依智印者，意说与前相返者。此如第十七品灯明论二新译本云："诸与智印等至，心不坚固者，当依外印。"旧译灯明论云："心行坚固，当依外印。"前译较妥。如是者，似是补特伽罗种姓差别，及从初修道，即学依智印之差别也。

此中生起次第者，虽舍余戏论，然仪轨次第相同。故最胜曼荼罗圆满后，与智印等至，由四喜次第，引俱生喜，修习乐空。此由所修天女歌音劝起，自以修学意乐，受用饮食及明印欲尘。圆满次第之三位中，修法仪轨次第，如应修已，与智印等至，由内风瑜伽究竟资助之力，断除众多二相戏论而证殊胜四空。此复或由于心间收摄心风之收摄次第，或由菩提心，降至金刚端，俱能引发四空，然修前者为主要。此处摄行论说"蕴等入细界风，彼入心，彼入心所，彼入无明，其后修光明"者，此是依智印而修。余密行者，依实印修，相同。然此中说唯修睡光明者，是圆满次第者修密行时。此是随于何时修习光明，即与睡眠光明合修。非如余位，醒时光明不与睡合，睡时乃修与睡合之光明，各别修习。此由通达一切合修关要，即可了知。

二次第之修此密行者，正修习时，除四喜四空有胜劣外，二者俱依与智印和合，修习俱生与光明。至不能安住时，起依彼印，复如前修。此由精进猛烈，不乐戏论，于修俱生至极信乐，如前行者，说名补苏姑行。是有食眠行之行者故。谓于初字加字训释，"补哆那"为吃食，"苏达那"释为睡眠，"姑质萨罗"

释为为便利故行动。谓除彼三种想外，屏弃一切愦闹，都不思虑身受境根，唯合修睡眠与光明也。有说“补迦朵”为食。如是由圆满次第者行，能转自体为幻身、有学双运金刚身，与无学双运之金刚身。不观待余二种行，速能证得。故第六品疏中，说补苏姑行，为诸行中胜。此处摄行论云：“极无戏论行，以狂禁经所说次第，亦当解说。”引证多文出于金刚藏庄严续第十六品。其摄行论二新译本云：“由释续所说理及次第，亦当以狂禁行极无戏论。”然大译师译为“说狂禁经”,较善。以彼品中所明禁行,亦说为狂禁。故言“说”者,是“说狂禁”之义，非显为“集密之释续”故。彼续与集密，俱说修彼行，六月成就。其所成就，乃指佛位。故彼非生起次第之行也。

摄行论说：“学习三行，或经半月、或经一月、或经六月，现起大印悉地之细色，轻触等八相，及本续第十五品所说之梦相。”谓六月以内，先现彼相而成就。其中身自在等八自在者，是胜悉地。卡师译云：“细色与轻触，周遍正得性，极明性坚固，自在性如意。”所说八事，名自在八德，非八种自在。诸先觉所释彼义,似未曾见,自在八德之解释。故当依观音禁所释自在八德而说。其大自在，能生灭有情世间，谓细。能生灭器世间，为轻。俱生灭彼二，谓主宰。此中谓瑜伽师，能变收彼等也。后者，是正得句所明。随意所想即至，是周遍句所显。一切众生供养者，谓光明威德皆能胜他。是极光明句所显。有权治罚摄受诸有情类，谓自在性。随欲能变诸功德，谓如意。随所欲得，即如是能得者，谓随欲安住。是坚固句所显。言六月以内能得胜成就者，是说已得有学双运者。前说四位修密行者，乃至未办自果而修。不以彼说有无时间戏论。

二次第者，如是修行，若未速成本位果利，其二次第各别策发心要之理，如第十品续疏，及拏热巴后续疏所说应知。

【科】丙四　修习道后证果之理

灯明论云：“亦应说所为，消灾等事轨，如是八悉地，佛亦是最上。”谓成佛是上品，八大悉地是中品，消灭、增益、自在、猛烈等事业是下品。八悉地者，如集智金刚续云："咒、药、护摩、粉末、眼药、疾行等八大悉地。"仅列六种，未明说余二。四天女请问经云："说修八物支，丸眼药悉地，地下剑悉地，腾空及隐身，无死与治病。"金刚幕经云："眼药与疾行，利剑及地下，丸药并空行，隐身与精华。"后二果利，是共悉地，略为胜共二种悉地。如后续云："隐身等悉地，说为庸常事，佛说唯成佛，乃最胜悉地。"学生起次第与彼行后，修共悉地之理，听闻续疏可知。学圆满次第与彼行后，成就无学双运之理，谓如前说，由内外二证菩提门，于黎明时现证光明者，现证究竟法身时，有学双运之幻身，转成无学双运身。尽生死际，安住彼二身不动。如是具二清净之境光明者，谓无为法身。有境光明，谓智法身，亦名大乐身。彼所依止唯由风心所成色身，谓受用身。由彼二身同一体性，唯所遮成二。故亦多说彼色身，名无二智身。故有说：色身非佛地摄，为众生身摄。或计为与识异体之粗色，或说果位无智等，为圣父子所许者，应知皆非善说也。

由彼双运身，示现胜化身等非一化事。若许有化身双运，于双运身作二身建立者，尤为善解。

诸余咒教，虽有说智所依色身为化身、意为法身、语为受用身者，然圣父子所许如前。如前所说余道之后，再加殊胜咒道，于色究竟成佛者，虽亦许是无上派之成佛，然与初即入无上道，一生成佛，说于欲界身成佛，并不相违，以安立无上派之成佛，与初即入无上道之成佛，非一事故。此二种佛修成法色二身之微细差别，由前所说即可了知。其以人身证得幻身，于此幻身补特伽罗之所依成佛者，为于人身成佛，较易了知。其人身瑜伽师，舍身寿已，代替中有，成就幻身，于彼身成佛。其所依身虽非六趣所摄，亦不相违。如说中有非六趣摄，然中般不还者，即于彼身证阿罗汉也。

如是修道成佛之受用身，恒具七支而住。化身则不决定。故说受用身之和合支，谓与俱行等无量明印眷属，平等和合，增长游戏大乐。故于修道时，亦顺彼果相，以受用欲尘之理，增长大乐也。果位虽尚有众多，应辨论抉择处。然最难解者，此中已说。二种大乘共建立之难处，余中应知，恐繁不录。

如是众教究竟，三界独一环宝皎同日月，名胜集密大教王。得佛授记弘扬圣教究竟了义龙猛父子现证义已，如自所见而释，胜五次第一切要义。圆满显说者，因见若不善知诸所胜道及下宗义，则不能知诸能胜道与上宗中微细不共别法。特于究竟了义甚深空性，了义经典，龙猛菩萨微细理路。若未善习观慧如实获得，则总不能得，趣往解脱及一切种智道之枢要。别于无二续所诠心要，乐空和合修俱生智，不能善知。即信解彼义，亦徒信仰而已。故于自他部，及自部大小诸乘，显密二乘，及金刚乘四续部经论，皆善学习。此复各道整体次第，引导弟子之理，并以各各教授庄严。抉择空性，及抉择已如何修法，与前述各派解释集密之理，并已藏译圣派诸论，及彼教授，以修习理，经久串习，会合本释诸续。长时祈祷，获得允许著论殊胜相征。且因圣派集密，久已衰微，维愿复兴久住不灭。由此清净意乐而造。

除众心暗最胜灯，善说众宝唯一源，
无比大师顶上严，遍主吉祥金刚持。
宣说无上瑜伽续，两亿犹余二俱胝，
如诸王中转轮王，无量续部所围绕。
统领圣教众宝洲，满足百千菩萨愿，
升至一切圣言顶，谓胜集密大教王。
由彼道至十地竟，龙猛菩萨所解释，
提婆龙智补彼意，释迦友及月称师。
善说心要五次第，遍除无知邪执暗，
显五次要最胜灯，创此善说新庆会。

总佛圣教特圣规，久已衰微将灭尽，
难测续义如实辨，受静虑乐固极难。
然由白业力，能发增上慧，
无量智者慧，观察之一隅。
安息无逼窄，富饶观慧财，
昔无之善说，此时亦可有。
长时励力习此理，虽已详尽善观察，
然由慧劣续难测，凡我所有诸过失。
如诸婴儿言虽误，慈爱父母亦觉奇，
不动金刚诸圣众，自在大士皆容恕。
不善众宗少分满，未勤修学细理路，
不知经尽教授者，分辨久衰道关要。
犹如一般诸愚童，欲登石级捉日轮，
彼等唯屑善意乐，故观慧者应策励。
由尊事业一少分，润泽心内极难得，
甚深密义皆明显，至尊智藏恒加护。
由见何教思彼义，善能夺引智者意，
如贪心中丽人影，我勤此论诸白业。
愿令众生善通达，极难分辨续要义，
由勤修学彼义故，速往金刚持圣地。
乃至众洲八叶莲，须弥花蕊安住时，
愿此善说为众生，常能光显究竟道。
显我从今一切生，永不离此究竟道，
无比一切福聚本，常能承事善知识。

此胜集密教王心要，甚深五次第一切要义，极明显灯论，是因众多以修此道为心要之善知识，数数劝请，造一广而显了五次第道要义之论。曾久亲近至尊琼波雷巴，与至尊童慧等师长足尘，胜集密瑜伽师多闻苾刍东宗喀巴，善慧名称吉祥，于旷野山，喜足尊胜洲造。持四难论集密行者宝祥书。

一九五二年一月廿八日

译于北京菩提学会